*»Italien ist ein Traum,
der für den Rest deines Lebens
immer wieder zurückkommt.«*

Anna Achmatowa

Stefan Ulrich

und wieder Azzurro

Die geheimnisvolle
Leichtigkeit Italiens

dtv

3. Auflage 2022
© 2022 dtv Verlagsgesellschaft mbH & Co. KG, München
Umschlaggestaltung: buxdesign | Ruth Botzenhardt
Umschlagmotiv: Trevillion Images / Evelina Kremsdorf
Satz: Fotosatz Amann, Memmingen
Gesetzt aus der Sabon
Druck und Bindung: Druckerei C.H.Beck, Nördlingen
Printed in Germany · ISBN 978-3-423-35181-2

Inhaltsverzeichnis

1

Eine Sehnsucht und ein Deal

Als meine Tochter Bernadette und ich an einem kalten Augustmorgen von München nach Süden aufbrechen, beginnt es zu regnen. Tief hängende Wolken um den Irschenberg verschleiern die Alpen. Wir fahren mit Licht durchs Inntal, vorbei an Lastwagen, von deren Rädern Fontänen auf unser Auto spritzen. Feuchtigkeitsschwaden lassen die Bergwälder zu dunkelgrauen Schemen verschwimmen, während uns die Fahrzeugheizung stickige Luft in die Gesichter bläst. »Dabei wollten wir doch ins Blaue fahren«, sagt Bernadette am Steuer, halb spöttisch, halb verdrossen.

»Warte, bis wir auf den Brenner kommen«, antworte ich. »Da kommt die Sonne raus.«

Doch so recht glaube ich auch nicht daran. Das Wetter ist einfach zu scheußlich. Und dass es am Brenner schlagartig besser wird, ist halt auch nur ein Klischee. Der Süden immer sonnig und heiter, der Norden stets wolkenverhangen und trist: So ausrechenbar ist die Welt nicht. Warum sonst würden, diversen Studien zufolge, in den skandinavischen Staaten die zufriedensten Menschen der Erde leben? Und warum kämen aus einem Land wie Italien so viele Nachrichten von Überschwemmungen, Erdbeben und einstürzenden Altbauten, während Hunderttausende junge Italienerinnen und Italiener ihre Heimat auf der Suche nach einer besseren Zukunft verlassen?

Ich tippe auf meinem Handy herum. Kurz darauf klingt *Azzurro* aus den Autolautsprechern, das Original von Paolo Conte. Das hebt nicht die Wolken, aber unsere Stimmung. Daher schicke ich noch *Nel blu dipinto di blu*[1] hinterher. So heißt ein italienischer Schlager Domenico Modugnos und Franco Migliaccis. Er wurde, seinen Schöpfern zufolge, vom blauen Himmel über Rom und einer Flasche Chianti inspiriert. Von Luciano Pavarotti, Adriano Celentano oder Gianna Nannini interpretiert, trägt er bis heute zum Mythos der wunderbaren Leichtigkeit des Seins im *Bel Paese*[2] bei.

Hinter Innsbruck wird das Grau heller. Bei Matrei verlassen wir die Autobahn und fahren auf der Landstraße weiter, um etwas besser nachempfinden zu können, wie einst die Reisenden voller Erwartungen über den Brenner nach Süden fuhren, ritten oder marschierten. In den alten Zeiten galten die Alpen als Prüfung, die man bestehen musste, um ins Zauberland Italien eingelassen zu werden.

Kurz darauf sitzen wir auf der Terrasse der Pizzeria Terminus, des ersten Lokals hinter der österreichisch-italienischen Grenze – Im T-Shirt! In der Sonne! – und löffeln den Schaum von unserem Cappuccino. Manchmal entspricht die Wirklichkeit eben doch dem Klischee. Am Himmel schweben nur noch einzelne milchweiße Wolkenreste. Unser Blick nach Süden verliert sich über den Bergen in einem seidig-transparenten Blau, als befände sich dahinter nicht das schwarze Weltall, sondern eine weitere, lichtere Welt.

Diesem Blau will ich folgen – zunächst mit Bernadette, dann mit meiner Frau Antonia und später, ab Rom, alleine – im Zickzack die italienische Halbinsel hinunter, ohne Plan, aber mit einem festen Ziel: dem sizilianischen Trapani, der Spitze des langen S, das Italien bildet. Und mit einer Frage im Gepäck, deren Antwort ich auf dieser Reise suche.

Diese Frage treibt mich, Jahrgang 1963, seit Jahrzehnten um, vielleicht seit jenem Sommer 1969, als ich das erste Mal Italien erlebte. Auf unzähligen Fahrten durch das Land ging ich ihr nach, ohne dass ich sie klar in Worte fassen konnte. Dies geschah erst an einem schwülen Juliabend einige Wochen vor dieser Reise über den Brenner. Bernadette, Antonia, unser Sohn Nicolas und ich saßen auf der Terrasse in München und plauderten in die Nacht hinein. Die Blüten der Engelstrompete dufteten schwer wie ein Opernball, um Nachtschwärmer anzulocken. Der Schlafbaum schloss seine violetten Blätter, Glühwürmchen schwebten zwischen der Bananenstaude hindurch.

»Wie im Süden!«, sagte Nicolas, während er sich in seinem Korbstuhl räkelte.

»So soll es sein!«, erwiderte ich. Denn das soll der Garten verkörpern. Wenn ich schon nicht im Süden leben kann, will ich ihn wenigstens als Illusion nachempfinden können, an warmen Sommerabenden. Daher habe ich Ginster, Wein, Lavendel, Rosmarin, Feige und Trompetenblume angepflanzt, die den Winter draußen überstehen, Bananenstaude und Zypresse mit etwas Kälteschutz. Daher stehen auf der Terrasse Töpfe aus Terracotta mit Oleander, Fächerpalme, Veilchen-, Oliven- und Orangenbaum, die im Winter in die Garage kommen.

»Wie das duftet«, sagte Bernadette und deutete in den Garten. »Da brauchst du gar kein Haus in Italien mehr.«

»Papperlapapp«, widersprach ich. »Ein Haus in Italien wäre was ganz anderes. Dann könnten wir von März bis Oktober immer draußen sitzen, nach der Arbeit zum Baden ans Meer fahren, im Schlaf die Zikaden hören und vielleicht sogar eigenen Wein anbauen.«

»Weißt du noch, wie schrecklich wir im Herbst in Rom froren, bevor die Hausbesitzer endlich vor Weihnachten die Zentralheizung einschalteten?«, fragte Nicolas.

»Statt Zikaden zirpen bei uns die Grillen«, sagte Antonia. »Und statt im Meer können wir im Starnberger See baden.«

»Weißt du noch, wie kalt das Meer bei Rom im Mai oft noch war?«, fragte Bernadette.

Familien haben Rituale. Eines der unseren handelt vom Haus in Italien, genauer gesagt vom Maremma-Haus, weil ich seit langem davon träume, ein *rustico*, ein altes Landhaus, in dieser südtoskanischen Gegend zu erwerben. Als Nicolas klein war und wir in Rom lebten, wo ich vier Jahre lang als Korrespondent der *Süddeutschen Zeitung* arbeitete, sagte er, wenn er wohlgestimmt war: »Papa, wenn ich mal Millionär bin, kaufe ich dir dein Maremma-Haus.«

Daraus ist nichts geworden. Doch Nicolas ist erst Anfang 20, also besteht noch Hoffnung. Allerdings hat sich die Begeisterung meiner Familie für das Maremma-Haus abgekühlt. Antonia argumentiert, sie wolle nicht alle Ferien am selben Ort verbringen und dort die meiste Zeit damit zubringen, das Ferienhaus in Ordnung zu halten. Und Auswandern in die Maremma käme nicht in Frage, weil sie sich da zu Tode langweilen würde, während ich meine Bücher schriebe.

12

Der Einwand der Kinder ist grundsätzlicher und damit noch gravierender. Er richtet sich nicht nur gegen ein Ferienhaus, sondern auch gegen Italien an sich. Da seien sie in ihrer Kindheit mit uns genug herumgereist. Das werde doch langweilig. Und Rom sei ihnen als sehr schmutzige Stadt in Erinnerung. Zudem gebe es in Italien keine endlosen Strände wie an der französischen Atlantikküste und keinen Ozean zum Wellenreiten. Alles sei eher niedlich und harmlos, kein Ort für Abenteuer.

Seit unserem Wegzug aus Rom im Jahr 2009 waren Bernadette und Nicolas, vom Skifahren in Südtirol abgesehen, nur noch einmal mit uns in Italien, als Teenager auf einem Agriturismo in der Maremma. Dieser Urlaub war ein Desaster, was womöglich auch daran lag, dass Teenager nicht zwangsläufig darauf stehen, mit Papa und Mama Ferien in einem abgelegenen Bauernhof zu machen. Meinem Projekt Maremma-Haus hat dieser Urlaub nicht gutgetan. Zur Rache poste ich meinen Kindern nun immer, wenn ich in Italien unterwegs bin, Bilder von Ruinen in einsamer Landschaft, auf denen »*vendesi*«[3] steht. »Ihr Lieben. Das habe ich gerade gekauft. Nehmt Euch kommenden Sommer nichts vor! Da renovieren wir.« Zurück kommen Emojis, die sich kranklachen.

Nun, im nächtlichen Garten, sind wir wieder mal beim Thema. »Was begeistert dich eigentlich dermaßen an Italien?«, fragt Bernadette.

»Ja, was eigentlich?«, fällt Nicolas ein. Die beiden verstehen sich schrecklich gut.

Was für eine Frage! Italien eben. »Was soll ich sagen?«, antworte ich, »Italien ist meine Passion. Und nicht nur meine. Alle Menschen lieben Italien.«

»Aber warum liebst du es?«, fragt Nicolas.

»Weil es so schön ist.«

»Was meinst du damit?«

»Das Wetter zum Beispiel.«

»Das ist in Griechenland oder Spanien genauso schön«, sagt Bernadette.

»Aber das Licht ist anders in Italien, dieses Blau, des Himmels, des Meeres …«

»Anders als in der Provence?«, widerwortet Antonia.

»Schon anders als in der Provence. Dort fegt der Mistral aus dem Norden die Luft leer. Vertreibt Staub und Dunst. Das gibt den Dingen kristallklare Farben und Formen. Wunderschön. In Italien liegt oft ein leichter Dunst in der Luft, wie ein kaum wahrnehmbarer Schleier. Das Licht wird dadurch wärmer, die Konturen werden weicher. Die Dinge bekommen etwas Geheimnisvolles, Tiefes. Zur Schönheit kommt ein Zauber … wie auf den Gemälden von Claude Lorrain und Nicolas Poussin.«

»Das sind Idealisierungen, Wunschbilder, die mit dem realen Italien wenig zu tun haben«, sagt Antonia.

Da ist etwas dran. Viel sogar. Kein anderes Land ist so idealisiert worden wie Italien, »das Land, wo die Zitronen blühen«.

Dies hat dazu geführt, dass sich ein Reisender heute mit drei Italien konfrontiert sieht. Da ist erstens das *paese reale*[4], in dem sich Licht und Schatten abwechseln. Einerseits herrschen hier Kreativität, Unternehmergeist, Widerstandskraft, Toleranz, Großzügigkeit und Mitgefühl, andererseits Eigennutz, Korruption, Jugendarbeitslosigkeit, unzureichende Schulen oder Krankenhäuser, Umweltverschmutzung und Wurstigkeit. Die Schatten kann ein Reisender, der sich nicht dafür interessiert, ganz gut ausblenden.

Das zweite Italien ist eine kollektive Imagination, eine Wunschvorstellung, das *paese ideale*[5]. Ein Land voller fröhlicher, leichtlebiger Menschen, die in einem blühenden Garten zwischen Marmorbrunnen und Statuen unter warmer Sonne flanieren. Es ist ein genussreiches, geistreiches, charmantes, kultiviertes, leidenschaftliches, aus den kräftigen Wurzeln seiner Geschichte heraus blühendes Land, ein ewiger Frühling der Menschheit in traumhaft schöner Landschaft, ohne Krankheit, ohne die Härten des Arbeitslebens, ohne Elend und ohne die Zumutungen der Moderne. Kurzum: Es ist das verlorene Paradies. Wie sehr dieses ideale Land zur – der Realität enthobenen – Fiktion wurde, zeigt sich besonders eindrucksvoll in der Hochromantik, in der Autoren wie E. T. A. Hoffmann und Joseph von Eichendorff in ihren Werken Italien feierten, ohne auch nur ein einziges Mal dort gewesen zu sein.[6] Das Italien der Romantik, das es weiterhin gibt, ist »in erster Linie das Land eines seligen Daseins, das in weiter Ferne liegt«[7].

Dieses Fata-Morgana-Italien wäre leicht als Trugbild zu durchschauen. Dazu braucht man nur offenen Auges durch die von Gewerbegebieten zubetonierte nördliche Poebene zu fahren; durch die müll- und schlaglochübersäten Vorstädte Roms zu laufen; oder die von der Mafia verseuchten Bergorte im Südosten Kalabriens zu erkunden. Das Problem ist nur: Auch all die Ingredienzen des paradiesischen Italiens sind real. Es gibt das paradiesische Italien tatsächlich. Wenn der Kunstphilosoph des 18. Jahrhunderts Karl Philipp Moritz schreibt: »Italien ist auch wirklich ein Paradies, das durch die Alpengebirge geschützt, und, von der übrigen Welt abgesondert, im Schoße des Meeres ruhend, alles in sich vereint, was das Leben glücklich machen kann«, dann ist das für sich genommen nicht falsch. Aber es beschreibt nur einen Teil der Realität und klammert den Rest aus.

Das dritte Italien ist am schwersten zu fassen. Es ist die Projektion der persönlichen Wünsche des Reisenden, sein *paese individuale*[8]. Die bessere Hälfte, die seine Defizite ausgleicht. Für Goethe etwa war Italien das Land seiner künstlerischen und seelischen Wiedergeburt. Andere Menschen aus nördlicheren Ländern erleben Italien als Befreiung von der eigenen Gedankenschwere, pessimistisch eingefärbten Ernsthaftigkeit und misanthropischen Innerlichkeit. Die Reise nach Italien wird für sie zur Reise zu sich selbst, zu ihrer lichteren Seite. Und die lässt sich wirklich finden, wie nicht nur Goethe bestätigen kann. Der Kanadier Paul Theroux, einer der vielseitigsten modernen Reiseschriftsteller, schreibt: »Reisen, das meist als Flucht vor dem eigenen Ich angesehen wird, ist meiner Meinung nach genau das Gegenteil.«[9] Die Heimkehr zum ganzen Ich.

Wir haben eine Weile geschwiegen in unserem nordalpinen mediterranen Garten. Irgendwann sage ich: »Zugegeben, Wunschbilder spielen bei der Italienliebe eine Rolle, auch bei meiner. Nur bleibt die Frage, warum sich diese Fantasien gerade das konkrete Land Italien als Projektionsfläche ausgesucht haben. Warum nicht Aserbaidschan? Die Slowakei? Sambia? Eine reale Substanz scheint in Italien vorhanden zu sein, an der sich Träume und Wünsche anheften können.«

»Das bestreitet ja auch keiner«, sagt Antonia versöhnlich und schenkt uns eine Runde Rotwein ein, einen Morellino di Scansano aus der Südtoskana. Ich schließe die Augen. Morellino. Schon dieser Klang. Ich sehe die grünen Hügel der Maremma zur Küste hinunterrollen ...

»Aber was ist so besonders an Italien, dass es sich als Projektionsfläche anbietet?«, sagt Nicolas. »Was fasziniert dich so daran?«

»Kunst und Küche, Lebensart, Schönheit, Geschichte, Eleganz, Sinnlichkeit. Hinzu kommt ...« Ich suche die Antwort in einem Schluck Morellino.

»Ja?«, fragen Nicolas, Bernadette und Antonia im Chor.

»Dass ich mich in Italien freier fühle, mehr bei mir selbst.«

»Klingt nach Goethe«, sagt Antonia mit sanftem Spott.

»Hier in München ist es doch auch so schön«, sagt Bernadette.

Stimmt. Die weiche Luft. Der Blumenduft. Die hellen Wolkenbänke, die über den Mond und den schwarzen Himmel ziehen. Und wir vier zusammen, was nicht mehr so häufig vorkommt, seitdem Bernadette und Nicolas in Studentenwohnungen gezogen sind. Lässt so ein Abend Wünsche offen? Anscheinend doch. Wenn ich die Augen schließe, sehe ich wieder uns vier auf einer Terrasse – eines *rustico*[10] in der Maremma. Und der Blick geht über rollende Hügel hinweg ...

»Ich habe das Gefühl, du verstehst sie selbst nicht richtig, deine Italien-Passion. Machen wir einen Deal?«, fragt Nicolas.

Ich schaue ihn erstaunt an.

»Schreib ein Buch, warum dich Italien verzaubert.« Bevor ich darüber nachdenken kann, redet Nicolas weiter: »Wenn uns das Buch überzeugt, der Funke überspringt, setzen wir vier uns nochmal in Sachen Maremma-Haus zusammen.«

»Selbst wenn du noch nicht Millionär sein solltest?«

»Selbst dann!«, sagt Nicolas.

17

Ich schlafe unruhig. Die Buchidee von Nicolas treibt mich um. Warum fasziniert mich Italien so? Werde ich eine überzeugende Antwort darauf finden?

Zum Glück muss ich die Suche nicht bei null beginnen. Unzählige Deutsche, Briten, Franzosen, Menschen aus aller Welt sind mir vorausgereist, haben sich auf diese Frage eingelassen, ihre Antworten gefunden oder eben nicht gefunden. Schon davor haben sich ganze Völker aus dem Norden und Osten nach Italien aufgemacht, auf der Suche nach Ruhm und Reichtum, nach milderem Klima, besseren Böden, einem leichteren Leben. Westgoten. Ostgoten. Langobarden. Franken. Normannen. Pilger wandern über die Alpen, zum Grab des Apostels Petrus. Aus dem Kompost des Römischen Reichs erblühen neue Kulturen, germanische, byzantinisch-griechische, arabische, und verwelken wieder. Die Päpste beanspruchen das Erbe der römischen Kaiser. Dann tauchen neue Akteure auf, die Stadtstaaten. Mailand und Genua, Venedig, Florenz, Siena, Pisa. Die Renaissance leitet eine Zeitenwende ein, die die Trennung von Kirche und Staat, den Aufstieg des Individuums, Geniekult, Rationalität und Fortschrittsglauben mit sich bringt. Und immer wieder herrschen fremde Mächte in Italien, Spanier, Franzosen, Österreicher, gegen die allmählich, am Römischen Reich anknüpfend, die Idee eines italienischen Nationalstaats Boden gewinnt. Dank Dante gibt es zwar schon seit dem 14. Jahrhundert ein Hochitalienisch, hervorgegangen aus dem Lateinischen, das aber noch nicht allzu viele Italiener beherrschen.

Dann schwächt Napoleon die alte Ordnung in Europa. Der Ruf der Menschen nach Nationalstaaten, Demokratie und sozialer Gerechtigkeit wird stärker. Die Savoyer einigen von Turin aus Italien. Viktor Emanuel II. wird erster moderner König in Rom, auch dank der Rückständigkeit des Kirchenstaates und des Tatendrangs des bärtigen Revolutionärs Giuseppe Garibaldi. Liberale, Konservative und Sozialisten ringen um die Macht, ein erster Weltkrieg blutet den jungen Nationalstaat aus, Benito Mussolini stürzt sein Land in den nächsten Weltkrieg. Wieder marschieren Truppen aus dem Norden ein, die Wehrmacht mit ihren Divisionen, während im Süden Amerikaner und Briten anlanden. Dann hängt Mussolini an einer Tankstelle in Mailand. Aus der Monarchie wird eine Republik, und während in den Höhlenhäusern von Matera im Süden des Landes die Menschen noch mit dem Vieh im selben Raum leben, vollzieht sich im Norden, um Turin, Mailand, Verona, Venedig, ein Wirtschaftswunder. Italien wird zum romanischen Tiger und einem der wichtigsten Industriestaaten der Erde. Seit etwa 30 Jahren stockt diese Erfolgsgeschichte. Italien tut sich so schwer mit Reformen. Hoffnungsträger kommen, begeistern und enttäuschen. Doch sie verändern fast nichts.

Ich schrecke aus dem Schlummer hoch. Ist es das, diese dramatische, facettenreiche, dichte Geschichte, die Italien so einmalig macht? Die eine Italienfahrt nicht nur zur Reise in den Raum, sondern auch in die Zeit werden lässt? Gewiss. Aber da ist mehr. Traumbilder gleiten an mir vorbei, wie Fotos eines Bildschirmschoners: ein Feld mit grün-violetten Artischocken, die wie kugelförmige Schuppenechsen in ihren Blattnestern thronen; ein Teller voll dampfender Wildschwein-Tagliatelle, deren Duft ich zu riechen glaube. Bäuerinnen in groben Arbeitshosen, die einen Kleinlaster mit Kisten voller reifer roter Trauben beladen. Essen und Trinken gehören zu den

Wundern Italiens und in die Antwort an meine Familie. Ein Café taucht auf, runde Tische, *cornetti*[11] und Cappuccino, eine Piazza, ein Brunnen, Radfahrer, Flaneure, Tauben, die kunterbunte Fassade des Doms von Orvieto. Jetzt tanzen luftig gekleidete Mädchen aus Botticellis *Primavera*-Gemälde an mir vorbei. Alltagskultur. Kunst. Auch das ist Teil der Antwort. Venus taucht auf einer Muschel aus dem Meer, Schönheit, von der Italien so viel hat: ein junges Paar auf einer mintfarbenen Vespa, Handtaschen und Gürtel in einem Schaufenster der römischen Via Condotti, Kellner in dunklem Anzug und weißem Hemd, die eine leicht arrogant wirkende Verbeugung andeuten. Carabinieri, die lässig an ihren Motorrädern lehnen und den Verkehr mustern.

Jetzt auf einer Vespa durch die Landschaft fahren. Der Geruch von Akazienhonig und Thymian in der Nase. Ein warmer Wind im Gesicht. Der Gardasee. Das Chianti. Die Amalfi-Halbinsel. Die vulkanischen Tupfer der Liparischen Inseln im Meer vor Sizilien. Landschaften also. Und natürlich der Himmel. Das Meer. Nun lösen sich die Bilder und Formen auf. Es bleibt nur noch ein leuchtendes Blau. *Azzurro*.

Als ich aufwache, spüre ich einen unbändigen Drang loszufahren, gen Süden, nach Italien. Die ganze lange Halbinsel hinunter zu reisen, bis an der Spitze Siziliens nur noch das Meer vor mir liegt. Mich treiben lassend, auf Nebenstraßen, offen für Um- und Abwege, ohne am Morgen zu wissen, wo ich am Abend ankommen werde. Dem Zauber dieses Landes auf der Spur. Und so all die Elemente sammelnd, um die Antwort auf die Frage zu formen: Was ist so faszinierend an Italien?

2

Ins Blaue

So kommt es, dass Bernadette und ich nun in der Morgensonne auf dem Brenner sitzen und darüber plaudern, was
es mit diesem Pass auf sich hat. »Hier beginnt also Italien«, sagt Bernadette und schaut ein wenig skeptisch auf
das Outlet-Center aus Glas, Stahl und Beton zu unserer
Linken und die altmodischen Häuser mit den Touristen-
lokalen, Bars und Läden auf der rechten Straßenseite.
»Hat der Brenner für dich eine besondere Bedeutung?«

»Bisher war er für mich eigentlich immer nur ein Hin-
dernis auf dem Weg nach Süden, eine Hürde, über die
man halt hinübermusste.«

»Aber das geht doch auf der Autobahn ruckzuck.
Man merkt es gar nicht und ist plötzlich in Italien.«

»Das war nicht immer so. Als Kinder haben wir den
Brenner gefürchtet, wenn wir mit den Eltern nach Italien
fuhren.«

»Weil ihr im Stau gestanden seid?«

»Wegen der Grenzkontrollen. Hier oben musste man
erst an den österreichischen Grenzern vorbei, dann an
den italienischen. Wir mussten die Pässe vorkramen und
vorzeigen. Schon auf der Fahrt zum Brenner hoch hatten
sich unsere Eltern immer wieder gegenseitig gefragt, ob
sie auch die Pässe eingepackt hätten. Spannung lag in

21

der Luft. Die Grenzbeamten wollten wissen, ob wir etwas zu verzollen hätten. Zigaretten, Schnaps und so. Manchmal schauten sie im Kofferraum nach. Das dauerte. An den Feriensamstagen, an denen wir immer unterwegs waren, weil man damals Unterkünfte meist nur wochenweise von Samstag bis Samstag mieten konnte, gab es lange Staus auf beiden Seiten. Manchmal ging gar nichts mehr, und wir Kinder spielten auf der Straße Federball.«

»Solche Staus können einem heute auch noch passieren, an den Mautstellen etwa.«

»Aber damals waren sie schlimmer, weil es noch keine Video-Maut und keine Kreditkartenautomaten gab. Alles musste bar bezahlt werden. Und obendrauf kamen die Kontrollen auf dem Brenner. Wir Kinder waren immer aufgeregt, wenn die uniformierten Grenzer unsere Ausweise aufschlugen, sich bückten und unter ihren Mützen hervor streng unsere Gesichter musterten, ob wir auch wirklich wir selbst waren. Wir fühlten uns irgendwie schuldig. Manchmal waren wir das auch, auf der Rückreise, wenn wir für meine Großmutter mehr Campari dabeihatten, als wir zollfrei einführen durften.«

»Krass. Aber vielleicht auch irgendwie schön, zu merken, wenn man von einem Land in ein anderes kommt.«

»Das hatte schon etwas. Auch wegen des Geldes. Es gab damals keinen Euro. Wir mussten in einer Wechselstube Mark in Lire umtauschen. Das war aufregend, diese fremden Geldscheine in der Hand zu haben. Wir nannten sie ›die Lappen‹, weil sie so zerfleddert waren.«

»Was war sonst noch anders?«, fragt Bernadette, während sie auf ihrem Handy die Nachrichten ihrer Freunde checkt.

»Es gab keine Handys. Wenn man telefonieren wollte,

musste man in eine Telefonzelle gehen und *gettoni* einwerfen, Telefonmünzen. Die waren rar, weil sie als Kleingeld benutzt wurden, weil auch das Kleingeld rar war. Ein Teufelskreis. Also horteten wir *gettoni*, wann immer wir welche bekamen, um einmal pro Woche mit Deutschland telefonieren zu können.«

»Mit Deutschland telefonieren! Wie das klingt! Wie in einem alten Film. Wie habt ihr während der Ferien Kontakt zu euren Freunden gehalten?«

»Wir schrieben Postkarten. Die oft erst Wochen nach unserer Rückkehr ankamen.«

Während wir reden, fallen mir Dinge ein, an die ich Jahrzehnte nicht gedacht habe. Die Fläschchen mit Aprikosen-, Pfirsich- oder Birnensaft, die wir als Kinder liebten und die es nur in Italien zu geben schien. Oder die italienischen Milchlaster auf der Autobahn mit ihren silbrig in der Sonne blitzenden gehämmerten Stahltanks, die wie die Haut von Riesenechsen wirkten. Oder die Jeans und T-Shirts, die wir als Jugendliche auf den Märkten an der Adria kauften, weil sie billiger waren und flotter als in Deutschland – damals sagte man flott und nicht cool. Italien galt als sexy, mehr, als das heute der Fall ist. Wobei es vorkam, dass die Sachen, die einem im Italienurlaub so schick vorkamen, in Deutschland peinlich wirkten. Mit Grausen erinnere ich mich an eine enge Latzhose im Bäckerstil, die ich als Teenager auf der Promenade von Lignano Sabbiadoro für ein paar tausend Lire erstanden hatte.

Tempi passati. Zu den Dingen, die sich fundamental verändert haben, gehört das Reisen. Vieles ist einfacher, bequemer und günstiger geworden. Man kann heute spontaner und flexibler reisen und mehr erleben. Euro und

Handy helfen dabei, ebenso Reise-Apps. Bernadette und ich haben noch kein Quartier für die Nacht gebucht und müssen dennoch nicht Hotels und Pensionen abtelefonieren oder vor 18 Uhr im Fremdenverkehrsbüro vorbeischauen. Ein paar Klicks, und wir sehen alle freien Unterkünfte in der Umgebung. Fotos und Bewertungen lassen Reinfälle seltener werden als früher.

Doch der Fortschritt hat einen Preis. Ein Reiz des Reisens ist es, Neues und Fremdes zu entdecken, Überraschungen zu erleben und die Umgebung bewusster und intensiver wahrzunehmen als im Alltag. Dort führen die Macht der Gewohnheit, Routinen und Automatismen dazu, dass die Dinge verblassen, geradezu verschwinden, hinter Gedanken an gestern und morgen, an Probleme und Projekte. Wie oft laufe ich daheim durchs Haus, ohne es richtig zu bemerken, mit dem Kopf an vielen Orten, nur nicht an dem, wo ich gerade bin. Gedankenlos, oder besser gedankenfern, stelle ich morgens die Kaffeemaschine an, trinke ich einen Espresso, den Blick auf eine Nachrichtenseite auf dem Handy gerichtet, radle ich zur U-Bahn, ohne die Bäume am Straßenrand zu sehen, die Menschen auf den Gehsteigen, die Häuser, die Wolken, den Himmel. Das heißt: Ich sehe sie natürlich, schenke ihnen aber keine Aufmerksamkeit, warum auch, scheinen sie sich doch immer zu gleichen. Zu manchen Zeiten bin ich so in meinem Gedankenkokon versponnen, dass ich durch den Tag schlafwandle. Der britische Reiseschriftsteller Dan Kieran erklärt, warum wir auf Reisen intensiver leben als daheim: »Wenn wir vor bekannten Situationen stehen, ist unser Unterbewusstsein zuständig; sobald wir diese Komfortzone verlassen, übernimmt das Bewusstsein. ... Das erklärt, warum das Reisen so aufregend und spannend ist.«[1]

Das kann ich bestätigen. Wenn ich unterwegs bin, gelingt es mir besser, im Augenblick zu leben. Dann werden die Farben farbiger, die Menschen lebendiger, die Orte interessanter. Scheinbar banale Dinge wie der erste Cappuccino in Italien werden sinnlich, präsent. Aufgabe der Kunst im Allgemeinen und der Literatur im Besonderen sei es, »für uns die Wahrnehmung des Lebens wiederherzustellen, die Dinge fühlbar, den Stein steinig zu machen«, schrieb der russische Literaturtheoretiker und Schriftsteller Viktor Sklovskij[2]. Genau das ist für mich auch eine Aufgabe des Reisens, vielleicht sogar die wichtigste.

Doch da lauern die Gefahren. Weil ich (fast) alles in der digitalen Welt vorwegnehmen kann, weil mir Videos, Fotos, Blogs und Seiten wie Google Earth die letzte Oase Süd-Algeriens und die hinterletzte Kneipe Nord-Wyomings in allen Einzelheiten zeigen, kann es geschehen, dass ich mich schon vor der Reise so mit ihnen vertraut mache, dass ich sie auf der Reise nicht mehr konzentriert wahrnehme. Sondern nur noch abhake. Dann wird Reisen zur Bestätigung des Vertrauten, zu einer Art notariellem Akt. Ich war da. Selfie. Nächstes Ziel. Dann könnte ich auch gleich zuhause bleiben.

Auf dieser Reise möchte ich solchen Mechanismen ein Schnippchen schlagen. Durch Nichtvorbereitung. Durch Abweichen vom Vertrauten. Vielleicht kann ich so die Dinge wieder derart intensiv erleben wie 1969 als sechsjähriger Junge, als ich das erste Mal über die Alpen nach Italien, ans Meer fahren durfte. Ist es nicht diese Intensität des Lebens, die wir seit Ausbruch der Pandemie so vermissen? Reisen ist durch die Seuche von etwas nahezu Banalem wieder zum Besonderen geworden. Das können wir nutzen. Um es noch einmal mit Dan Kieran auszudrücken: »Der Reiz, im Hier und Jetzt zu leben, ist das eigentliche Ziel aller Reisen.«[3]

Deswegen haben Bernadette und ich bereits in Österreich die Brennerautobahn verlassen, um fortan die alte Staatsstraße zu benutzen. Auf dieser laufen wir nun das kurze Stück zurück zur Grenze. Dort steht, 1370 Meter über dem Meeresspiegel, ein hoher Grenzstein aus Laaser Marmor. »Österreich« ist auf der nördlichen Seite eingeschrieben, »Italia« auf der südlichen. Ich kann es mir nicht verkneifen, nochmal zurück nach Österreich zu gehen, um dann genüsslich nach Italien hineinzuschlendern. Bernadette macht ein Video davon. Ok, es sieht gestellt aus. Die Grenze verläuft hier erst seit Ende des Ersten Weltkriegs, genauer gesagt seit 1919, als Südtirol im Vertrag von Saint-Germain von Österreich abgetrennt und Italien zugesprochen wurde. Damit begann eine bittere Phase zwischen deutschsprachigen und italienischsprachigen Bürgern in Südtirol. Sehr gut und spannend lässt sich das in dem Roman *Eva schläft* der italienischen Schriftstellerin Francesca Melandri nachleben.[4] Heute ist der Konflikt entschärft, aber nicht verschwunden.

Hier oben am Brenner ist nichts davon zu spüren. Im Licht der Morgensonne wirkt der Alpenpass undramatisch. Dabei ließen sich Bücher über die Geschichte und die Geschichten schreiben, die über ihn hinweggegangen sind. Woher der Name kommt, ist ungewiss. Früher glaubte man, er rühre von dem keltischen Kriegsfürsten Brennus her, der vor bald zweieinhalb Jahrtausenden das damals noch kleine Rom plünderte. Heute wird vermutet, der Name stamme von einem »Prenner«, einem

Brandroder, der im Mittelalter auf dem Pass seinen Hof hatte. Wie auch immer: Seit grauer Vorzeit gewährte der Brenner einen relativ einfachen Übergang über den Alpenhauptkamm. Er unterstützte so die kulturelle Durchdringung der griechisch-lateinischen Kultur mit der keltischen und der germanischen. Im Mittelalter bot der Pass eine der wenigen halbwegs sicheren Möglichkeiten, die Alpen zu überqueren. Ende des 15. Jahrhunderts hallten Detonationen zwischen den Bergmassiven wider. Mit Schwarzpulver wurde eine komfortablere Straße über den Pass gesprengt, bald darauf eine Postroute eingerichtet. Dann fuhr Goethe hier durch, der die Italien-Reise zum Instrument der Selbstfindung und Erneuerung und damit zu einem deutschen Mythos machte, der fortwirkt. Fünf Millionen Deutsche reisen inzwischen in einem normalen Jahr nach Italien. Durch die Pandemie hat das Land als leicht erreichbares Ziel in Europa noch an Attraktivität gewonnen. Viele, die in den vergangenen Jahrzehnten eher nach Thailand, Botswana oder in die Dominikanische Republik ausschwärmten, entdecken Italien neu. Sie greifen Motive wieder auf, die Goethe auf seiner *Italienischen Reise*[5] angetrieben haben: der Wunsch nach Erneuerung durch die Schönheit Italiens.

Dabei hatte Johann Wolfgang Goethe, der von September 1786 bis Mai 1788 durch Italien reiste, die Grand Tour, die Bildungs- und Erweckungsreise adeliger und anderer begüterter junger Leute, keineswegs erfunden. So wie heute viele Jugendliche nach der Schule ein Gap-Year auf Reisen verbringen, um die Freiheit zu erfahren und ihre Weltsicht zu erweitern, taten das junge Männer – es waren fast nur Männer – schon vor 500 Jahren. Wobei die Reise seinerzeit nicht nach Australien oder Kanada ging, sondern vor allem nach Italien.

Zuerst wurde das in England Mode. Schon in einem 1635 erschienenen Reiseführer heißt es: »Auch der junge Mensch von heute sollte nach Italien reisen und seinen Geist durch die Größe und die Grundsätze eines Landes bereichern, das die ganze Welt zivilisiert hat und die Menschheit lehrte, was es bedeutet, Mensch zu sein.«[6] Der italienische Literaturprofessor Attilio Brilli schreibt: »Zwischen dem Ende des 16. und dem 19. Jahrhundert gibt es keinen europäischen Intellektuellen …, der nicht auf die eine oder andere Weise seine Pilgerfahrt nach Italien unternommen hatte.«[7] Unzählige Führer, Tagebücher, Romane und andere Werke haben die Reisenden dazu verfasst. Goethe bewegte sich also auf gut erschlossenem Terrain. Und es spricht umso mehr für seine *Italienische Reise*, dass sie trotzdem diese Wirkung entfalten konnte.

Während wir nach Süden weiterfahren, auf der *Strada Statale 12*, liest Bernadette aus Goethes *Italienischer Reise*[8] vor, deren Route ich in den kommenden Wochen immer mal wieder kreuzen werde. Und obwohl sich die Landschaft noch gar nicht verändert, auch südlich des Brenners wachsen erst einmal dunkle Fichten an steilen Berghängen empor, spüre ich ein Gefühl der Erleichterung, wie immer, wenn ich den Brenner passiert habe. Das mag an der Erinnerung an Studentenzeiten liegen, als wir mit einem so alten Auto nach Italien aufbrachen, dass ich fürchtete, es käme die Alpen nicht hoch. Waren wir dagegen erst einmal über den Brenner, so wusste ich, dass ich die Karre nun notfalls bis hinunter nach Verona rollen lassen konnte. Und das war ein beruhigender Gedanke.

»Früh drei Uhr stahl ich mich aus Karlsbad, weil man mich sonst nicht fortgelassen hätte«, liest Bernadette aus

28

Goethes Reisebuch vor. 1786 brach er, damals 37 Jahre alt, Dichter, Jurist, Minister des Herzogs von Weimar und für seine Verdienste für Hof und Staat geadelt, fluchtartig nach Süden auf. Die Amtsgeschäfte hatten ihn so in Beschlag genommen, dass er seit Jahren kaum mehr Zeit zum Schreiben hatte. Das Hofleben beengte ihn, seine Beziehung zu der Hofdame Charlotte von Stein kriselte. Goethe steckte in einer Lebenskrise. Daher machte er sich am 3. September in einer Postchaise aus Karlsbad fort, wo der Weimarer Hof gerne auf Kur weilte. »Nur einen Mantelsack und Dachsranzen auf-packend« begab sich der mächtige Minister und in ganz Europa berühmte Dichter inkognito unter dem Namen Johann Philipp Möller auf seine Italienreise.

Schon als Junge in Frankfurt am Main hatte ihm sein Vater die Italien-Sehnsucht und die Liebe zu Rom ein-geimpft. Die Gemälde des Südens, die in seinem Eltern-haus hingen, faszinierten Johann Wolfgang. Der Klang der italienischen Sprache lockte ihn. Und die antike Kul-tur der Griechen und Römer, die er in Italien studieren wollte, erschien ihm als vollkommene Verschmelzung von Natur und Kunst. Nun geriet sein Traumziel in Reichweite. Am 9. September erreichte er den Brenner, immer noch in Angst, vom Herzog von Weimar ausfin-dig gemacht und zurückbeordert zu werden. Als ihn da-her der Wirt des Posthauses auf dem Pass ermunterte, gleich weiterzureisen, »es sei Mondenschein und der beste Weg«, folgte er ihm.

»Der Postillon schlief ein, und die Pferde liefen den schnellsten Trab bergunter«, liest Bernadette aus der zer-fledderten Dünndruckausgabe der *Italienischen Reise*[9] vor, die ich von zuhause mitgenommen habe. »Und so kam ich sehr geschwind, zwischen hohen Felsen, an dem reißenden Etschfluss hinunter. Der Mond ging auf und beleuchtete ungeheuere Gegenstände. Einige Mühlen zwischen uralten Fichten über dem schäumenden Strom.«

»Goethe hatte es gut«, sage ich zu Bernadette, während wir zwar auf der Landstraße, aber trotzdem schneller als der Dichter vom Brenner hinunterfahren. »Er konnte sich für seine Reise durch Italien zwei Jahre Zeit nehmen und ganz gemütlich reisen.«

Allerdings notierte der Dichter über die Fahrt von Sterzing nach Bozen: »Die Postillons fuhren, dass einem Sehen und Hören verging.« Und er bedauerte, »diese herrlichen Gegenden mit der entsetzlichsten Schnelle« durchreisen zu müssen. Was hätte er wohl zu heutigen Reisenden gesagt, die auf der Autobahn in knapp sechs Stunden vom Brenner bis nach Florenz rasen und in acht Stunden bis nach Rom, eine Strecke, für die sich Goethe 41 Tage Zeit nahm?

»L'homme pressé est déjà mort«, lautet ein marokkanisches Sprichwort. Frei aus dem Französischen übersetzt: »Wer durchs Leben rast, ist schon tot.« Das gilt besonders für das Reisen. Und so warnte schon der 1900 verstorbene britische Schriftsteller, Maler und Kunsthistoriker John Ruskin: »Die Menschen haben nicht besonders viel von der Welt gesehen, als sie langsam vorankamen, es ist kaum zu erwarten, dass sie mehr sehen, wenn sie schnell vorankommen!«[10] Ich sollte mir das ausschneiden und aufs Armaturenbrett kleben.

Noch nie bin ich bisher die Brenner-Staatsstraße hinuntergefahren, habe immer die Autobahn oder die Eisenbahn genommen, um schneller nach Süden zu kommen. Nun sehe ich, was ich verpasst habe. Saftige Bergwiesen, mit schwarzgrünen Fichtenwäldern bekleidete Hänge, Bäche, ein blauer Heidi-Himmel. Kurvenreiche Straßen, viele Radler, es geht dadurch nur langsam voran, man merkt, dass man reist. Wir kommen durch schöne, liebevoll gepflegte alte Orte mit stattlichen Gasthöfen und Hotels, die einst für all die Reisenden gebaut worden sind, die hier durchkamen, bevor es die Autobahn gab. Etliche von ihnen haben die Verlagerung des Verkehrs nicht überlebt. Andere empfangen bis heute die Gäste.

Wir könnten jetzt die Staatsstraße weiter hinunterfahren, das Eisacktal und dann das Etschtal entlang, auf den Spuren Goethes, der auf dieser Fahrt eine seelische Blitzheilung erlebte. »Die Sache ist, dass ich wieder Interesse an der Welt nehme«, notiert er bei Bozen, und: »Die Sonne scheint heiß, und man glaubt wieder einmal an einen Gott.«

Doch Bernadette und ich sind uns schnell einig, dass wir die Dolomiten nicht links liegen lassen wollen, die wir nur vom Skifahren im Winter her kennen, nicht aber im Sommer. So verlassen wir das Eisacktal und fahren ins Pustertal hinein. Die Bergwelt mit ihren wohlhabenden Orten wirkt proper, wie frisch geduscht. In der Ferne tauchen die ersten Dolomitentürme auf, Riesen, geformt aus versteinerten Korallenriffen, die über die Almen und die Bergwälder hinwegzuschreiten scheinen. Der Eindruck ist fast noch schöner als im Winter, wegen des Kontrasts zwischen den hellgrau-rötlichen Felsen und den grünen Landschaften zu ihren Füßen. Kein Wunder, dass die Dolomiten den Menschen früher übernatürlich vorkamen und eine reiche Sagenwelt entstehen ließen.

In St. Vigil in Enneberg gibt es dazu einen Themenweg. Wir wandern, noch ein wenig steif von der Fahrt,

31

einen gluckernden Bach entlang mit gletscherblauem, glasklarem Wasser, genießen den Duft von frisch gemähten Wiesen, die Lärchen und Fichten, die Sonnenflecken auf dem Weg. Tafeln mit Bildern und Beschreibungen locken die Wanderer hinein in die Sagenwelt der Fanes, die an die Geschichte vom *Herrn der Ringe* erinnert. Italienische Familien stehen um die Schilder herum. Die Eltern lesen den Kindern vor von dem Waisenmädchen Moltina und dem Reich der Murmeltiere, jener hier in den Bergen lebenden freundlichen Nager, die sich wie die Menschen in den Vor-Corona-Zeiten mit Küsschen auf die Wangen begrüßen. Der Prinz der Landrins heiratete Moltina und wurde zum König des Fanesvolkes auf der gleichnamigen Hochfläche. Nach vielen Wendungen der Geschichte verriet dann der letzte König der Fanes sein eigenes Volk. Er versteckte sich auf dem 2800 Meter hohen Berg Lagazuoi und wurde dort zur Strafe versteinert. Der Pass unterhalb des Berges heißt bis heute Falzarego, was der Sage zufolge »falscher König« bedeutet.

In der Wirklichkeit wurden der Lagazuoi und der Falzarego zu einem Schauplatz eines der schlimmsten Kriege der Geschichte, wie wir bald sehen werden. Für diesen Tag ist es genug. Wir kaufen uns Pflaumen und blaue Trauben in St. Vigil und fahren noch ein bisschen weiter hinein in die Dolomiten und dann in Serpentinen hinauf ins berghöhenfrische Kolfuschg am Fuß der Sella-Gruppe. Müde und zufrieden kommen wir in einer leicht altmodischen, gemütlichen Familienpension unter, von denen es noch viele in den Dolomiten gibt. Aus dem Fenster unseres Zimmers blicken wir auf den Felskegel des Sassongher und die Puezgruppe, die über Wiesen, Bauernhöfe und eine Pfarrkirche mit Zwiebelturm in den abendrötlich gefärbten Himmel hinaufragen. Wir staunen über so viel Harmonie und Schönheit. Nichts scheint diese perfekte Bergidylle stören zu können.

Die Familie, die unsere Pension betreibt, spricht Deutsch mit uns. Doch wenn sie unter sich redet, verstehen wir kein Wort. Oder fast keines. Ganz entfernt meinen wir Ähnlichkeiten mit italienischen oder französischen Wörtern herauszuhören. Kolfuschg liegt in Ladinien, dem Land der Ladiner, zu dem das Garder-, Grödner- und Fassatal gehören sowie Buchenstein und Cortina d'Ampezzo. Das sind Gebiete rund um die Sellagruppe, die teils zu Südtirol, teils zum Trentino und zu Venetien zählen.

In der Spätantike reichte Ladinien von der Schweiz bis zur Adria. Doch dann schmolz es im Laufe der Jahrhunderte dahin wie die Gletscher in Zeiten der Erderwärmung. Kultur und Sprache der Ladiner wurden vom Deutschen und Italienischen zurückgedrängt. Heute sprechen nur noch 30 000 Menschen Ladinisch, eine aus dem Lateinischen hervorgegangene eigene Sprache und keineswegs nur ein italienischer Dialekt. Betonen die Ladiner.

Wer mit Skiern, in Wanderschuhen oder auf dem Rad durch die Welt reist, die um die Sellagruppe kreist, bekommt nicht den Eindruck, dass sie am Aussterben ist. Die Kinder lernen Ladinisch in der Schule, es ist neben Italienisch sowie Deutsch (in Südtirol) Amtssprache und findet sich auch auf den Straßenschildern. Uns fallen die vielen Akzente auf den Buchstaben auf, etwa das Trema – zwei Punkte auf Vokalen wie dem »e« oder »u« – oder das aus dem Französischen bekannte Accent circonflexe, beides Zeichen, die im heutigen Italienisch nicht vorkommen. Und gesprochen entfaltet die Sprache für uns einen Zauber, weil wir sie nicht verstehen, sie aber dennoch vertraut klingt. Wer das nachvollziehen will, braucht sich nur im Internet Songs der Gruppe *Ganes* anzuhören, eines Poptrios dreier junger Frauen aus dem Dorf La Val im Gardertal.

Da wir als Familie fast jeden Winter in St. Ulrich im Grödnertal – auf Ladinisch: Urtij*ëi* – eine Woche zum Skifahren gehen und dort bei einer ladinischen Familie wohnen, ist uns Ladinien ans Herz gewachsen. Die Sprache trägt dazu bei, dass wir uns hier in einer ganz eigenen Welt fühlen, die zwischen dem Italienischen und Deutschen schwebt und die starken Seiten beider Kulturräume miteinander verbindet, den Sinn für Schönheit, Gastfreundschaft und gutes Essen einerseits sowie Verlässlichkeit, Organisationskraft und Gemütlichkeit andererseits. Die Ladiner haben es geschafft, so mein Eindruck, vom Tourismus zu profitieren, ohne dem Massentourismus zu erliegen, wie andere populäre europäische Urlaubsgebiete. Sie haben sich mit Leib und Seele in den Fremdenverkehr gestürzt, ohne ihre Seele zu verkaufen. Natürlich gibt es auch Gegenbeispiele. Aber alles in allem erscheint es so. Und die Tatsache, dass die Mädchen und Jungen in Ladinien in der Schule ihre sehr spezielle Sprache lernen, während sich auf ihren Pisten und Klettersteigen Menschen aus der ganzen Welt erholen und in den Hütten *bales* (Knödel), *gnoch* (Nocken, gern mit Spinat oder Topfen) und *grestl* (Kartoffeln mit gebratenem Fleisch) verzehren, zeigt, dass die Globalisierung nicht das Ende gewachsener Kulturen bedeuten muss. Sondern dass sie, klug genutzt, sogar dazu beitragen kann, diese zu erhalten.

»Und, bist du deiner Antwort auf die Frage nach dem Zauber Italiens schon ein Stück nähergekommen«, fragt Bernadette, als wir abends wieder in Kolfuschg ankommen.

»Ein kleines bisschen schon. Ich habe auf der Fahrt gespürt, wie das Reisen helfen kann, unsere Wahrnehmung zu schärfen. Das geht in einem derart vielfältigen Land wie Italien noch besser als anderswo. Du hast uns vorgelesen, was Goethe in Italien gesucht und gefunden hat. Und was das Beste war: Am Brenner wurde tatsächlich der Himmel blau.«

3
Krieg und Frieden

Da wir nun schon einmal im Sommer in den Dolomiten sind, wollen wir auch eine Bergtour machen, um den Kalkriesen ganz nahe zu kommen. Und ich möchte die Gelegenheit nutzen, mit meiner bergfesten Tochter unterwegs zu sein, um etwas anzugehen, was ich mich noch nie getraut habe: einen Klettersteig. Denn ich war lange nicht schwindelfrei. Bei normalen Bergwanderungen hatte ich keine Probleme, aber wenn eine Passage ausgesetzt war, wenn es über einen Grat mit Abgründen zu beiden Seiten ging oder einen Steig empor mit einer Schlucht im Rücken und einer Steilwand vor der Nase, bekam ich buchstäblich weiche Knie, wurde zittrig und kurzatmig. Über die Zeit und mit der Erfahrung in den Bergen wurde das besser. Aber einen Klettersteig, also eine mehr oder weniger weglose Passage im Fels, die mit Stahlseilen, Eisenleitern und Stahlstiften gesichert ist, um sie auch Nichtkletterern zugänglich zu machen, hatte ich dennoch nicht ausprobiert. Dabei verlockte es mich durchaus, wenn Freunde Fotos von ihren Klettersteigtouren zeigten und bei den Erzählungen glänzende Augen bekamen. So wurde der Klettersteig allmählich zu einem Vakuum, das ich nun füllen will, zumal Bernadette schon Klettersteigerfahrung hat.

Am frühen Morgen kommen wir am Parkplatz auf dem Falzarego an, dem Pass des falschen Königs. Ich habe im Internet nach einer einfachen *Via Ferrata*[1] gesucht. So bin ich auf den Kaiserjägersteig gestoßen, der vom Falzarego auf den Kleinen Lagazuoi führt. Klein – das klingt beruhigend. Doch als wir nun in der Morgensonne am Fuß der breiten, nackten, nahezu senkrecht abfallenden Felswand stehen und zu dem fast 2800 Meter hohen Gipfel hinaufschauen, möchte ich gleich umdrehen. Da soll ich hochsteigen? Doch Bernadette lässt keinen Defätismus aufkommen, legt sich den Gurt mit den beiden Karabinern um und setzt einen der Helme auf, die wir am Abend zuvor in einem Sportgeschäft in Kolfuschg ausgeliehen haben. »Auf geht's, Papa!«, ruft sie und hält mir den ausgestreckten Daumen hin.

Blamieren will ich mich nicht, zumal einige italienische Familien mit noch recht kleinen Kindern gerade ebenfalls loslaufen. Also greife auch ich zu Gurt und Helm. Es ist kalt hier oben, die Luft ist kristallklar. Bernadette steigt voran, ich folge, auf einem schmalen Steig in vielen Kehren einen Schutthang hinauf. Die hellgrauen Steine knirschen unter unseren Bergschuhen, sonst hören wir nur unseren Atem und ab und an die Rufe der Italiener vor uns. Die Ausblicke nach Westen und Süden sind so spektakulär, dass ich meine Höhenangst vergesse. Kühn geformte Bergketten und Bergstöcke wie die Sella-Gruppe und die Marmolata reihen sich hintereinander, bis sie sich am Horizont verlieren, an dem weiße Wolken hervorquellen wie aufschäumende Milch. Zwar kenne ich diese Panoramen vom Skifahren. Aber es ist etwas anderes, wenn man sie sich nicht mit einer Gondel oder einem Sessellift erfährt, sondern selbst ersteigt. Dann gelangen wir am oberen Rand des Schuttkegels an, der Fels und damit die *Ferrata* beginnt. Wir klicken unsere Karabiner in das Stahlseil ein und arbeiten uns über Felsbänder nach oben. Das Wissen, im Falle eines Stolperns oder Ausrutschens in den Seilen zu hängen und nicht abzustürzen, gibt mir Sicherheit. Die Sache beginnt sogar Spaß zu machen. Eine Hängebrücke führt über einen Abgrund. Sie beginnt unter unseren Schritten zu schwingen. Dann kommt die ausgesetzteste Passage des Steigs, ohne Sicherung bekäme ich jetzt wieder zittrige Knie. Ein Florentiner mit seinem Sohn klettert vor uns her. Wir kommen ins Gespräch. »Das ist der Steig der Eurigen«, ruft er uns zu. Wir wenden ein, dass wir keine Österreicher, sondern Deutsche seien. Das sei doch dasselbe, antwortet er lachend.

Der Kaiserjägersteig, der uns nun an mehr als hundert Jahre alten Unterständen vorbeiführt, diente im Ersten Weltkrieg den österreichischen Soldaten als Verbindungsweg zu ihren Stellungen oben auf dem blutig umkämpften Lagazuoi. Hier, wo wir, mit den Florentinern plaudernd, mit leichten Tagesrucksäcken hochlaufen, schleppten die Österreicher damals tonnenweise Munition, Verpflegung und Baumaterial auf den Gipfel. Bernadette und mir erscheint es unglaublich, dass sich Österreicher und Italiener in fast 3000 Metern Höhe mehr als zwei Jahre lang einen Stellungskrieg geliefert haben. Dort oben, wo es nichts gab außer Fels, Schnee, Wind und Kälte. Doch der Florentiner erklärt uns, der Gipfel sei strategisch wichtig gewesen. Die Österreicher hätten ihn zu Anfang des Weltkrieges besetzt und dort Scharfschützen postiert, um Angriffe der Italiener abzuwehren und deren Eindringen nach Tirol zu verhindern. Die Italiener wiederum hielten sich auf gegenüberliegenden Gipfeln wie den Cinque Torri verschanzt und beschossen von dort aus die österreichisch-ungarischen Stellungen wie den Lagazuoi oder das Fort Tre Sassi auf dem Falzarego-Pass. In dem Fort ist heute ein Museum eingerichtet, das sich dem »Großen Krieg« widmet. So wird in Italien – wie in Frankreich – nicht etwa der Zweite, sondern der Erste Weltkrieg bezeichnet.

Nach wiederholten Angriffsversuchen gelang es den Italienern, Teile des Lagazuoi zu besetzen. Sie bauten Unterstände, gruben Höhlen und Tunnel in den Fels, schleppten nun ebenfalls Kanonen und Maschinengewehre hinauf. Es muss eine mörderische Plackerei gewesen sein, im ständigen Kampf mit Kälte, Steinschlag, totaler Erschöpfung und dem Feind. Immer höher arbeiteten sich die italienischen Alpini, die Gebirgsjäger, den kleinen Lagazuoi hoch. Die Österreicher feuerten mit Maschinengewehren, Bomben und Handgranaten zurück und griffen die italienischen Stellungen teils auf abenteuerliche Weise an, etwa, indem sich Bergführer der Kaiserjäger an einer Felswand abseilten, um in der Luft hängend die Feinde zu beschießen. Doch keiner Seite gelang der Durchbruch. Während sich die Österreicher auf dem Gipfel einigelten, verschanzten sich die Italiener nur 30 Meter unterhalb. An der Bergoberfläche wurde gekämpft, im Inneren gegraben, beide Seiten arbeiteten sich mit Presslufthammern, Bohrern und Spitzhacken aufeinander zu. Unterirdische Sprengkammern wurden angelegt, mit Sprengstoff gefüllt und in die Luft gejagt, Steinlawinen ausgelöst, vergebens.

Bernadette und ich kommen oben auf dem kleinen Lagazuoi an. Der Blick rundherum umfasst fast die ganzen Dolomiten. Auf dem Felsplateau unterhalb des Gipfels laufen Italiener, Deutsche, Österreicher und Touristen aus anderen Ländern herum und bestaunen die alten, nunmehr restaurierten Lauf- und Schützengräben, Unterstände und Waffenlager. Selbst jetzt, im August, ist es eiskalt hier oben, ein scharfer Wind setzt den Wanderern zu. Ein Wolkenband im Blau des Himmels schickt ein paar Schneeflocken herab. Doch die Stimmung ist gut, keiner kann sich der Faszination dieses Hochgebirgsszenarios entziehen. Die Nachkommen der einstigen Kriegsgegner plaudern miteinander, erklären sich gegenseitig den Kriegsverlauf oder trinken einen heißen Tee in der nahen Bergstation der Seilbahn. Manchmal kennt Geschichte doch Fortschritt.

Um wieder zum Falzarego-Pass hinabzusteigen, nehmen wir nicht den Kaiserjägersteig, sondern die italienische Seite. Wir steigen in den engen, dunklen, einen Kilometer langen, äußerst steilen Stollen ein, den die Alpini bis direkt unter die Stellungen der Österreicher auf der Bergkuppe gegraben hatten. Am 20. Juni 1917 jagten sie eine Kammer am Ende des Minenstollens mit mehr als 30 000 Kilogramm Sprengstoff in die Luft. Doch auch das brachte keine Wendung im hochalpinen Stellungskrieg. Indem wir unsere Handys als Taschenlampen benutzen, steigen wir in der feuchten Kälte im Inneren des Berges abwärts, vorbei an Schießscharten, einem Maschinengewehr samt Patronengurt, Resten von Betten und Motoren. Der Boden des niedrigen Stollens ist klitschig, der Abstieg im Dunkeln kommt uns viel länger vor als der Aufstieg auf dem luftigen Kaiserjägersteig. Mehrfach zweigen Nebenstollen und Gänge zu Schießscharten in der Felswand ab, der Lagazuoi wirkt hier unten wie ein Maulwurfsbau. Und dann endlich wieder Licht, Sonne auf der Haut. Und eine Welt nur aus Stein und Himmel um uns herum, die sich dramatischer kaum vorstellen lässt. Wir steigen hinunter auf den Falzarego-

Pass und besichtigen das Kriegsmuseum. Orden. Uniformen. Geschosse. Grotesk klobige Schuhe gegen Erfrierungen. Auf einer offiziös aussehenden Liste einer Prostituierten sind wie auf einer Speisekarte die angebotenen Dienste für die Soldaten und die Preise aufgelistet, sogar das Wort »Quickie« gab es damals schon. Ein paar Schritte weiter liegen in einer Vitrine Frontbriefe an die Geliebte, die wegen der Zensur nie angekommen sind. Bis zum Oktober 1917 verlief die Front hier am Falzarego-Pass. Danach mussten die Italiener nach einer schweren Niederlage in der sogenannten 12. Isonzo-Schlacht die Dolomiten-Front aufgeben und weiter nach Süden zurückweichen.

Heute liegen die Dolomiten in tiefem Frieden, der durch die grandiose Natur etwas Erhabenes ausstrahlt. Das Wort geistert mir durch den Kopf, als wir am nächsten Tag von Kolfuschg über das Grödner Joch nach Wolkenstein und Santa Christina fahren. Das »Erhabene«, ein altertümliches Wort, das kaum noch gebraucht wird. Und doch kommt es mir beim Anblick italienischer Landschaften und ihres besonderen Reizes immer mal wieder in den Sinn. Erhaben, das ist eine Melange aus majestätisch, schön, ehrfurchtgebietend, feierlich, bewegend, ja erschütternd und auf wohlige Art erschreckend. Schiller beschreibt es als eine Mischung aus »Wehsein« und »Frohsein«[2]. Goethe schreibt, »die erhabene Sprache der Natur« lerne »nur der Wanderer kennen«. Im Klischee wird Italien oft mit Lieblichkeit und Dolce Vita gleichgesetzt. Doch darin erschöpft sich das Land nicht. Die Dolomiten sind ein Beleg dafür. Andere werden folgen.

41

Um der Faszination Italiens auf die Schliche zu kommen, möchte ich auf dieser Reise Menschen, Landschaften und Orte kennenlernen, die ich noch nie gesehen habe, obwohl ich schon so oft in Italien war. Denn ein Zauber des Landes liegt in seiner unerschöpflichen Vielfalt. Zugleich will ich einige Menschen, Landschaften und Orte wiedersehen, die mich Italien liebgewinnen ließen. Einer der Menschen ist Erich. Erich von der Odles-Hütte.

Wir kennen uns seit vielen Jahren, ja seit bald zwei Jahrzehnten, weil wir beim Skifahren im Grödnertal mittags oft bei ihm einkehrten. Im Sommer aber waren wir noch nie bei ihm. Unser Navi sagt uns, wir könnten mit dem Auto bis zur Odles-Hütte fahren, die in 2100 Metern Höhe in einer kleinen Senke der Almlandschaft um den Col Raiser liegt. Natürlich ist das Unsinn, doch als moderner Mensch neige ich dazu, mehr einer App als meinem Instinkt zu glauben. Wir kurven also von Santa Christina aus auf schmalen Teerstraßen immer höher hinauf und landen auf einem Parkplatz, von dem eine Piste zum Col Raiser hinaufführt. Davor steht ein Wagen der Ortspolizei. Eine ladinische Polizistin klärt uns auf, dass wir nur zu Fuß weiterdürfen. Hätten wir uns denken können.

Der Fußmarsch soll mehrere Stunden dauern, doch wir sind schon in einer halben Stunde mit Erich verabredet. Slow Travel klappt nicht immer. Daher fahren wir wieder hinunter nach Santa Christina und dann mit der Eiergondel hoch auf den Col Raiser. Es ist noch früher Vormittag, und wir sind die ersten Gäste auf der Odles-Hütte. Eine Studentin, die hier oben jobbt, fragt, was wir wünschen. »Ist Erich hier?« Da kommt er schon aus der Hütte, ein kleinerer, muskulöser Mann in kurzen Lederhosen, rot kariertem Hemd und Joppe. Sein heiteres, von der Sonne rotbraun gebranntes Gesicht wird von kurzen, gelockten, allmählich vom Schwarzen ins Graue übergehenden Haaren gerahmt. Dass er schon Mitte 50 ist, sieht man ihm jedoch nicht an.

»Ich war gerade beim Kartoffelschälen«, sagt er und wischt sich die Hände an einer Schürze ab. Erich ist ein Mensch, in dessen Gegenwart wir uns sofort wohlfühlen. Das war schon beim Skifahren immer so. Weil er auf eine bescheidene, ungekünstelte Art ausstrahlt, glücklich zu sein und der Welt wohl zu wollen. Oder, falls glücklich ein allzu beliebiger Begriff sein sollte, im Reinen mit sich selbst und seiner Umgebung zu sein; mit seinem Leben unten in seinem Bauernhof in Santa Christina und hier oben auf der Alm, in 2100 Metern Höhe, umgeben von Bergwiesen und Nadelwäldern und einem freien Blick auf die Spitzen der Geisler-Gruppe.

Wir setzen uns auf die Terrasse mit dem Rücken zur Hüttenwand aus rotbraun gebeizten rohen Fichtenstämmen und lassen uns die Gesichter von der Morgensonne wärmen. Die Studentin bringt Cappuccino und für jeden ein Stück Milchschokolade. Kuhglocken läuten von einer Alm herüber. Die Bergidylle ist so vollkommen, dass sie kitschig wirken würde, sähe man sie so in einem Heimatfilm. Doch hier ist nichts arrangiert, um heile Welt vorzutäuschen, dafür sorgt schon Erich, dem alles Aufgesetzte fremd ist. »Seit wie vielen Generationen lebt ihr hier im Grödner Tal?«, fragt Bernadette.

»Seit vielen Generationen. Wir haben mal einen Stammbaum gemacht und sind dafür 300 Jahre weit zurückgegangen. Aber es ist sicher viel länger«, sagt Erich in seinem gemächlichen Sprachrhythmus mit dem leichten alpenländischen Singsang, der mich melodisch an das Switzerdütsch erinnert. Er selbst ist mit sieben Brü-

dern und Schwestern auf dem Hof der Familie aufgewachsen. »Ich war der Kleinste. Und da niemand von
meinen Geschwistern den Hof übernehmen wollte,
musste ich ran.« 22 Jahre war er alt, als er von den
Eltern in die Pflicht genommen wurde. Bevor man ihn
jetzt bedauern könnte, fügt er hinzu: »Ich bin leiden-
schaftlicher Bauer. Von klein auf. Von der ersten Klasse
an habe ich die ganzen Sommerferien über das Vieh ge-
hütet. Und mit der Hand das Heu auf den Bergwiesen
gemäht.« So gut war Erich darin, dass er als Jugend-
licher an Wettbewerben teilnahm, italienischer Landes-
meister im Mähen mit der Sense wurde und Dritter bei
den Europameisterschaften. Doch als er als junger Mann
vom Vater die Landwirtschaft übernahm, musste er erkennen: »Vom Hof allein kann'st nicht leben.« Aber da
war diese Alm oben am Col Raiser, die seine Mutter von
ihrer Familie bekommen hatte. »Darauf habe ich dann
diese Hütte gebaut.«

Erich klopft mit dem Knöchel seiner rechten Hand auf
die Fichtenstämme. »Wir haben die Bäume drüben am
Monte Panna gefällt und mit Traktoren hierhergebracht.
Hier haben sie dann mein Bruder, ein Freund und ich
zusammengebaut.« Zwei Jahre hat das gedauert. Seither
ist die Arbeit nicht weniger geworden. Denn neben der
bewirtschafteten Odles-Hütte, die im Sommer und Winter Knödel, Wildgerichte, Käse, Speck und Süßspeisen
wie den Kaiserschmarrn auftischt und bei gutem Wetter
rappelvoll ist, betreiben Erich und seine Familie weiter
ihren Bauernhof. »Vor allem im Sommer müssen wir alle
zusammenhelfen, sonst schaffen wir es nicht.« Seine drei
Söhne und die Tochter packen dann mit an, etwa beim
Mähen, und sicher werden bald auch die ersten der bislang fünf Enkel mitmachen.

Der Hof mit den 15 Milchkühen und 15 Jungrindern ergänzt die Hütte dabei bestens. So kann Erich den Gästen eigenes Fleisch, eigene Butter, eigenen Käse vorsetzen. Was er sonst noch braucht für die Küche, kauft er in der Gegend zu. Doch unserem Ausruf, das sei doch paradiesisch, ein Leben in Freiheit und im Einklang mit der Natur, hält Erich entgegen: »Es ist nicht leicht, so ein Leben zu führen. Wenn einer regelmäßig Urlaub machen und am Wochenende frei haben will, ist das hier nichts für ihn. Das muss schon dein Lebensinhalt sein.« Freie Wochenenden gebe es bei ihnen jedenfalls den ganzen Sommer über nicht. »So ein Leben kann'st nur führen, wenn'd Frau mitmacht.« Die seine macht mit. Notburga heißt sie.

»Was ist das denn für ein Name?«, frage ich erstaunt. »Ein Ladinischer?«

Nun ist Erich erstaunt. »Den kennst du nicht? Notburga, das ist doch die Patronin von den Bauern. Auch bei euch in Bayern.«

»Mein Gott«, denke ich, »wie wenig wissen wir Städter noch vom Leben auf dem Land, vom Leben der Bauern!« Dabei bin ich selbst so halb auf dem Land aufgewachsen, in Tutzing am Starnberger See, wo in meiner Kindheit noch Bauernhöfe im Ortszentrum existierten und die Bauern das Vieh abends die Hauptstraße entlang Richtung Stall trieben. Dennoch habe ich nie von Notburga gehört, einer Magd aus Rattenberg in Tirol, die auf einem Schloss arbeitete und die dort anfallenden Speisereste an Hungernde verteilte. Als ihr die Schlossherrin das untersagte, sparte Notburga einen Teil ihres eigenen Essens auf, um es den Armen zu bringen. Eines Tages erwischte sie die Schlossherrin dabei und fragte, was sie da bei sich trage. Da verwandelten sich die

Lebensmittel in Holzspäne. Heute gilt Notburga als eine der wenigen Heiligen aus dem Mittelalter, die weder einem Orden angehörten noch einer angesehenen Familie entstammten. Eine Volksheilige also, die Patronin der Bauern, Dienstmägde und der Armen.

Hört man diese Geschichte hier im schmucken, florierenden Südtirol, wirkt sie aus der Zeit gefallen. Dabei ist es nicht so lange her, dass viele Menschen in bitterer Armut lebten, was nach dem Zweiten Weltkrieg Initiativen wie die »Stille Hilfe Südtirol« entstehen ließ. Heute ist die Autonome Provinz Bozen–Südtirol nach Mailand die zweitreichste aller 110 italienischen Provinzen. Das Pro-Kopf-Einkommen ist eines der höchsten der EU. Die Bevölkerung wächst beständig. Ursachen für den enormen Aufschwung sind Tourismus und Handel. Die geographische Lage und die Mehrsprachigkeit machen Südtirol zum Treffpunkt und Scharnier von Nord und Süd, von deutsch- und italienischsprachiger Welt. Die weitreichende Autonomie, die Südtirol innerhalb Italiens genießt, sowie die europäische Integration haben die Trennung von Nordtirol nach dem Ersten Weltkrieg zwar nicht rückgängig gemacht, aber deren Bedeutung wesentlich abgeschwächt. Trotz immer mal wieder aufbrechender Unzufriedenheit und Unabhängigkeitswünschen wissen die meisten Südtiroler, dass sie weltweit zum Modell für die friedliche Lösung eines Minderheitsproblems geworden sind.

Diese Erfolgsgeschichte strahlt das Land aus. Sie ist die Geschichte all jener deutsch-, ladinisch- und italienischsprachigen Menschen in Südtirol, die, wie Erich, die Chancen nutzten, die sich in den vergangenen Jahrzehnten ergaben. Und das nicht blind-frenetisch, wie einige Mittelmeerküstenregionen in Italien oder Spanien, sondern überwiegend mit Maß. Dieses Maßhalten auch im Erfolg ist vielleicht das Geheimnis jener fast märchenhaften Harmonie zwischen Natur und Kultur, die die Dolomitenwelt ausstrahlt. Die Dörfer, Weiler und Streusiedlungen mit ihren Höfen und Stadeln wirken weder von der Moderne überrollt, wie zum Teil in den französischen Alpen, noch von den Menschen verlassen, wie in anderen Bergregionen Italiens. »Unsere Landes-regierungen haben immer geschaut, dass die Leute hier draußen bleiben«, sagt Erich. »Hier hat jedes Dorf gute Straßen, Geschäfte, eine Schule, und der Schulbus holt die Kinder von den einzelnen Höfen ab. Das zahlt sich aus.« Und noch einen Grund für das Erfolgsmodell Süd-tirol nennt er: »In Italien wurden die Bauernhöfe in den vergangenen Jahrzehnten unter den Erben der Bauern verteilt und die Stöcke verkauft. Bei uns dagegen gilt das Prinzip der geschlossenen Höfe.«

»Was heißt das?«, fragen Bernadette und ich unisono.

»Dass Gebäude und Grundstücke eines Landwirt-schaftsbetriebs nicht geteilt und nur geschlossen vererbt werden können. So können die Betriebe wirtschaftlich überleben.«

Schon im 16. Jahrhundert hatte die Tiroler Landesregie-rung diese Regel erlassen. Unter Mussolinis Faschisten-herrschaft wurde sie in Südtirol abgeschafft, nach dem Krieg aber wieder per Landesgesetz eingeführt.

»Aber ist das nicht ungerecht für die Geschwister des Hoferben?«, frage ich und denke an all die Mädchen und Burschen, die früher leer ausgingen und als Mägde und Knechte arbeiten oder ins Kloster gehen mussten. So sei es nicht mehr, erklärt uns Erich. Der Hoferbe müsse seine Geschwister heute entschädigen.

»Schau rüber ins Fassatal, nach Canazei[3], da gibt es

kaum noch Bauern, weil es keine geschlossenen Höfe gibt. Auch für die Almlandschaften ist das schlecht. Hier bei uns werden die Almen dagegen bis auf zweieinhalbtausend Meter Höhe hinauf bewirtschaftet und gemäht. Das gibt es in Europa nur in Südtirol.«

Auch bei Erich steht der Stabwechsel bereits an. »Mein Sohn Adam ist dabei, den Hof zu übernehmen. Ich bedaure das nicht.« Aber mithelfen werde er weiterhin.

»Die Verhältnisse hier sind viel besser als früher«, sagt Erich und schaut hinaus über seine Terrasse auf Almen und Berge. Zwei Wanderinnen laufen auf dem Weg oberhalb der Hütte vorbei, die Spitzen ihrer Stöcke klacken auf dem Boden. Sie sprechen Italienisch miteinander. Das ist mir schon öfter aufgefallen: In den Siebzigerjahren, als ich mit meinen Eltern im nahen Wolkenstein zum Skifahren ging, waren die Touristen ganz überwiegend Deutsche. Heute sind es meist Italiener. »Covid hat das noch verstärkt«, sagt Erich. »Die Italiener haben die Berge entdeckt. Sie kommen nicht mehr zum Sonnen hier herauf, sondern zum Wandern.«

»Ist es die Landschaft, die die Faszination Südtirols ausmacht, oder kommt da noch mehr dazu?«, frage ich Erich.

»Unsere Gäste sagen uns, da seien auch das gute Essen und die Freundlichkeit. Überall. Wo du hingehst. Und natürlich auch die Landschaft. Wir tun was dafür. Wir achten auf unsere Natur, mähen die Wiesen. Und du siehst praktisch keinen Müll.«

»Aber ist der Massentourismus kein Problem für die Natur?«, fragt Bernadette. »Der ganze Kunstschnee im Winter auf den Skipisten zum Beispiel?«

Erich wiegt den Kopf, lässt sich Zeit mit der Antwort.

»Wo sie Kunstschnee machen, ist es für die Wiesen besser«, sagt er dann. »So bleibt die Grasnarbe vor den Skiern geschützt.«

Ich denke an meine Kindheit beim Skifahren in Südtirol, als es noch keine Schneekanonen gab und wir in den Osterferien über Steine und Grasflecken hinwegschruppten und auf den unteren Hängen über Plastikmatten rutschten, die auf die nackten Almen gelegt worden waren.

»Die Wiesen unter den Pisten sind daher heute im Sommer viel schöner als früher«, sagt Erich.

Wir nicken. Das ist uns beim Hochfahren mit der Eiergondel auch aufgefallen.

»Aber«, sagt Erich, »fürs Beschneien brauchst du auch viel Wasser. Und dadurch werden die Wiesen weicher.« Sorgen macht ihm vor allem das wärmere Klima, die Gletscherschmelze. »Die Marmolata – das ist eine Katastrophe.«

Wir haben am Vortag vom Lagazuoi aus den Gletscher auf dem höchsten Berg der Dolomiten gesehen. Selbst aus der Ferne sah er krank aus, stumpf und blässlich, wie ein Leichentuch in der Landschaft. »Das wird nicht mehr lange dauern …«, sagt Erich leise.

Gletscherforscher der Universität Padua haben errechnet, dass die Marmolata bereits mehr als 85 Prozent ihres »ewigen« Eises verloren hat. Mitte der Dreißigerjahre dieses Jahrhunderts könnte der Gletscher ganz verschwinden. Auch sonst beobachtet Erich, ein bodenständiger, traditionsverbundener Ladiner, Anzeichen des Klimawandels um sich herum. »Das Gras wächst immer mehr. Unsere Stadl reichen nicht mehr aus für das Heu. Früher hat es hier oben schon Mitte August geschneit. Und heute? Schaut euch um.« Dafür würden Wind und

Regen immer extremer. »Wenn es regnet, kommts runter wie aus Kübeln.« Außerdem gehe die Baumgrenze immer weiter hinauf. Er deutet hinüber ins Hochtal am Fuß der Geisler-Gruppe, wo die Fichten bis in die weißen Geröllhänge unterhalb der Felswände hineinwachsen. »Als mein Vater dort seine Tiere weidete, gab es diese Wälder noch nicht.«

Auch das märchenhafte Reich der Dolomiten ist nicht vor den Veränderungen in der Welt gefeit. Und Erich, was wünscht er sich für die Zukunft?

»Dass unsere landwirtschaftliche Kultur erhalten bleibt. Dass es so weitergeht wie bisher. Aber es soll auch nicht zu viel werden.«

»Wie meinst du das?«, fragt Bernadette.

»Wir leben hier wie im Schlaraffenland. Doch unten in Italien gibt es Leute, die es mit ihrem Geld nicht bis ans Monatsende schaffen. Das macht mir Sorgen. Und es geht auch nicht, dass du hier drei Häuser und mehrere Autos hast, und der Rest der Welt hungert. Da kriegt man mit sich selber schon Probleme. Die Jungen müssen daher lernen, mit weniger zu leben. Das sage ich auch meinen Kindern.«

»Und was sagen die dazu?«

»Die sind sich schon bewusst, dass es so, wie wir leben, nimmer weitergeht.« Die achten sehr auf Natur und Umwelt. »Wir Älteren schimpfen immer auf die Jugend. Aber ich sehe: Die Jungen machen es oft besser als wir. Mein Sohn Adam hat jetzt freie Hand in unserer Landwirtschaft. Und er macht es sehr gut.«

Erich muss wieder in die Küche. Bald kommen die Wandergäste. Gibt es denn nie Ruhe? Nie Ferien? In der ganz staden Zeit fahre er schon einmal mit seiner Frau für eine Woche in den Urlaub, sagt Erich.

»Wohin?«, frage ich gespannt. »Auf die Kanaren? Nach Thailand?«

Verblüfft schaut er mich an. »Nein! Auf irgendeinen schönen Ferienhof hier oben in den Dolomiten.«

4

Verweile doch, du bist so schön

Südtirol ist ein sanfter Einstieg nach Italien. Hier geht die deutsch-österreichische Welt allmählich in die italienische über. Die Fichtenwälder weichen nach und nach den Weinbergen, das Klima wird Richtung Bozen immer milder, in den Altstädten von Brixen oder Meran verlagert sich das Leben nach draußen, mischen sich deutsche und italienische Laute. Die Atmosphäre wirkt bodenständig und weltoffen zugleich, was einen großen Reiz ausübt. Dennoch: Wer genauer hinschaut und hinhört, erfährt, dass die Wunden noch nicht ganz vernarbt sind. Der hört von älteren deutschsprachigen Hotelbesitzern, dass sie ihre Angestellten aus Mittel- und Osteuropa kommen lassen, weil sie keine Italiener nehmen wollen. Die Erinnerung an die Zeit des Faschismus schmerze zu sehr, als sie Schläge bekamen, wenn sie in der Schule Deutsch sprachen. Und er hört von Italienern, die sagen, sie fühlten sich in Südtirol wie Fremde im eigenen Staat, weil sie hier nicht voll akzeptiert würden. Die Erinnerung an die brutale Zwangs-Italienisierung unter Benito Mussolini einerseits und an die teils mörderischen Terroranschläge Südtiroler Separatisten in den 1960er-Jahren andererseits ist unter der Oberfläche von Wohlstand, Weltläufigkeit und Mehrsprachigkeit lebendig. Den Zauber Südtirols, des Eingangs nach Italien, schmälert das nicht. Im Gegenteil. Diese Provinz, die so viel mehr ist als nur irgendeine Provinz, demonstriert mit ihrer Erfolgsgeschichte, wie schnell man aus der Asche steigen kann, was sich in wenigen Jahrzehnten alles aufbauen lässt. Sie ist eine gelebte Ermutigung, ein Ansporn. Und eine Warnung, wie wir gleich erfahren werden.

Christian Much empfängt uns im blumendurchwobenen Garten des Hotels Perwanger in Völs am Fuß des blockigmassiven, knapp 2600 Meter hohen Schlern, eines Wahrzeichens Südtirols. Es ist ein schönes, altes, behutsam modernisiertes Hotel, das eine angenehme Verträumtheit ausstrahlt und das nostalgische Wort »Sommerfrische« evoziert. Much, ein schlanker, sich aufrecht haltender Mann Ende 60, mit grauem Haar und graublondem Schnurrbart, strahlt eine zurückhaltende Lebensklugheit aus, die später, im Gespräch, wenn ihm ein Thema zu Herzen geht, einer fast jungenhaften Munterkeit weicht.

Much ist Europäer durch und durch, nicht erst durch politische Überzeugung – er engagiert sich für die junge Europa-Partei Volt –, sondern schon qua Biographie. In Luxemburg geboren, dort und in Brüssel aufgewachsen, »habe ich schon im Kindergarten italienische Freunde gehabt und italienische Schimpfwörter gelernt«, erzählt er bei Brettlspeck und Schüttelbrot auf der Terrasse des Hotels. In jener Zeit, in den Fünfzigerjahren, fuhren seine Eltern gern mit ihm in den Urlaub in ein Hotel in Südtirol. »Das war damals schon ein kleines Abenteuer«, sagt er. »Eine verdaubare Exotik. Wie heute vielleicht Kuba oder Thailand.« Dort lernte er, als er elf Jahre alt war, die achtjährige Hanni kennen, die Tochter der Hotelbesitzer. Später wurden sie ein Paar, verloren sich dann, im Studium, aus den Augen.

Much ging als Rechtsanwalt nach Paris, trat in den diplomatischen Dienst ein, führte ein spannendes Leben im Nahen Osten, in Zentralamerika, bei den Vereinten Nationen in New York oder in Ungarn, wo er im Wendejahr 1989 an der deutschen Botschaft für die Betreuung der DDR-Flüchtlinge zuständig war und schon einmal Menschen im Kofferraum in den Westen schmuggelte. Besonders prägend wurden für ihn aber die Jahre in Italien. Er leitete die Kulturabteilung der deutschen Botschaft in Rom und vertrat dann die Bundesrepublik als Generalkonsul in Neapel. Mit der Beziehung zwischen Deutschen und Italienern kennt er sich aus. Und auch mit der Beziehung zwischen Deutschsprachigen und Italienischsprachigen in Südtirol. Als er Diplomat in Italien war, traf er Hanni wieder, und die beiden wurden erneut ein Paar. Heute lebt er bei ihr in ihrem Hotel und schreibt Romane, die sich um Südtirol und das Zusammenleben von Menschen verschiedener Herkunft drehen[1].

»Wir leben hier in einer gut funktionierenden Euro-Region«, sagt er. »Nordtirol, Südtirol und das Trentino arbeiten eng zusammen, sind ein gelebtes Gegenstück zum nationalistischen Denken. Doch das ist auch bei uns in Südtirol immer noch sehr stark. Etliche Deutschsprachige und Italienischsprachige fühlen sich von der jeweils anderen Volksgruppe untergebuttert.« Das mache sie anfällig für Populisten. So strebten manche Deutschsprachige weiterhin die Unabhängigkeit oder einen Anschluss an Österreich an und stimmten bei Wahlen für Parteien wie die Süd-Tiroler Freiheit[2]. Auf der anderen Seite stimmten bei nationalen Parlamentswahlen in Südtirol mehr italienischsprachige Bürger für extrem rechte Gruppen als in anderen Teilen Italiens.« Aus diesen Beobachtungen heraus sind meine Bücher entstanden«, sagt Much. »Ich will mein politisches Engagement literarisch umsetzen.«

Sein Erstling, »Der andere Ast«[3], geht von einer spannenden Fiktion aus: Was wäre geschehen, wenn die Siegermächte nach dem Zweiten Weltkrieg Südtirol wieder Österreich zugeschlagen und Österreich dann, wie Deutschland, in einen westlichen und einen östlichen Teil aufgespalten hätten? Südtirol, so Muchs Szenario, wäre dann Teil des kommunistischen Ostblocks geworden. Aus dieser »alternativen Geschichte« heraus entwickelt Much einen schlüssigen Krimi, in den er seine Erfahrungen als Diplomat einfließen lässt. Das Buch hilft einem dabei, sich in die Seelenlage der jeweils anderen Volksgruppe einzufühlen. Sein zweiter Roman, »Michels letzte Reise«[4], dreht sich wieder um das Zusammentreffen verschiedener Völker, verschiedener Identitäten, diesmal in der Geschichte um einen altersdementen früheren Südtiroler Politiker und seine aus Nigeria stammende Pflegerin. »Wir müssen alle lernen, dass man nicht nur eine Identität hat«, sagt Much. Wo könnte man das leichter als in Südtirol mit seinen Deutschsprachigen, Italienischsprachigen und Ladinern?

Bevor wir weiterfahren, wollen wir von Christian Much noch wissen, was geblieben ist von der alten Sehnsucht der Deutschen nach Italien. Wirkt der Zauber noch? Much blickt in die Ferne, als suche er in seinen Erinnerungen als junger Mann, in einer Zeit, als Italien viele junge Leute faszinierte, nicht zuletzt als Laboratorium in Politik und Gesellschaft, etwa mit der Erfindung

des Eurokommunismus. »Einiges von der typisch italienischen Strahlkraft ist weg«, sagt Much dann. »So war
Italien mal eine Führungsnation in Mode, Design, Musik,
Film. Schauspielerinnen wie Sophia Loren, Claudia Cardinale oder Gina Lollobrigida begeisterten die ganze
Welt. Diese Führungsrolle ist weg. Welcher Deutsche
greift heute noch nach einem Buch, nur weil die Hand-
lung in Italien spielt?«

Da regt sich bei mir als unverbesserlichem Italien-
liebhaber natürlich Protest. Und die Bücher von Elena
Ferrante[5]?, möchte ich einwenden. Filme wie *La Grande
Bellezza* von Paolo Sorrentino? Schauspielerinnen wie
Monica Bellucci? Taschen von Gucci, Jeans von Diesel?
Aber ich halte mich zurück. Ich weiß ja, was er meint.
Früher ging von Italien, neben Sonne, Strand und Dolce
Vita, eine große intellektuelle Kraft aus. Diese geistige
Komponente, der wiederum Moden und Trends von der
Politik bis hin zur Kleidung folgten, verband man sofort
mit dem Land. Italien war stilbildend, auch intellektuell,
das war offensichtlich. Heute muss man schon länger
nachdenken und sehr gut argumentieren, wenn man das
noch behaupten will. Woran das liegt?

»Womöglich haben die Deutschen in der langen Zeit,
in der Silvio Berlusconi Italien prägte, genug von dem
Land bekommen«, sagt Much und reißt mich aus meinen Gedanken. »Und vielleicht gibt es da auch ein Gene-
rationenphänomen. Wer fährt denn heute noch in die
Toskana? Sind das auch junge Leute?« Er schaut meine
Tochter an.

»Es gibt schon Freunde von mir, die in der Toskana
Urlaub machen«, antwortet Bernadette. »Aber nicht
sehr viele. Die meisten fahren eher nach Barcelona, Griechenland oder Skandinavien.«

»Dennoch bietet Italien immer noch so viel«, sagt Much jetzt. »Die Landschaft, das Essen, die Lebensfreude. Nehmen wir irgendeinen deutschen Touristen, der kein Italienisch spricht. Er geht abends auf den Dorfplatz eines italienischen Städtchens. Er setzt sich in ein Café – und erlebt eine Aneinanderreihung von Glücksmomenten. Die Schönheit der Bauten und des Lichts. Wie die Leute sich bewegen, ohne Eile, einander zurufen, Alte und Junge durcheinander, diese Lockerheit, dieses gelassene Leben. Das erfassen Sie auch, wenn Sie kein Wort Italienisch verstehen.«

Ich nicke zustimmend, während Much fortfährt: »Diese Leichtigkeit, die Italien vermittelt, die zieht heute wieder mehr Deutsche an. Und dann das Essen. Das ist den Deutschen buchstäblich in Leib und Blut übergegangen. Ich merke das auch hier im Hotel bei unseren Touristen. Die haben das ganze kulinarische Vokabular drauf. Diese Elemente der Italien-Begeisterung, sie werden bleiben.«

Auf der Weiterfahrt spinnen Bernadette und ich das Gespräch fort. »Vielleicht ist uns Italien ja so vertraut geworden, ist so in unserer eigenen Kultur in Deutschland angekommen, dass ihr Jungen glaubt, schon alles zu kennen und gar nicht mehr hinfahren zu müssen«, vermute ich.

»Bis du traurig, dass Nicolas und ich nicht so für Italien schwärmen?«

»Ein bisschen schon. Ich habe immer gedacht, es kann für Kinder nichts Schöneres geben, als in Italien aufzuwachsen. Und dass man, wenn man Italien kennengelernt hat, sein Leben lang dorthin zurückkehren möchte.«

»Du darfst das nicht falsch verstehen. Ich finde Italien

schon sehr schön. Wir haben es halt nur zusammen als Familie früher derart viel bereist, dass wir jetzt noch etwas anderes von der Welt sehen wollen. Und dann ist da noch etwas.« Sie schmunzelt.

»Ja?«

»Du beschäftigst dich so viel mit Italien, dass für uns da kaum noch ein eigenes Italien übrigbleibt. Kinder wollen nicht einfach nur den Traum der Eltern weiterleben, nacherleben. Sondern was Eigenes erleben.«

Wir fahren auf der Landstraße von Völs ins Eisacktal hinab. Es zieht uns weiter nach Süden, wir wollen den Abend am Gardasee verbringen, wo das italienische Italien beginnt. Doch erst einmal werden wir durch Staus ausgebremst. Die Autobahn ist dicht, die wollen wir ohnehin nicht nehmen. Doch auch die Staatsstraße an der Etsch entlang ist überlastet. Wir weichen auf noch kleinere Straßen aus, mal rechts, mal links des Flusses, kommen durch Gegenden, die von Wein, Äpfeln, Birnen, Aprikosen oder Kirschen überquellen. Zeitweise sehen wir um uns herum nur noch schwer tragende Obstbäume, ein Früchteparadies. Hinter Rovereto biegen wir rechts ins Gebirge hinein ab, zum Gardasee.

Bernadette liest wieder Goethe vor. Vergnügt notiert er in Rovereto, jetzt sprächen die Leute nicht mehr Deutsch, sondern Italienisch. »Wie froh bin ich, dass nunmehr die geliebte Sprache lebendig, die Sprache des Gebrauchs wird.« In Torbole am Nordende des Gardasees, das wir jetzt erreichen, schreibt er freudig-erregt: »Befinde mich nun wirklich in einem neuen Lande, in einer ganz fremden Umgebung.« Um drei Uhr nachts macht er sich in einem Boot mit zwei Ruderern auf, um bei günstigem Wind rasch nach Süden zu gelangen. Doch dann dreht der Wind von Süd nach Nord, »das Rudern half wenig gegen die übermächtige Gewalt, und so mussten wir im Hafen von Malcesine landen«. Dort erwartete den Dichter ein kurioses Abenteuer. Malcesine war damals der erste Ort an der Ostseite des Sees, der nicht mehr zum Habsburgerreich gehörte, sondern bereits zur Republik Venedig.

Goethe stieg zu der alten Scaliger-Burg mit dem malerischen Turm hoch, die heute perfekt restauriert und herausgeputzt ist, damals aber, laut Goethe, verfallen, unbewacht und ohne Tor war. Also setzte er sich in den Hof und begann zu zeichnen, wie er es oft auf der Reise tat. Die Stadt Malcesine würdigt das heute mit einer Marmortafel samt der lateinischen Inschrift: »*Hinc J. W. Goethe I d. Sept. MDCCLXXXVI arcem delineavit*«[6]. Damals waren die Stadtoberhäupter weniger begeistert. Zu Goethes Verblüffung kamen viele Leute in den Hof und umringten ihn. Dann packte ein Mann seine Zeichnung und zerriss sie. Kurz darauf eilte der *podestà*[7] mit seinem Adlatus herbei. Sie beschuldigten Goethe, er spioniere die venezianische »Festung« für den österreichischen Kaiser aus. Seinen Einwand, das sei keine Festung, sondern eine Ruine, ließen sie nicht gelten. Und so hätte die berühmteste Italienreise der deutschen Literaturgeschichte womöglich vorzeitig in einem venezianischen Kerker geendet, wenn nicht ein Mann hinzugekommen wäre, der in Frankfurt am Main gelebt und dort gemeinsame Bekannte mit Goethe hatte. Er appellierte an den *podestà*: »Wir wollen ihn freundlich entlassen, damit er bei seinen Landsleuten Gutes von uns rede und sie aufmuntere, Malcesine zu besuchen, dessen schöne Lage wohl wert ist, von Fremden bewundert zu sein.«

Auch der Wirt, bei dem der Dichter daraufhin einkehrte, »freute sich schon auf die Fremden, welche auch ihm zuströmen würden, wenn die Vorzüge Malcesines erst recht ans Licht kämen«, schreibt Goethe unverhohlen spöttisch.

Doch das Kalkül der Malcesinesi ist aufgegangen. Die Fremden strömen so reichlich aus dem Norden herbei, dass uns, als wir die Uferstraße entlangfahren, im Autoradio der Sender *Antenne Bayern* unterhält, der im Sommer auch am Gardasee ausgestrahlt wird. In dem Restaurant, in dem wir zu Abend essen, liegt die *Gardasee-Zeitung* auf, deren Aufmacher mit dem bedeutungsschweren Satz beginnt: »Langsam aber sicher nähert sich der September.« Malcesine besitzt ein Goethe-Denkmal, ein Goethe-Museum, mehrere Goethe-war-hier-Gedenktafeln, die Residence Goethe samt Goethe-Pool und ein Lokal, das nach einer erotischen Romangestalt des Dichters benannt ist: die Pizzeria Mignon. Letztlich ist Goethe wohl auch daran schuld, dass heute durch Malcesine der *Big Coast to Coast Express* tuckert, eine weißblaue Bimmelbahn, auf deren Dach ein rotes Schild mit der deutschen Aufschrift angebracht ist: »Olivenöl, Balsamico Essig, Wein und regionale Produkte«. Und dass in den Läden Plüschpantoffeln mit aufgenähten Enten und Wanduhren in Hamburger-Optik verkauft werden. Auf den Terrassen der Lokale wird wahlweise Erdinger Weißbier oder Franziskaner serviert. Die Kellner bestehen darauf, Deutsch zu sprechen, unter allen Umständen.

Ich erzähle Bernadette von einem Abend im Sommer 2016, den ich in Malcesine verbrachte. Damals war gerade Fußball-Europameisterschaft, und an jenem Abend spielte im Achtelfinale Italien gegen Spanien. Ich saß auf der Lokalterrasse vor dem Hotel San Marco, in dem Goethe einst genächtigt hatte. Um mich herum saßen deutsche Rentner, ein Benediktiner-Weißbier aus dem Kloster Ettal vor sich, und schauten sich die Übertragung des Fußballspiels an, auf Deutsch, in der ARD. Eine italienische Familie schlenderte vorbei, setzte sich dazu. Der Sohn trug ein T-Shirt mit der Aufschrift *Buffon*, dem Namen des damaligen italienischen Nationalkeepers. Die Familie schaute auf das Spiel, stutzte, verstand nichts von der Übertragung. »Wieso schaltet ihr denn nicht einen italienischen Sender ein?«, fragte der Sohn verwirrt den Kellner.

»Weil hier niemand Italienisch versteht. Hier sind doch fast nur Deutsche.«

Malcesine macht auf Bernadette und mich einen eigentümlichen Eindruck. Einerseits ist der nachts stimmungsvoll beleuchtete mittelalterliche Ort mit seinen gewundenen Gassen, Bogengängen und den farblich in Gelb- und Rottönen harmonisch aufeinander abgestimmten, blumengeschmückten Häusern unter der Burg eine Augenweide. Gustav Klimt hat sie vor dem Ersten Weltkrieg in Öl auf Leinwand festgehalten. Andererseits quillt er von Hotels – mehr als hundert! –, Ferienwohnungen, Pizzerien, Bars, Eisdielen, Boutiquen und Andenkenläden über, sodass eine gekünstelte Atmosphäre entsteht, als habe Hollywood einen italienischen Sommertraum inszeniert. Was Goethe, den die »unendliche Einsamkeit dieses Erdwinkels« verblüffte, dazu sagen würde? In Malcesine scheint sich die Warnung zu bestätigen, die Hans Magnus Enzensberger zugeschrieben wird: »Der Tourist zerstört, was er sucht, indem er es findet.«

Derart viele Menschen quetschen sich durch die Gassen, dass die Vorstellung vom romantischen Fischerdorf konterkariert wird. Wir versuchen, dem Gedränge zu entfliehen, laufen neben der Burg hinab zum See, hinaus auf einen Steg, blicken nach Norden. Und da ist er auf einmal, plötzlich und nicht mehr erwartet: der magische Augenblick. Einer dieser Momente, in denen die Zeit stillzustehen scheint. Eine staunende, erfüllte Ruhe, dem Hier und Jetzt hingegeben. Die untergehende Sonne lässt die gekräuselte Oberfläche des Sees silberblaugrün schimmern wie flüssiges Metall. Daraus erheben sich, dunkel und lockend, fast ein wenig unheimlich, die zerklüfteten Felswände des Nordufers. Rechts von uns strecken sich, in den helleren Felsen der Burg von Malcesine gekrallt, Zypressen, Zedern und Pinien, Schattenrissen gleich, in einen dramatischen Himmel aus bauschigen blaugrauen Wolken und hellen Sonnenflecken. Und dann wird diese Symphonie aus Blau-, Grau- und Schwarztönen von den weißen, rosafarbenen und pinkroten Blüten der Oleanderbüsche am Wasser aufgemischt, die dem romantischen Bild eine surreale Note verleihen. Wir stehen da, schweigen und staunen. Die Zeit scheint innezuhalten oder kaum mehr wahrnehmbar zu verrinnen. Dann kommt mir der Gedanke, dass ich diesen Moment im Bild festhalten sollte. Ich hole mein Handy aus der Tasche – und der Zauber zerbricht, das Leben läuft weiter, wie ein Film, nachdem die Pause-Taste aufgehoben wurde.

Viele Menschen, darunter ich selbst, sehnen sich nach solchen magischen Momenten des Innehaltens. Nach Momenten, in denen sie nichts wünschen, als da zu sein und wahrzunehmen. Momenten, die Goethes Faust für nicht erlebbar hält, weil er nie zufrieden ist, stets an seinen Unzulänglichkeiten leidet, immer weiter strebt nach Wissen, Erfahrungen. »Verweile doch, du bist so schön!« Falls der Teufel ihm einen Augenblick verschaffe, zu dem er dies sagen könne, dürfe er seine Seele haben, verspricht Faust Mephisto.

Keine Angst, ich will mich nicht mit Faust vergleichen. Aber diese innere Unruhe, die sich nie ganz mit dem Hier und Jetzt zufriedengibt, kenne ich sehr gut. Diese nörgelnde Stimme, die auch bei schönen Erlebnissen vor sich hin schimpft: »Jetzt fehlt aber noch dies!« »Jetzt solltest du noch jenes tun!« Der Effekt dieser Stimme ähnelt dem Effekt der Gewohnheit. Sie hindert mich daran, die Gegenwart mit allen Sinnen wahrzunehmen. Sie macht das Leben blasser, unbefriedigender. Umso mehr sehne ich mich nach den magischen Momenten. Vielleicht auch als Möglichkeit, der Endlichkeit für eine Begriffssekunde zu entkommen und eine Ahnung von Ewigkeit zu erhaschen. Wäre das nicht das Paradies, ein Augenblick, der einem so gefällt, dass man sich wünscht, er möge ewig währen?

Ich habe solche Momente erlebt. Nicht häufig. Selten. Aber in Italien öfter als anderswo. Das wird mir klar, als ich über den Augenblick auf dem Steg nachdenke, während wir durch die Touristenmenge hindurch zu unserem Auto laufen. Ist es das, was Italien so verlockend macht? Dass hier die Chance größer ist, einen magischen Moment zu erleben, der nicht vergehen soll?

Es ist noch nicht die ganze Antwort auf die Italien-Frage. Sonst wäre die Reise hier in Malcesine zu Ende, was ich auf gar keinen Fall möchte. Aber ein Teil der Antwort, das ist es schon.

5

Magische Realisten

Tief in der Nacht erreichen wir Rivoli Veronese, ein Dorf in den Hügeln über der Etsch. Ich habe uns im Internet ein Zimmer dort gebucht, weil wir am nächsten Tag, einer womöglich albernen Eingebung folgend, eine nahe gelegene Wallfahrtskirche mit speziellem Namen besuchen möchten: die Madonna della Corona. Unsere Pension liegt an der Piazza Napoleone, dem Hauptplatz des Ortes. Es ist Samstagabend, doch hier scheint der Hund definitiv begraben zu sein. Im funzeligen Licht der Straßenlampen liegt der Platz verlassen da. Nicht einmal Katzen streunen herum. Und wir finden sofort einen Parkplatz. In Italien! Am Hauptplatz! Ob hier noch jemand lebt? Bernadette schaut mich an. »Da hast du uns aber ein lebhaftes Plätzchen ausgesucht!«

Ich rufe die Nummer der Pension an, die ich vorgewarnt hatte, dass wir spät ankommen würden. Ein kleines Auto braust heran. Heraus steigt eine unwirklich wirkende Erscheinung, zumal in dieser Umgebung. Eine junge Frau, an allen sichtbaren Körperteilen tätowiert, und das sind nicht zu wenige, mit grell lackierten Fingernägeln, im schwarzen Etuikleid und in den hochhackigsten Schuhen der Welt. Irgendwas scheint doch los zu sein in Rivoli Veronese.

Am nächsten Tag wird uns bestätigt, dass der Ort kein unbedeutendes Kaff ist. Die junge Frau, jetzt in Jeans und Turnschuhen, informiert uns, dass die berühmte Rue de Rivoli in Paris nach ihrem Dorf benannt ist. Weil hier in der Nähe im Januar 1797 eine französische Revolutionsarmee unter dem Kommando Napoleons die zahlenmäßig überlegenen Österreicher schlug. Es war Napoleons bis dahin größter Sieg, und dieser stärkte seinen Ruf als genialer Feldherr. In der Folge besetzten die Franzosen ganz Norditalien. Im Gedenken an die Schlacht wurde ausgerechnet in dem Haus, in dem wir gerade übernachtet haben, ein Museo Napoleonico eingerichtet, das sich der Schlacht im Speziellen und Napoleons Einfluss auf die Geschichte Italiens im Allgemeinen widmete. Ein detailgetreues Modell stellt die Schlacht nach. Auch ein zusammenklappbares Feldbett Napoleons samt Baldachin war hier zu sehen. Leider ist das Museum auf unabsehbare Zeit geschlossen. Aber der Ort zeigt uns: Noch das scheinbar unscheinbarste Dörfchen in Italien kann eine große Geschichte bergen.

Am nächsten Morgen fahren wir ins nahe Ferrara di Monte Baldo. Es ist ein Sonntag, und Ferrara ist ein typisches *paese della domenica*[1]. Den Ausdruck habe ich in einem italienischen Reiseführer gefunden. Ein solches Dorf zeichnet sich dadurch aus, dass es landschaftlich schön gelegen ist, einen hübschen historischen Ortskern, Sehenswürdigkeiten sowie nicht zu wenige gute Trattorien hat. Die italienischen Städter lieben es, sonntags *in compagnia*, also in einer Gruppe von möglichst vielen Freunden und Verwandten, in so einem Dorf einzufallen, einen nicht zu strapaziösen Bummel zu machen, ein bisschen was anzuschauen und dann opulent und stundenlang in einem Lokal zu speisen, bevor es, gestärkt für die nächste Arbeitswoche, wieder in die Stadt zurückgeht. Es ist ein schöner Brauch, der den Leuten auf vergnügliche Weise ihr Land, seine Schönheit und Geschichte nahebringt.

Spiazzi, 850 Meter hoch zwischen dem Monte Baldo und dem Etschtal gelegen, gut hundert Einwohner, ist eines jener Bilderbuchdörfer, von denen es in Italien so viele gibt. Früher lebten die Leute hier oben von der Schafzucht und den Käsereien. Heute sorgen Touristen für ein Auskommen. An diesem Sonntag fahren Unzählige von ihnen auf Fahrrädern oder Motorrädern durch den Ort, vorbei am Albergo Corona mit seinen schmalen Spitzbogenfenstern, das seinen Namen nicht zu Quarantänezwecken bekommen hat, sondern auf die größte Attraktion des Ortes verweist: Es ist nur ein kurzer Fußmarsch den Berghang hinab bis zur Wallfahrtskirche Madonna della Corona.

Die elegante Kirche mit ihrem schmalen Turm mit spitzer Haube klebt in der Ostflanke des Monte Baldo über dem grünen Etschtal. Wie ein Schwalbennest, aufgehängt zwischen Himmel und Erde. Die extreme Lage in einer senkrechten Wand ist mit den Meteora-Klöstern in Griechenland oder den Dzongs, den buddhistischen Klosterburgen in Bhutan, vergleichbar. Ehrlich gesagt sind wir hierhergekommen, weil uns der Name neugierig machte. Er ist jedoch kein modischer Einfall der katholischen Kirche in Reaktion auf ein Virus, das unter dem Mikroskop an eine Krone oder einen Kranz erinnert. Auch sonst hat der Name nichts mit dem lateinischen Wort *corona* – in der Bedeutung von Krone – zu tun. Er steht für einen anderen Sinn des Wortes. Der lateinische Ausdruck *Corona montium* bedeutet »Gebirgskette« (Bergkrone, wenn man so will). Das *corona* im Namen unseres Sonntagsdorf-Heiligtums ist daher als »Fels« oder »Steilwand« zu übersetzen. Was niemanden daran hindern muss, die Gottesmutter auch um Beistand gegen ein Virus zu bitten.

In der Kirche wird gerade die Sonntagsmesse gelesen. Die Türen stehen offen, auf dem Vorplatz sind weiße Sonnenschirme aufgestellt, unter denen die Menschen sitzen und beten und singen. Für das heutige Italien auffallend viele kleine Kinder laufen herum. Um die Ecke werden Kerzen und religiöse Souvenirs verkauft. Die Atmosphäre ist heiter. Volksfrömmigkeit und Ausflugsstimmung passen gut zusammen. Die Tradition des Ortes gibt allem eine spirituelle Tiefe. Schon vor tausend Jahren hausten hier, in den Abhängen des Monte Baldo, Eremiten. Später entstanden eine Kirche und ein kleines Kloster, in das sich, so die Tradition, die Gottesmutter flüchtete. Oder jedenfalls eine steinerne Pietà. Die Skulptur soll auf Rhodos verehrt worden sein, das von den Johannitern beherrscht wurde. 1522 gelang es den Osmanen unter Suleiman II., die Festungsinsel so heftig zu beschießen, dass die Ordensritter kapitulierten. Daraufhin brachten himmlische Mächte die Skulptur in die Kirche am Monte Baldo, die im Besitz der Ritter des Heiligen Johannes war. So die Legende. Dagegen spricht, dass am Fuß der Statue aus bemaltem lokalen Stein geschrieben steht, diese stamme aus dem Jahr 1432. Doch das tut dem Zauber der Felsenkirche keinen Abbruch.

Es ist heiß und schwül geworden, selbst hier oben in den Bergen. Wir wollen baden. Schließlich lockt der Lago di Garda. Doch davor müssen wir uns durch die Staus vor Sirmione am Südrand des Sees quälen, zu denen wir, zugegeben, selbst mit beitragen. Wir fahren Richtung Desenzano, finden einen Parkplatz, aber kei-

67

nen Strand, dann einen Strand, aber keinen Parkplatz. Schließlich schaffen wir es doch an einen kiesigen Ufer- streifen. Dickbäuchige, vollbärtige Italiener mit Plastik- bechern voller Bier stehen im knietiefen Wasser und machen Selfies. Andere sitzen schwitzend am Ufer auf einer Bank und stopfen sich käseziehende Pizzastücke aus einem Karton in den Mund. Auch in Italien ist nicht alles Schönheit und guter Geschmack, eine Erkenntnis, die für einen Nordländer tröstlich sein kann. Das Wasser riecht muffig, die Füße versinken im Schlamm. Doch als wir hinausschwimmen, ist da nur noch das heitere Blau des Sees, der Berge und des Himmels.

Später geht es in Serpentinen steil bergauf, ins ruhige, weinselige Hinterland des Valpolicella. Wir tauchen ein in das geometrische Spiel der Rebhänge. Stille, alte Win- zerorte. Ein Gefühl der Freiheit und der Ruhe. Wir errei- chen Marano, im Herzen des Weinbaugebiets Valpoli- cella Classico. Bisher bin ich an dieser Gegend immer vorbeigefahren, auf dem Weg nach Verona und weiter nach Süden. Das war ein Fehler. Denn die Gegend mit ihren Hügeln und den sich fächerförmig zum Fluss Etsch hinabziehenden Tälern, wo sich Wälder und Rebgärten abwechseln, ist nicht nur eine herrliche Wander-, son- dern auch eine Weinwelt. Von hier stammt einer der neueren, ganz großen Roten Italiens, ein auf den ersten Schluck süß wirkender, eigenwilliger Tropfen, den der Weinexperte Steffen Maus mit einem »Rapper auf dem Opernball« vergleicht[2]. Aber davon später mehr. Erst einmal lernen wir Rosella und Luca kennen und damit zwei Exemplare von Menschen, die es, ähnlich wie magische Momente, in Italien häufiger gibt als anderswo: magische Realisten.

Rosella und Luca Fila kommen uns vor dem Tor des

Arco di Vino entgegen, des Bed and Breakfast, das wir hier oben in Marano gebucht haben. Sie sehen fast einschüchternd gut aus, er groß und athletisch, mit markanten Gesichtszügen und vollem, nach hinten gekämmtem grau meliertem Haar, sie kleiner, sportlich-elegant, mit dunklen, in einer großen Welle auf die Schultern fallenden Haaren und dunklem Teint. Beide sind in jenem lässigen Chic gekleidet, der fast beiläufig wirkt, ohne es zu sein, und ganz dem beneidenswerten Bild entspricht, das sich die Italienerinnen und Italiener in der Welt geschaffen haben. Selbst farblich scheinen sie sich aufeinander und auf ihr Domizil abgestimmt zu haben. Und rasch merken wir, dass sie auch noch besonders herzlich und gastfreundlich sind.

Wir werden durch einen gepflegten Innenhof ins Innere eines geräumigen Häuserkomplexes geführt, der mit seinen hohen Mauern und kleinen Fenstern an eine Burg oder einen befestigten Gutshof erinnert. Innen haben Rosella und Luca Alt und Modern kombiniert, die Natursteinmauern und Holzbalkendecken erhalten, eine Treppe ganz aus Glas zu den oberen Stockwerken hineingesetzt, moderne und alte Bilder, dunkle, rustikale Holztruhen und minimalistische Tischgarnituren in ein gekonntes Spannungsverhältnis versetzt. Stolz führen sie durch die individuell gestalteten Gästezimmer, aus denen der Blick hinaus auf den Ort und die Weinberge geht. Alles ist bis ins Detail so exquisit und behaglich ausstaffiert, von den Lampen über Kissen und Vorhänge bis zu einigen ironischen Elementen wie silbern lackierte Stühlchen im Louis-seize-Stil, dass ich vorsichtshalber nochmals auf die Preisangabe in meiner Buchung schaue. Sie ist mehr als anständig.

Was uns wie das Hobby einer sehr reichen Familie

vorkommt, ist in Wirklichkeit das hart erarbeitete Werk ganz normaler Leute. Rosella und Luca bitten uns in den Speisesaal auf einen Aperitif. Ein Glas Aperol Spritz, Oliven, Käse und Salami. Während wir uns hungrig von der Fahrt darüber hermachen, erzählen sie uns ihre Geschichte. Luca arbeitete als Kontrolleur bei den Verkehrsbetrieben in Verona, Rosella als Angestellte auf einem Weingut, das dann jedoch schloss, sodass sie ihre Arbeit verlor. Sie hatten etwas Geld auf die Seite gebracht, erspart, vielleicht auch geerbt, wir fragen nicht nach. »Und wir wollten es nicht einfach auf dem Konto lassen«, sagt Luca. »Sondern lieber in Grund und Boden investieren.«

Sie hatten einen Traum. Beruflich nochmal was Neues anpacken, ein altes Gebäude herrichten, Gäste empfangen. Irgendwann wurden sie fündig, in Pezza, dem oberen Ortsteil von Marano, kurz bevor es hinaus in Weingärten und Wälder geht. Sie kauften die große, von Mauern und einem stattlichen Tor umgürtete Ruine, die zum Teil schon ein Schutthaufen war. Und sie forschten nach, was dieser Komplex einmal war. Ein Kloster? Ein Krankenhaus? In den Archiven von Verona fanden sie nichts, nun wollen sie in Venedig recherchieren. Rosella holt ein Fotoalbum. »Schaut mal her, wie es damals aussah.«

Wir sehen einen finsteren, verlassenen Gebäudekomplex, die Mauern schwarz von Ruß und Schimmel, die Fenster leere Löcher, das Dach eingesackt. Ein Teil der Wände und Decken ist eingestürzt, das Innere sieht aus wie ausgeweidet.

»Das war aber mutig, das zu kaufen«, sage ich.

»Das war es!«, sagt Rosella. »Wenn wir geahnt hätten, was uns bevorstand, hätten wir uns nie drauf eingelassen.«

Da war die Bürokratie, die in Italien mindestens so blühend ist wie in Deutschland. Jede Änderung in der ursprünglichen Bausubstanz – von der nicht mehr viel übrig war – musste genehmigt werden. »Zum Glück kennen uns hier vor Ort alle«, sagt Luca. »Das macht manches leichter.«

Da waren die Fundamente, die, was beide nicht geahnt hatten, neu errichtet und mit speziellen Rohren gegen die Feuchtigkeit ausgestattet werden mussten, um den neuen Aufbau der Mauern zu tragen. Und da waren die gewaltigen Kosten, die alle Kalkulationen über den Haufen warfen und von Rosella und Luca viel Eigenarbeit verlangten. Doch die Vorschriften hätten es ihnen eigentlich nicht einmal erlaubt, die Baustelle zu betreten. »*Mamma mia*, war das mühsam, bis ich es erreicht hatte, mithelfen, Steine schleppen zu dürfen«, sagt Luca. Dann, als er mit seinem Sohn Emanuele dabei war, in einem Raum den Boden zu vertiefen, um mehr Höhe zu erlangen, »begann es in der Decke zu knacken. Ich schrie, wir stürzten hinaus. Und hinter uns krachte das Dach ein«.

Heute ist das alles nicht vergessen, aber mehr als aufgewogen. Rosella und Luca haben mit Hartnäckigkeit, Sinn für das Schöne und Gespür für die lokale Kultur eine Ruine in ein fulminantes Bed and Breakfast verwandelt. Damit haben sie sich als magische Realisten bewiesen, wie ich Menschen wie Rosella und Luca gern nenne; also als Leute, die es nicht dabei belassen, Träume zu haben, sondern die diese auch verwirklichen. Visionär und pragmatisch zugleich.

Diese Melange, ohne die Italien nicht so dastünde, wie es trotz all seiner Schwächen dasteht, scheint sich sogar zu vererben. Emanuele, der Sohn der Filas, hat sein Informatikstudium abgebrochen, weil er merkte, dass er viel mehr Lust hat, als Koch zu arbeiten. Das tut er jetzt. Als Luca ihm sagte, mit Informatik könne er doch mehr Geld verdienen, antwortete er: »Papa, mir geht es nicht darum, viel Geld zu verdienen, sondern glücklich zu sein. Und mein eigener Herr zu sein.« Nun schmiedet er mit seinen Eltern Pläne, ein weiteres verfallenes Haus hier zu kaufen, um ein Restaurant aufzubauen.

Bernadette ist begeistert von der Idee. Während wir am Abend durch die Weinberge wandern und den Blick hinunter bis nach Verona genießen, meint sie, das würde ihr auch Spaß machen, eine Trattoria hier im Valpolicella aufzumachen. Ich könne kochen, sie würde sich um die Gäste kümmern. Das würde sie gut machen, Bernadette hat ein kommunikatives Talent. Ob ich für die Küche genauso talentiert wäre, ist eine andere Frage.

Sollte die Italien-Passion doch noch meine Tochter erreichen? Das Land tut an diesem Abend alles, um *bella figura*[3] zu machen. Wir steigen in den Weiler San Rocco hoch und betreten die Antica Osteria della Valpolicella, die uns die Filas empfohlen haben. Ein Lokal wie anno dazumal. Ein Boden aus alten schwarzen, weißen und roten Fliesen, schlichte Holztische und -stühle, niedrige Decke, dunkelbraune Buffetschränke, Weinflaschen an den Wänden. Alberto, der massige Wirt, hinter dessen Griesgrämigkeit sich ein feiner Humor verbirgt, kommentiert Bernadettes Bestellung eines Apfelsaftes mit den Worten: »*Ma come succo di mela? Siamo nella Valpolicella. Qui si beve succo d' uva, e precisamente fermentato.*«[4] Dann stellt er uns ungefragt eine Flasche Ripasso auf den Tisch. Bernadette und ich tun so, als seien wir Weinkenner, lassen den Ripasso in den Bordeaux-Gläsern kreisen, schnüffeln, schauen sinnierend in den Raum, nehmen dann einen großen Schluck, spüren ihm nach, nicken uns zu. Alberto schaut uns halb befriedigt, halb amüsiert zu. Er scheint uns den Fauxpas mit dem Apfelsaft zu verzeihen. Auf einem groben Holzbrett tischt er eine *Degustazione di affettati*[5] auf. Danach bekommt Bernadette *Tagliatelle al Tartufo*, mir serviert Alberto *Guancalino di manzo*[6], in Amarone geschmort, mit hausgemachter Polenta und Kürbispüree. Es ist meine erste Begegnung mit dem Amarone, und sie verläuft glücklich.

Es ist kühl geworden, als wir in der Nacht oben auf dem Hügelkamm zurücklaufen. Vor dem Abstieg nach Pezza kommen wir an einer Kapelle vorbei. Das Zirpen der Zikaden wird von Schreien der Nachtvögel durchbrochen. Unter uns, in der Ebene, flimmern die Lichter von Verona. Über uns leuchten die Sterne. Bernadette sagt: »Langsam beginne ich, deine Italienbegeisterung zu verstehen.«

Am nächsten Morgen geht das Schlemmen weiter. Die Zeiten sind vorbei, als ein italienisches Frühstück im günstigen Fall aus einem *cornetto*[7] und einem *caffè*[8] in der Bar und im ungünstigen Fall aus einem Kännchen Kaffee, einem in Plastik eingeschweißten Stück Gebäck und etwas Marmelade im Hotel bestand. In den Bed and Breakfast, die überall im Land in großer Zahl entstanden sind, ist das Frühstück zur Visitenkarte geworden. Die Gastgeber wissen, dass Deutsche oder Engländer morgens kräftiger zulangen als Italiener und dabei selbst gemachte Gerichte mit regionalem Einschlag lieben – was sich in guten Bewertungen im Internet niederschlägt. Für die Gastgeber ist die Bewerterei anstrengend, für die Gäste lohnt sie sich sehr. Die Qualität der Unterkünfte in Italien ist heute deutlich besser als vor zwei, drei Jahrzehnten. Das zeigt sich besonders beim Frühstück.

Wir sitzen im Hof des Arco di Vino an einem Tisch, den Luca und Rosella zusammenbrechen lassen möchten. Sie bringen angebratene Polenta auf einem Brettchen, Salami, rohen Schinken, verschiedene Hartkäse mit dazu passenden hausgemachten Marmeladen, mehrere Kuchen, ebenfalls selbst gemacht, Hörnchen, Äpfel, Feigen, Trauben, Joghurt, Eier und fragen dann, was wir sonst noch wünschen. Am Nachbartisch sitzt ein Ehepaar aus den Langhe im Piemont, das eine kleine Rundreise durch Venetien macht. Wir kommen ins Gespräch.

Der Piemontese, ein Metzgermeister und Jäger, zeigt mir Fotos von einer unlängst erlegten Wildsau. Er will wissen, was wir hier machen, und ich erzähle ihm von meiner Rechercherereise durchs ganze Land. »*Ah, come gode*«, sagt er.

Ich verstehe nicht, was er meint. »Wie die Goten? Nun ja, die sind einst auch bis nach Sizilien gelangt.« Aber, versuche ich ihn zu überzeugen, meine Mission sei dezidiert friedlicher.

Der Metzgermeister lacht. »*No, non come i goti! Come gode!*«

»*Gode?*« Ich verstehe immer noch nicht.

»*Il poeta!*«[9]

Er meint Goethe. Was zeigt, was für einen Eindruck dessen *Italienische Reise*[10] auf die Italiener gemacht hat. Da war endlich ein Deutscher, der das Land nicht von oben herab beurteilte, der seine Menschen verstand. Was oft zutrifft, wie ich in Neapel sehen werde. Doch in Goethes Buch finden sich auch Passagen, die klischeehaft und herablassend klingen und, heute verfasst, einen Shitstorm auslösen würden. So schreibt er über die Bürger Veronas: »Übrigens schreien, schäkern und singen sie den ganzen Tag, werfen und balgen sich, jauchzen

74

und lachen unaufhörlich.« Die Veronesinnen seien meistens bleich, die Frauen aus Vicenza jedoch »gar hübsche Wesen, besonders eine schwarzlockige Sorte, die mir ein eigenes Interesse einflößt«. Weiter schreibt der Italienfreund aus Weimar: »Es gibt noch eine blonde (Sorte), die mir aber nicht so behagen will.«

Sicher, es war eine andere Zeit. Aber Goethe ist immerhin Goethe.

6

Beim König des Valpolicella

Wir wollen heute nach Verona weiterfahren, auch um einen berühmten Garten kennenzulernen, den schon Goethe besucht hat. Rosella aber sagt: »Wenn ihr nun einmal im Valpolicella seid, müsst ihr auch unseren Wein kennenlernen.« Eine Freundin habe ein Weingut, sie werde mal anrufen. Das ist ein weiterer Vorteil der Privatunterkünfte, neben dem Frühstück und der Geselligkeit: Man bekommt Anregungen und wird weiterempfohlen.

Mitten in der Arbeit im Rebgarten, in Jeans, Stiefeln und kariertem Hemd mit aufgekrempelten Ärmeln, empfängt uns Cristina Vaona auf ihrem Weingut Novaia in den Rebhängen unterhalb von Marano, das von der Familie betrieben wird, die seit dem Jahr 1700 hier wohnt. »Eigentlich habe ich Mathematik studiert«, sagt sie, während sie uns durch die Weinberge führt. Doch dann sei sie doch in der Weinwelt gelandet. Hier auf der *tenuta*, wo sie alles selbst machen, vom Anbau des Weines über das Keltern, Lagern und Abfüllen bis hin zur Vermarktung.

Ähnliche Lebensgeschichten werde ich oft in Italien hören. Kinder aus traditionsreichen Familienbetrieben wollen etwas anderes machen, studieren fern ihrer Heimatorte, suchen sich akademische Berufe. Doch dann zieht sie der Sog der Tradition zurück in den elterlichen Betrieb. Es sind Geschichten, die an die Grand Tour der jungen Adeligen und an die Walz der Handwerksburschen erinnern: Sie verlassen die Heimat und reisen durch die Welt, um ihre Erfahrungen zu machen, Neues zu lernen, charakterlich zu reifen und dann, zurückgekehrt, ihre Heimat damit zu bereichern. Das beugt Stagnation und Erstarrung vor. Heute folgen die Erasmus-Studenten solchen Wegen. Und die Töchter und Söhne italienischer Familienbetriebe, die sich in der Welt behaupten wollen, bevor sie das weiterentwickeln, was ihre Vorfahren aufgebaut haben.

Cristina Vaona führte mit ihrem Cousin Marcello den biologischen und organischen Weinbau auf der *tenuta*[1] ein, nachdem sie 2005 dort eingestiegen waren. Sie spricht von einer »ethischen Entscheidung«, davon, dass sie als »Beschützer des Territoriums« dienten, das ihnen anvertraut worden sei. Nun zeigt sie uns die drei ursprünglichen Weinsorten, die sie auf Novaia anbauen – die Corvina Veronese, die Rondinella und die Molinara. Sie erklärt, wie sie ohne Kunstdünger zurechtkommen, indem sie zwischen den Reihen der Rebstöcke Streifen freilassen, die mit Erbsen, Bohnen oder Auberginen bepflanzt werden, um diese dann unterzupflügen. Klingt genial einfach, macht aber sehr viel Arbeit. Dann deutet die Winzerin auf die Rosen, die in so vielen Weingegenden am Anfang und Ende der Rebreihen wachsen. »Sie sind nicht einfach zur Zierde da, sondern dienen uns als Frühwarnsystem, weil sie früher als die Reben von Schädlingen befallen werden. Diese Schädlinge, insbesondere einen Falter, bekämpfen sie auf Novaia ohne Chemie. Die Falter des Traubenwicklers sind so blind vor Liebe, dass sie lieber Drähte begatten, die mit konzentrierten Hormonen bestrichen sind, als ihre eigenen Weibchen. Von »*confusione sessuale*«[2] als Waffe spricht Cristina. Das klingt fast gemein. Doch was schlecht für die Traubenwickler ist, ist gut für die Trauben. Ebenso wie es die Bienenstöcke sind, die hier auf Novaia umsorgt werden, um die Bestäubung der Reben zu garantieren. Gut für den Wein ist es auch, dass die Rebstöcke nur per Hand ausgedünnt und gelesen werden, »von Studenten, Saisonarbeitern und unserer ganzen Familie«, wie Cristina erzählt. Ihre Weine seien »gesund, haben ein authentisches Bouquet, sie sind elegant, gut strukturiert, haben eine starke Identität und eine feste Verbindung zum Terroir«, verspricht die Familie Vaona.

Was nun zu beweisen wäre. Cristina führt uns in das Gutshaus aus dem 15. Jahrhundert, das auf einem Hügel über dem Tal von Marano thront, und dort hinunter in die Keller, in denen die Weine in französischen Eichenfässern reifen. Dann geht es in die Probierstube – und in die Geschichte des Valpolicella. Cristina ist nicht nur eine begeisterte Winzerin, sondern auch eine gute Erzählerin: Früher wurden hier in der Gegend viele Kirschen angebaut. Dann trat, durch ein Missgeschick, das sich als Glücksfall erweisen sollte und von dem gleich die Rede sein wird, ein neuer Wein auf den Plan, der alles verändern sollte: der Amarone. Dessen Vorgeschichte geht weit zurück.

Schon vor der Zeit der alten Römer wurde hier Wein angebaut. Ein klein wenig später, als ich als Student im Zug über die Alpen reiste, galt der Valpolicella als leichter, fruchtiger Trinkwein, billig exportiert wie auch der perlende Lambrusco, beliebt auf unseren Feten und Skatabenden. Viele Weinanbaugebiete Italiens setzten seinerzeit eher auf Masse. Die Klasse der französischen Weine wurde oft gar nicht erst herausgefordert. Davon können die französischen Winzer heute nur noch träumen. Ihre italienischen Kollegen haben in den vergangenen Jahrzehnten dramatisch aufgeholt, insbesondere, aber nicht nur, bei den Rotweinen. Sie schlossen sich zu Konsortien zusammen, entdeckten die ursprünglichen Rebsorten ihrer Terroirs wieder, investierten in moderne Technik und bestens ausgebildete Önologen. Nicht mehr die Menge, sondern die Qualität wurde in vielen Betrieben zur Zielmarke. Und weil in den Absatzländern, Deutschland etwa oder den USA, die Menschen beim Wein kenntnisreicher und anspruchsvoller wurden, entstand eine Dynamik, die man im Gegensatz zum Teufels- als Engelskreis bezeichnen könnte. Die Käufer suchten nach guten Weinen, die Winzer lieferten bessere, die Käufer verlangten noch bessere.

Manchmal wurde übers Ziel hinausgeschossen, indem Rotweine förmlich im Holz ertränkt wurden und selbst Weißweine verholzten. Denn Holz, das verband man mit Barrique, und das musste irgendwie gut und edel sein, um jeden Preis. Und es entwickelten sich Modewellen, etwa bei den Supertoskanern, die zu übertriebenen Preisen führten. Alles in allem aber bereichern die italienischen Weine heute in allen Preislagen den Markt. Dabei kommt Italien zugute, dass es über viele unterschiedliche Anbaugebiete verfügt, geologisch, klimatisch und kulturell. Das führt zu einer enormen Vielfalt der Weine und zu einer inneritalienischen Konkurrenz, die wiederum der Qualität dient.

Der Wein wurde so zum Vorreiter einer Entwicklung, die zu einer Renaissance der Italien-Faszination führen könnte. Zugegeben, hier spricht der Liebhaber, nicht der

Kritiker. Doch die Besinnung auf Qualität, Terroir und Tradition, auf das Wesentliche, die Essenz, strahlt auf andere Produkte aus: auf Olivenöl, Käse und Würste, Safran, Zitronen, Bergamotten, Venusmuscheln, den Radicchio aus Treviso oder die roten Zwiebeln aus Tropea.

Die Freude an exzellenten Nahrungsmitteln mit großer Geschichte wächst bei Erzeugern wie Konsumenten. Betriebe im ganzen Land, vom Norden bis zum Süden, öffnen sich den Touristen und organisieren Führungen. Etwa die Società Agricola Moretto im Delta des Po, die Besuchern erklärt, wie ihr Reis angebaut und verarbeitet wird und warum er besonders hochwertig ist; oder das Weingut Vini Biondi am Ätna, wo Ciro Biondi und seine britische Frau Stephanie an den mineralienreichen Hängen eines Vulkankraters aus alten regionalen Reben ausdrucksstarke Weine erzeugen.

Mit Leidenschaft gestaltete Museen werden aufgebaut, etwa das Nationale Bergamotten-Museum in Reggio Calabria, das alleine eine Reise wert ist. Historiker und Schriftsteller erzählen die Geschichten hinter den Produkten. Touristen wollen sie vor Ort kennenlernen. Das schafft neue Jobs in Hotels, Pensionen und Restaurants. Und es schärft bei Einheimischen wie Besuchern die Wertschätzung für passionierte Erzeuger, gesunde Produkte, Traditionen, das Terroir und eine intakte Umwelt. So entstehen kleinräumig und dezentral Arbeitsplätze, wird das Land gegenüber der Stadt aufgewertet, können junge Menschen bleiben, statt auszuwandern.

Der Ehrgeiz von Cristina Vaona mit ihrem Weingut Novaia ist eines von Abertausenden Beispielen für diese Entwicklung. Aber zurück zum Amarone, den uns Cristina verkosten lässt, nachdem wir ihre leichteren und auch leichter zugänglichen Tropfen probieren durften, den Rosso di Valpolicella und den Ripasso sowie den Süßwein Recioto. Nun dekantiert sie für uns den Wein, der als »König des Valpolicella« gilt. Kenner stellen ihn auf eine Stufe mit dem Barolo aus der Langhe im Piemont oder dem Brunello aus Montalcino in der Toskana. Dabei fällt er völlig aus der Reihe der großen Roten Italiens. Fast andächtig, als gehe es um die heilige Messe, schenkt uns Cristina einen ihrer Amarone in die Probiergläser. Schwenken. Riechen. Schmecken. Nachschmecken. Cristina beobachtet uns. Als Amarone-Novizen werden Bernadette und ich total überrascht. Der Wein ist schwer, sehr schwer, fast cremig, wuchtig, intensiv, voller Aromen, wirkt anfangs fast süß wie ein Dessertwein, bevor er im Abgang herb wird. Schließlich bedeutet das italienische *amaro* auf Deutsch »bitter«.

»Und, was schmeckt ihr heraus?«, fragt Cristina.

»Wiesenkräuter?«, antwortet Bernadette.

»Dunkle Beeren?«, frage ich.

»Ja«, sagt Cristina. Aber da ist noch viel mehr. »Bemerkt ihr im Abgang den Duft von Dörrpflaumen?«

Wir trinken noch einen Schluck. Schauen uns an. Nicken. Ist es Suggestion? Cristinas erwartungsvoller Blick? Oder schmecken wir jetzt wirklich einen Hauch von getrockneten Pflaumen heraus, wie es sie bei uns zu Nikolaus gibt? Weinkenner schreiben dem Amarone noch viele andere Aromen zu: Rumtopffrüchte, feine Eiche, Teer und Karamelle zum Beispiel. Aber es wäre gelogen, zu behaupten, dass Bernadette und ich die auch alle wahrnehmen.

Ein sehr spezieller Rotwein ist der Amarone ohne Zweifel. Wie er erfunden wurde, ist nicht gesichert. Doch es gibt eine Legende, die uns Cristina erzählt: Seit langer Zeit stellen die Winzer im Valpolicella einen

Süßwein her, der Recioto genannt und nach dem Passito-Verfahren produziert wird. Die ursprünglichen – »autochthonen« sagt die Weinwelt gern dazu – roten Trauben der Gegend, insbesondere die Corvina Veronese, werden nach der Ernte nicht sofort vergoren, sondern zuvor mehrere Monate lang getrocknet. Früher wurden sie dazu auf Strohmatten in die Dachstühle gelegt, durch deren Öffnungen der Bergwind wehte. Heute werden die Trauben oft in Kisten aus Holz oder Plastik in Lagerhallen gestapelt und auch mit Hilfe von Gebläsen getrocknet. So verdunstet ein großer Teil des Wassers. In den Trauben, die fast zu Rosinen eingeschrumpelt sind, konzentrieren sich Zucker, Säure und die sogenannten Extraktstoffe wie Gerb- und Farbstoffe. Der daraus gepresste Most wird vergoren. Früher geschah das in Holzfässern, heute verwenden die Winzer häufig Stahltanks. Dabei wandeln Hefepilze Fruchtzucker in Alkohol um, und zwar so lange, bis der gesamte Zucker im Most aufgebraucht ist. So weit, so bekannt. Doch jetzt kommt die Besonderheit beim Amarone ins Spiel: Normalerweise sterben die Hefepilze ab, wenn der Alkoholgehalt 15 Prozent erreicht hat. Ist dann noch Fruchtzucker übrig – wie beim Passito-Verfahren mit seinen angetrockneten Trauben – wird der Wein süß und gern als Dessertwein vermarktet. Doch nicht so beim Amarone.

»Es war einmal ein Kellermeister«, erzählt Cristina, während wir weiter an unserem Amarone-Glas herumschnüffeln, um doch noch Teer- und Vanillenoten zu erschnuppern. »Der vergaß in den Dreißigerjahren ein Fass mit Recioto ganz hinten im Keller. Als er es zwei Jahre später fand und öffnete, traute er seinem Gaumen nicht: Der Wein war nicht mehr süß, sondern durchge-

goren und mit fast 17 Prozent Alkoholanteil sehr stark.«
Wie konnte das sein, wo die Hefen doch bei 15 Prozent
abstarben? Keiner konnte sich einen Reim darauf machen. Der Kellermeister wollte das Fass schon als miss-
lungen abschreiben. Als Recioto war der Wein nicht zu
vermarkten. Doch dann verkaufte sich ausgerechnet dieser Wein gut. Die Leute schätzten den schweren, cremi-
gen Tropfen mit seinen dichten Aromen. Und die Winzer
schwärmten vom *miracolo del amarone*[3].

Erst viel später fanden Wissenschaftler heraus, dass
beim Amarone nach der ersten Gärung, die bei 15 Prozent Alkoholanteil abbricht, eine zweite Gärung ein-
setzt. Bewirkt wird sie durch andere Hefestämme, die
einen höheren Alkoholgehalt und höhere Temperaturen
vertragen. Daraufhin trat der Amarone seinen Siegeszug
in Italien und auf dem Weltmarkt an. Schon Ernest
Hemingway hat ihn und seinen leichteren Bruder, den
normal hergestellten Valpolicella, geschätzt. In seinem
Roman *Über den Fluss und in die Wälder*, der in Venedig
und Umgebung spielt, beschreibt er den Valpolicella als
»trocken, rot und herzlich wie das Haus eines Bruders,
mit dem man sich gut versteht«. Ähnliches lässt sich von
der Probierstube der Tenuta Novaia sagen. Diese emp-
finden wir, bewirtet von der herzlichen, passionierten
Winzerin Cristina, wie das Haus einer Schwester: Weil
wir es nicht übers Herz bringen, die edlen Weine nach
dem Probieren auszuspucken, spazieren wir dann leicht
beduselt durch Marano zurück in unsere Unterkunft
Arco di Vino.

Nun lassen Bernadette und ich uns noch einmal von
Goethe führen. Diesmal in Verona. Wobei wir ihn nicht
in die Arena begleiten, »das erste bedeutende Monu-

ment der alten Zeit, das ich sehe«. Und auch nicht in den nicht mehr frei zugänglichen Palazzo Bevilacqua, wo der sinneshungrige Poet das *Paradies* von Tintoretto bewundert: »Die Eva ist doch das schönste Weibchen auf dem Bilde und noch immer von alters her ein wenig lüstern.« Wir folgen ihm vielmehr in den Giardino Giusti, einen der letzten noch ursprünglich angelegten Renaissancegärten Italiens. Die meisten anderen wurden später in Barockgärten oder in Landschaftsparks nach englischem Vorbild umgestaltet. Goethe feiert im Giardino Giusti eine für Italien sinnbildliche Pflanze: die Zypresse. Von einem »herrlichen Naturprodukt« schwärmt er. »Ein Baum, dessen Zweige von unten bis oben, die ältesten wie die jüngsten, gen Himmel streben, der seine dreihundert Jahre dauert, ist wohl der Verehrung wert.«

So durchqueren wir zuerst den altehrwürdigen Palazzo Giusti, um in dessen Garten mit dem berühmten *Cipresso di Goethe* zu gelangen. Er war einst eine feste Etappe auf der Grand Tour und wurde von Reisenden wie Mozart, dem Habsburger Kaiser Joseph II. und dem russischen Zaren Alexander I. besucht. Hier stehen viele Zypressen, schlanke, gründunkle Himmelspfeile, die Vincent van Gogh wie schwarz züngelnde Flammen gemalt hat. Sie sind überall in Italien zu finden und prägen besonders das Landschaftsbild der oberitalienischen Seen und der Toskana mit. Häufig schmücken sie auch Friedhöfe, als Symbole des Todes und der Trauer. Das geht auf die Antike zurück, in der die Zypresse einerseits ein langes Leben, andererseits Tod und Unterwelt symbolisierte. Mir selbst ist der grazile, elegante Baum, der wie ein Fingerzeig gen Himmel ragt und wunderbar mit der pummeligen, erdverbundenen Schirmpinie kontrastiert, nie als Todessymbol erschienen. Sondern als verheißungsvolles Ausrufezeichen: Hier ist der Süden. Hier können Bäume sogar in den Himmel wachsen.

In unserem kleinen Garten in München habe ich eine Zypresse an der Hausecke gepflanzt und schon viele Jahre durch den Frost gebracht. Leider werde ich es nicht erleben, dass sie die Größe meiner Lieblingszypresse erreicht. Sie wächst neben dem Campanile der Abteikirche Sant'Antimo in der Südtoskana und neigt sich liebevoll dem Turm zu, nicht den Tod, sondern die Überwindung des Todes versprechend. Goethes Zypresse aber ist gestorben. Ein Sturm samt Starkregen hat 2020 den Garten verwüstet, die Zypresse nach mehr als einem halben Jahrtausend gefällt und ihr eine letzte symbolische Bedeutung verschafft: als Fingerzeig auf den Klimawandel. So wird das auch von den Verantwortlichen des Giardino Giusti gesehen. Ein Team der Universität Bologna – Botaniker, Agrarwissenschaftler, Landschafts- und Gartenarchitekten – prüft an seinem Beispiel, wie die historischen Gärten Italiens umgestaltet werden müssen, um im Klimawandel zu bestehen.

Wir genießen trotz des Falls der Goethe-Zypresse diesen besonderen Garten. Er zieht sich nicht, wie üblich, zu einer Villa hin, sondern geht von einer Villa aus. Vor ihr erstreckt sich ein Renaissancegarten mit geometrisch zugeschnittenen Hecken und Bäumen, einem Buchsbaum-Labyrinth, Marmorstatuen, Brunnen, Kieswegen und Zitrusbäumen in Terracottakübeln. Es ist ein Bild der vom Menschen dominierten und kultivierten Natur, wie sie in Italien ganze Landschaften verkörpern, etwa in der Toskana rund um Florenz. Doch dann geraten wir im hinteren Teil des Gartens in die Wildnis. Eine Grotte am Fuße des Berges San Zeno kündigt sie an. Über ihr, im steilen Felshang, erschreckt eine steinerne Fratze die

Besucher. Wer trotzdem den bewaldeten Berghang ersteigt, wird oben mit einem großen Blick auf die Ziegel-
dächer-Landschaft Veronas mit ihren vielen Kirchtürmen
belohnt, in deren Hintergrund Silhouetten der Alpen-
gipfel schimmern.

Gärten ziehen mich besonders an, auch auf Reisen. In
Europa habe ich drei Grundtypen kennengelernt: den
französischen, der mit Vernunft und zentralistischem
Herrschaftsanspruch die Natur in geometrische Formen
zwingt, so wie Paris, einst Sitz des Königs und heute des
Präsidenten, das ganze Land unterwirft. Den englischen,
der sich in seiner Wiesen-Wälder-Weitläufigkeit ganz
natürlich gibt, obwohl er in Wirklichkeit akkurat geplant ist, um die Illusion von Natürlichkeit zu erzeugen.
Und schließlich den italienischen, der weder die rationale noch die animistisch-sinnliche Seite des Menschen
verleugnet.

Auch im *giardino all'italiana* gibt es die beschnittene
Natur, symbolisiert durch rigoros frisierte Buchsbaumhecken. Die geometrische Strenge verliert sich jedoch in
einer wilden Mythologie der Göttinnen und Götter-
gestalten, die sich im Garten tummeln, als seien sie aufs
Geratewohl vom Olymp herabgesprungen. All die Zit-
rusterracotten und Orangerien verweisen auf Sinnlichkeit, auf Düfte und Fruchtfleisch. Und die wilden Winkel
der Parks, wie der Hangwald im Giardino Giusti, kon-
frontieren die Besucher mit der Erkenntnis, dass die
Zivilisation der Wildnis immer nur räumlich und zeitlich begrenzt abgekämpft ist. Hinzu kommt ein schelmi-
sches Element. Die Gärten sollen die Menschen nicht
nur erbauen, sondern auch überraschen und aus ihrer
Sonntagnachmittags-Spaziergangsträgheit schrecken. Die
barocke Villa d'Este in Tivoli bei Rom ist voll solcher

Scherze. Wer sich nicht vorsieht, wird nassgespritzt, so wie das Leben einen gerade in den friedlichsten Momenten nass erwischt.

Dann bummeln wir durch die Altstadt Veronas, die auf uns wirkt wie ein Italien-Bilderbuch. Der große deutsche Italien-Kenner Eckart Peterich[4], dessen poetischer, kluger, kenntnisreicher dreibändiger Italienführer heute leider nur noch antiquarisch zu haben ist, hat in wenigen treffenden Sätzen am Beispiel Veronas die italienische Stadt an sich gezeichnet: »Der Straßenverlauf, die Art, wie sich die Plätze öffnen und weiten, das sich Verschränken der Dächer, die Geräumigkeit der Tore und Höfe, der Ernst der Paläste, die edle Würde der Kirchenbauten, die Wucht der Türme, dazu das lebhafte und doch zugleich maßvolle Tun und Treiben der Bewohner, all das ist so ganz landeseigen, dass einer, hat er etliche Tage hier (in Verona) verbracht, wohl mit dem Gefühl heimkehren dürfte, er wisse nun so ungefähr, wie es in einer italienischen Stadt aussieht und zugeht.«

Das ist heute noch so gültig wie 1958, als Peterichs Führer erstmals erschien. Wir freuen uns an den bestens renovierten Palazzi, Kirchen und Piazze, betrachten die Auslagen exquisiter Geschäfte und die wohlige Nonchalance der flanierenden Menschen. Viele junge Leute sind unterwegs, etliche auf dem Fahrrad. Wir essen in einem Lokal an der Etsch, besichtigen nichts, lassen uns treiben und geraten immer wieder in andere schöne Straßen, auf weitere schmucke Plätze.

Bernadette wirkt nachdenklich, so als hätte sie mit dieser Zauberkraft Italiens nicht gerechnet. Am Ende unseres Verona-Spaziergangs sagt sie, hier würde sie gerne mal ein Erasmus-Semester studieren. Der Reiz der italienischen Städte mit ihrem geselligen, behaglichen,

vor allem im Freien ablaufenden Alltagsleben vor histo-
rischer Kulisse ist in Verona besonders verlockend. Schönheit, Geselligkeit und Heiterkeit fließen hier zusammen.
Was will man mehr?

7
Wasserwelten

Von Verona fährt Bernadette nach Deutschland zurück, und meine Frau Antonia kommt zu mir, um mich bis Rom zu begleiten. Wie oft sind wir beide schon durch die Poebene gefahren, nach Ligurien, in die Toskana oder weiter nach Süden. Wenn wir die flache, dunstige Flussebene durcheilten, im Auto, im Zug, glitten Pappelanpflanzungen an uns vorbei, Industriekomplexe, Verteilerzentren mit riesigen Toren, Felder, je nach Jahreszeit grün, gelb oder braun, und Gehöfte, immer wieder Gehöfte, Bauernhöfe aus gebrannten Ziegeln, die breitbeinig in der Ebene stehen, manchmal aber auch verlassen sind, zerfallen und zur Erde zurückkehren. Immer mal wieder haben wir uns vorgenommen, von der Autobahn abzubiegen, um die Poebene kennenzulernen, nicht die Kunststädte wie Cremona, Mantua oder Ferrara, wo wir schon waren, sondern das Land mit seinen Dörfern und die Atmosphäre am größten, 652 Kilometer langen Fluss Italiens, der das Land von der Grenze zu Frankreich bis zur Adria durchquert.

Es geht schleppend voran, über unzählige Verkehrskreisel und durch Orte, in denen viele Autos und wenige Passanten unterwegs sind. Gegen Abend erreichen wir Boretto, wo wir ein Zimmer in einem alten Gutshaus gebucht haben. Rosablühende Rosen umranken das Portal. Raffaele und Sandra kommen uns entgegen und begrüßen uns wie alte Freunde. Sie haben das Haus vor fünf Jahren gekauft und renoviert und vermieten darin Zimmer mit Frühstück. Es war ein radikaler Schnitt im Leben der beiden. Raffaele hatte nach einem Philosophiestudium als Banker gearbeitet, Sandra als Marketingexpertin in Reggio Emilia. Sie hatten ein gutes Leben in Reggio gehabt, mit allen Vorteilen einer quirligen oberitalienischen Stadt. Doch sie träumten davon, aufs Land zu ziehen, ein altes Haus zu kaufen und herzurichten. Ein Traum, der mir vertraut ist, nur dass ich kaum auf die Poebene gekommen wäre. Sie aber gingen in den Dörfern am Fluss auf die Suche und fanden das Gutshaus am Rande von Boretto, umgeben von einem Garten, Bäumen, einem Weinberg, Wiesen und Feldern. Als sie ihren Freunden erzählten, sie wollten mit ihrem kleinen Sohn hierherziehen, reagierten diese fassungslos. Boretto gilt, wie uns Sandra erklärt, als Inbegriff des Hinterwäldlerischen, als italienisches Hintertupfing. »Was zum Teufel wollt ihr in Boretto?«, fragten die Freunde.

»Ein Bed and Breakfast aufmachen.«

»Und wer um Himmels willen soll darin übernachten? Wer, glaubt ihr, will in Boretto Urlaub machen?«

Raffaele und Sandra ließen sich nicht beirren. Und können sich kaum über mangelnde Gäste beklagen. Bei ihnen übernachten Geschäftsleute, die in nahen Städten wie Mantua zu tun haben; aber auch Touristen, die endlich mal das Land am Po kennenlernen wollen. Die beiden überschütten uns mit Vorschlägen für die kommenden Tage. Hört man ihnen zu, glaubt man, mindestens vier Wochen hier verbringen zu müssen. Wir beziehen unser gemütliches, rustikales Zimmer und laufen in der Dämmerung in den Ort. Boretto wirkt geradezu spektakulär unspektakulär, wie der Prototyp eines Provinzkaffs. Alte Höfe, moderne Einfamilienhäuser, Gärten, Hecken, und dann alles wieder von vorne. »Schon klar, warum alle durch die Poebene durchrasen«, murmele ich etwas enttäuscht. Irgendwie hatte ich mir mehr erwartet, eine geheimnisvoll-elegische Landschaft am Fluss, wie sie die Regisseurin Margarethe von Trotta in ihrem Filmdrama *Fürchten und Lieben* gezeichnet hat. Die Kritik bemängelte damals, der Film sei von »spröder Melancholie« und komme nicht recht in Fahrt. Antonia und ich haben den Film anders gesehen. Als Hommage an Menschen in einer ruhigen Landschaft, die ihren eigenen Zauber entfaltet.

Aber nun in Boretto fragen wir uns, was wir davon halten sollen. Als Erstes fällt uns auf, dass die Grundstücke – ob nun alte Bauernhöfe oder moderne Villen darauf stehen – zur Straße hin überdimensionierte Tore und übermäßig breite Auffahrten haben. Womöglich ist das ein Relikt aus Zeiten, als alle hier Landwirte waren und mit schweren Maschinen zum Hof mussten. Womöglich ist es aber in Boretto auch einfach zu einem Statussymbol geworden. Wer hat das dickere Tor? Wer die längere Zufahrt? Einige der Höfe sind in einem warmen Ochsenblutrot getüncht, von dem sich blaugrün gestrichene Fensterläden abheben. Sie scheinen aus dem schweren Boden herauszuwachsen und, wenn sie alt werden, wieder darin zu versinken, doch das ist kein Bild des Verfalls, sondern eher das eines Zyklus. Die Gärten sind meist schlicht gehalten, ein paar Obstbäume und Wiesen, als wolle man sich hier mit dem Wesentlichen begnügen.

Die Luft ist kühl und feucht, doch weil wir rasch aus-schreiten, wird uns schnell heiß. Dann fällt uns die Stille auf. Normalerweise gehen in Italien die Leute abends gern auf die Straße. Ein bisschen Sehen und Gesehen-werden, ein Gläschen in der Bar. Hier aber ist kaum einer unterwegs, und wenn, dann ist es meist ein Ein-wanderer dunkler Hautfarbe, der auf einem Fahrrad ohne Licht durch den Abend radelt. Mir sind nirgends in Italien prozentual so viele Migranten aus Pakistan, Indien oder Bangladesch aufgefallen wie hier. Es heißt, sie würden als Arbeitskräfte für die Höfe angeworben, weil sie gut mit dem Vieh umgehen könnten. Gerne hät-ten wir mit ihnen gesprochen, ohne aufdringlich zu sein, doch das hat sich nicht ergeben. So frage ich mich, wie sie hier zurechtkommen, in dieser feucht-stillen Land-schaft am Po. Ist ihnen kalt in der Seele? Haben sie Heimweh? Bereuen sie das Auswandern? Oder sind sie froh, hier sicherer zu leben als zu Hause? Werden sie von den Italienern geschätzt, weil man sie braucht, oder an-gefeindet, weil man sie nicht haben will? Wir sprechen mit einigen Leuten aus Boretto darüber. Ein klares Bild bekommen wir nicht. Die Menschen scheinen bei diesem Thema zu fremdeln. Es wirkt nicht so, als ob sich hier, hinter den Deichen des Po, Menschen aus einander frem-den Kulturen zusammenfinden, um gemeinsam etwas aufzubauen. Aber es wirkt auch nicht so, als ob hier italienische Rassisten Migranten ausbeuteten und schi-kanierten. Eher erscheint es uns, als ob Migranten und Einheimische vorsichtig aneinander vorbeigleiten wie Boote im Nebel.

Wir erreichen den Damm, laufen auf ihm entlang, be-trachten den nächtlichen Fluss und kommen ins Orts-zentrum. Behagliche Provinzpalazzi aus dem 19. Jahrhundert empfangen uns, eine elegante Säule mit dem Markuslöwen sowie eine ausnehmend schöne Straßenpflasterung aus Flusskieseln und Natursteinplatten. Und eine neobarocke Kirche in Mattgold- und Rottönen, die sich in die Farben der umliegenden Palazzi einfügt. Überhaupt die Farben. Ein Zauber Italiens geht von seinem Sinn für Farben aus. Vielleicht lautet die Formel für Italien überhaupt so: Farben und Licht. Eckart Peterich schreibt, dass »unter den vielen Dingen, die Italien zum lockendsten aller Länder machen ... die Farben so wichtig sind«[1]. Das gilt sogar in der im Landesvergleich eher farbmatten Gegend am Po.

Wir essen ausgezeichnet in einem Restaurant, in das wir zufällig hineingeraten sind. Der Patrone ist ein ruhiger Hüne aus dem Ort, seine Frau eine elanvolle Sizilianerin. Wir werden auch morgen und übermorgen bei ihnen einkehren und unser Vorurteil bestätigt sehen, dass es schwer ist, in Italien schlecht zu essen. Man müsste sich fast darum bemühen. Doch woher kommt es, dass man in Frankreich, der anderen kulinarischen Supermacht, durchaus reinfallen kann, wenn man aufs Geratewohl in ein Lokal geht, in Italien dagegen – einige Touristenzentren einmal ausgenommen – kaum? Unser Wirt sagt: »Ein schlechtes Restaurant könnte sich einfach nicht halten. Die Italiener würden kein zweites Mal dorthin gehen. Und die Konkurrenz ist groß.« Das stimmt. Selbst im kleinen Boretto gibt es viele Lokale. Aber gilt das nicht auch für Frankreich? Warum wird man dort oft mit einem zähen *Faux filet avec frites*[2] abgespeist?

Als wir nachts heimlaufen, scheint die stille, flächige Landschaft zur Ereignislosigkeit zu gerinnen. Italien ist sonst ein Land der Kurven, der Bögen. Hier ist es ein Land der Winkel, aus der Horizontalen der Poebene und den Vertikalen der Pappeln und Kirchtürme. Wir laufen und laufen, und nichts scheint sich zu verändern. Straßen und Häuser sind nur geisterhaft beleuchtet, die feuchte Luft lässt um die Lampen Lichthöfe schimmern. Niemand ist mehr unterwegs unter einem hohen, von hellen Wolken wie mit einem Tuch überzogenen Himmel.

Beim Frühstück fragen wir Sandra, was wir hier unternehmen könnten. Sie blickt uns erstaunt an, als seien wir genauso Ignoranten wie ihre Freunde, die nicht verstehen wollen, warum sie nach Boretto gezogen sind. »Was ihr hier machen könnt? Aber jede Menge!« Sie seufzt. »Wo soll ich anfangen? Ihr könntet nach Parma fahren. Das ist nah.«

»Da waren wir schon einmal«, wende ich vorsichtig ein, denn natürlich kann man Parma auch mehrmals besuchen.

»Kennt ihr auch das Schloss der Herzöge von Parma? Nein? Das ist sehr interessant. Da residierte Marie-Louise als Herzogin, nachdem ihr Mann Napoleon nach St. Helena verbannt worden war.« Das wussten wir nicht. Aber ein Prunkschloss war nicht das, was wir uns von der Po-Ebene erhofften. Wir wollten eher den Alltag am Fluss kennenlernen.

»Dann geht doch zum Fischen«, rät uns Sandra.

»Auf Waller?«, frage ich. Ich habe gehört, dass es im Po viele dieser riesigen, bis zu 150 Kilogramm schweren Welse gibt, die als eine Art Schweine des Wassers alles fressen, was vor ihr breites, mit langen Barteln bestücktes Maul gerät. Die Waller seien aus Osteuropa in den Po eingeschleppt worden, sagt Sandra. Sie richteten enorme Schäden im Ökosystem an. Also wäre es eine gute Sache, ein paar von ihnen zu fangen. Doch so richtig Lust, einen der schleimigen Riesen aus dem Wasser zu ziehen, haben wir nicht.

»In Brescello wart ihr sicher schon«, sagt Sandra. »Nein? Das kennt ihr nicht? Das Dorf von Don Camillo und Peppone!«

Natürlich kennen wir die alten Filme vom ewigen Streit des stockkatholischen Pfarrers Don Camillo mit dem erzkommunistischen Bürgermeister Peppone. Sie gehören zu meinen ersten Kinoerlebnissen, und vielleicht haben sie mit ihrem großen italienischen Alltagsspektakel dazu beigetragen, die Italien-Passion in mir zu wecken. Dass sie hier im Nachbarort gedreht wurden, wusste ich nicht. Auch das macht Italien so interessant, dass man auf Schritt und Tritt auf Orte und Dinge stößt, von denen man schon einmal gehört hat. So als sei Italien eine Art Welttheater, das ständig Szenen fürs kollektive Unterbewusstsein der Menschheit liefert.

Wir fahren mit Rädern, die uns Sandra leiht, am Po entlang nach Westen und hinein nach Brescello. Der Ort sieht exakt so aus, wie ich mir ein Städtchen am Po vorstelle. Freundlich-provinziell, ordentlich, mit einer von Arkaden gesäumten Piazza, einer klassizistischen Kirche, ein paar Bars, einem Zeitungsladen und einem Hauch Melancholie. Dennoch ist Brescello anders als die sonstigen Kleinstädte am Po. Das beginnt mit der Statue von Don Camillo im langen Talar vor der Kirche, setzt sich fort mit dem seinen Hut lupfenden Peppone vor dem Rathaus, mit dem *Caffè Don Camillo* und dem konkurrierenden *Caffè Peppone* auf der Piazza, mit einem Museum Peppone und Don Camillo und einem Panzer aus dem Zweiten Weltkrieg, der bei den Dreharbeiten verwendet wurde. Auch sonst sind überall im Ort Anspielungen auf die feindlichen Brüder zu entdecken, auch durchaus zeitgemäße. Im Schaufenster einer Trattoria hängt ein Bild von den beiden. Es ist mit Sprechblasen versehen. »Green Pass Peppone?«, fragt Don Camillo streng. Der Green Pass ist der italienische Impfnachweis gegen Corona. Peppone antwortet: »Ja. Doppelte Dosis Sputnik, Don Camillo!«

Was wäre wohl aus Brescello geworden, wenn es nicht von Julien Duvivier, dem Regisseur der ersten beiden Don-Camillo-und-Peppone-Filme, als Kulisse gewählt worden wäre? Das geschah übrigens gegen den Wunsch von Giovannino Guareschi, dem Autor der Romane, auf denen die Filme beruhen. Guareschi hatte sich für seinen Geburtsort Fontanelle di Roccabianca stark gemacht, ein Beispiel für den sogenannten *campanilismo*[3], der kämpferischen Verbundenheit mit der eigenen Stadt und deren Traditionen, die Italien so kleinräumig, vielfältig und schwer regierbar machen. So schaut Fontanelle nun in die Röhre, während Brescello Zehntausende Touristen anzieht.

Wir setzen uns ins *Caffè Peppone*, was jetzt kein ideologisches Statement sein soll, und essen ein üppiges *Sandwich Peppone* zum proletarischen Preis von vier Euro. Seltsam, dass die uralten Filme noch immer so viele Menschen beschäftigen, denke ich mir. Dann wird mir klar, wie sehr diese Filme eine Grundspannung Italiens spiegeln, die bis heute fortwirkt. Der Konflikt zwischen der katholischen und der linken Seele des Landes hätte nach dem Zweiten Weltkrieg fast in den Bürgerkrieg geführt. Katholisch ist in Italien bis heute die Bedeutung der (heiligen) Familie und der *mamma*, die nicht nur in Gestalt der Mutter Gottes angebetet wird. Katholisch ist die Institution der Beichte, die begangene Sünden, und seien sie noch so schwer, mit ein paar Vaterunser quasi ungeschehen macht. Katholisch ist auch das hierarchische Denken – Gottvater, Sohn, Papst, Padrone.

Und katholisch ist eine barocke, schelmische Lebensfreude unterhalb des Radars des Heiligen Vaters, die sich auch dadurch ausdrückt, dass eine Pastasorte Norditaliens *strozzapreti*, Priesterwürger, heißt. Sozialistisch ist dagegen der Sinn für Gleichheit, die tief verwurzelte Erfahrung der meisten Italiener, dass sich das *popolino*, die kleinen Leute, gegen »die da oben« verteidigen müssen. Sozialistisch ist die Piazza als Bühne des Alltagslebens, auf der jeder seinen Platz findet. Und sozialistisch ist die Tradition, dass alle, ob Fürst oder Bettler, morgens in der Bar ihren *caffè* und ihr *cornetto* zu sich nehmen, nicht mehr und nicht weniger.

Die italienische Politik ist verwirrend, auch für Menschen, die sich jahrelang beruflich damit beschäftigt haben. Vielleicht liegt das daran, dass sich die Spaltung in ein katholisches und ein sozialistisches Lager nicht nur in der Gesellschaft vollzieht, sondern auch in jedem einzelnen Menschen. Da ist jener heilige Individualismus oder besser Familiarismus, der dazu führt, dass sich viele Italiener so ungern staatlichen Regeln unterwerfen. Und da ist jener Gemeinschaftssinn, der bewirkt, dass bei allgemeiner Not alle zusammenhelfen, Arm und Reich, Bürger und Bettelmann. Diese Spannung zwischen Individualismus und Gemeinschaftssinn macht Italien so spannend, so reich. Wobei katholisch nicht einfach mit individualistisch und sozialistisch nicht pauschal mit kollektivistisch gleichgesetzt werden kann. In beidem finden sich Anteile von beidem. Kurz gesagt: Italien ist ein komplexes Gebilde. Und alle Versuche, die beiden Seelen des Landes in einer Partei aus Ex-Christdemokraten und Ex-Kommunisten zusammenzuführen, haben bisher nicht zu einem nachhaltigen Erfolg geführt.

Später Mittag in Brescello. Don Camillo und Peppone

halten Siesta. Über die Piazza spaziert eine Afrikanerin auf High Heels, mit orangefarbener Tortenfrisur, im schwarz-weißem Etuikleid. Eine Erscheinung wie aus einem Fellini-Film. An der Hand führt sie ihre beiden Kinder. Das Provinzkaff als Weltdorf.

Für den nächsten Tag hat uns Sandra schon ein Programm gemacht. Das Schöne an Italien ist, dass man nie alleingelassen wird, sobald sich erst einmal ein persönlicher Kontakt ergeben hat. Dann gibt es immer jemanden, der jemanden kennt, der einem helfen könnte. In unserem Fall ist Sandra überzeugt, wir sollten das *Museo del Po* kennenlernen. Also ruft sie bei der Gemeinde an, wo es heißt, das Museum sei geschlossen, aber sie könne es ja mal bei Lorenzo versuchen, der sei zwar gerade unpässlich, aber man wisse ja nie.

Lorenzo, ein älterer Herr mit vom Wind zerzaustem Haar und Sonnenbrille, erwartet uns am Fluss auf dem Gelände des Betriebes, der einst die Wasserstraße instand hielt und die Schiffe wartete, als der Po noch wichtig für den Gütertransport war. Heute dämmern hier Schiffswracks vor sich hin. In den staubigen Werkshallen sind rostige Spezialmaschinen, vergilbte Pläne und alte Fotos zu sehen, die den einst regen Schiffsverkehr oder ein Hochwasser dokumentieren. Das Museum liegt im Dornröschenschlaf. Diese Schatzkammer der Ortsgeschichte verdient es, aufgeweckt zu werden. Lorenzo, der früher bei einer Bank gearbeitet hat, versucht das ehrenamtlich, so gut er kann.

»Vor hundert Jahren mäanderte der Po noch frei durch die Ebene«, erzählt er. In den 1920er-Jahren sei der Fluss unter Mussolini schiffbar gemacht worden. Arbeiter hätten gewaltige Dämme angelegt, Zuflüsse kanalisiert, eine tiefe Fahrrinne geschaffen. Spezielle Baggerschiffe, von denen eines auf der Wiese des Museumsgeländes zu sehen ist, saugten den Sand in der Flussmitte auf und spieen ihn zur Seite. Lorenzo, der anfangs zurückhaltend war, wird nun, als er unser echtes Interesse bemerkt, immer lebhafter. »Damals konnten große Transportschiffe von Venedig bis nach Cremona fahren, um Öl und andere Rohstoffe ins Hinterland zu bringen. Hier in Boretto kümmerten sich noch nach dem Zweiten Weltkrieg mehr als 200 Arbeiter um Fluss und Schiffe. Das heißt: Mehr als 200 Familien im Ort hatten dadurch zu essen.« Doch die Politik habe die Flusswirtschaft nie unterstützt und immer weniger Geld für den Unterhalt zur Verfügung gestellt. Vor 30 Jahren sei endgültig die Entscheidung für den Transport auf Straße und Schiene gefallen. Firmen wie Fiat hätten ihren Einfluss geltend gemacht.

Wir merken Lorenzo an, wie sehr er das bedauert. Nun hofft er, dass wenigstens das Museum aufgemöbelt wird, um Zeugnis von einer Zeit zu geben, als am Po noch mächtig was los war, als die Kinder im heute viel zu schmutzigen Fluss badeten und die Frauen darin ihre Wäsche wuschen.

Gut drei Autostunden weiter östlich, wo sich der Po in mehrere Arme aufspaltet und ein dreieckiges Schwemmland weit in die Adria hinaus geschaffen hat, lebten die Menschen noch vor nicht langer Zeit in einer Armut, die man sich nur noch schwer vorstellen kann. In vielen Italienern ist sie aber noch präsent. Sie könnte eine Erklärung dafür liefern, warum sich das Land so frenetisch der Moderne, dem Konsum und dem Auto hingegeben hat.

Francesca Beltrame, Anfang 40, erzählt uns von der

Zeit, als sie ihre Großeltern nur mit dem Boot besuchen konnte, weil es noch keine Brücke zu der Insel im Delta gab, auf der diese lebten. Und sie erinnert sich daran, wie die Großmutter von ihrer Jugend in diesem Wasserland erzählte. Damals mussten fast alle Menschen im Delta in Holzhütten leben. »Sie sagte immer, sie habe Glück gehabt, weil ihr Vater Metzger war und sie so in einem Steinhaus aufwachsen durfte. Das war nicht vor 2000 Jahren – sondern vor wenigen Jahrzehnten.« Heute sei das Leben hier viel einfacher, auch wenn die Fischer sich ständig beklagten, es sei so hart. »Aber sie verdienen gut und haben es hier in der Natur viel besser als in einem Bergwerk oder in einer Fabrik.«

Francesca, die Besucher durch das Podelta führt, will nirgendwo anders leben. Sie nimmt es in Kauf, dass das nächste Kino 45 Kilometer entfernt ist und die einzige Disco längst schließen musste. Ihr Mann, der früher in Venedig arbeitete, hat es vorgezogen, hier einen Job als Wächter in einem der Wassergärten anzunehmen, in denen Muscheln gezüchtet werden. Wenn man auf einem der kleinen Ausflugsdampfer den Fluss entlangfährt, von Ca'Tiepolo aus, dem Hauptort des Gemeindeverbandes Porto Tolle, hinaus zur Mündung des Po in die Adria, durch ein im Sonnenlicht in allen Blau-, Grün- und Silberfarben schimmerndes Wasserland aus flachen Inseln, Lagunen, Sümpfen, Schilfwiesen, Flussarmen und einsamen Stränden, dann beginnt man zu verstehen, warum die Menschen dem sanften Zauber dieser Welt erliegen und nicht mehr weg wollen in die großen Städte. Hier im Delta mischen sich Süß- und Salzwasser und ringen mit dem Land um die Vorherrschaft, schaffen so eine Welt, die gleichförmig wirkt, aber sich ständig verändert. Und ein Ökosystem, das mit seinen Hunderten Vogel- und

Tausenden Pflanzenarten als artenreichstes Italien gilt und von der UNESCO als Biosphärenreservat anerkannt ist. Abends dann, wenn die tief stehende Sonne den salzigen Dunst von Zartviolett bis Feuerorange färbt und große, dunkle Vögel auf ihre Schlafbäume niedergehen, wird die Stimmung dramatisch. Man möchte ewig weiterlaufen auf den einsamen Deichwegen der Inseln im Delta.

Francesca deutet auf die Wasserfläche. Ein Seidenreiher äugt, reglos in einer Lagune stehend, nach Beute. Blesshühner stieben auf der Wasseroberfläche davon, als seien sie Tragflügelboote. Am linken Ufer kommt der Leuchtturm von Pila in Sicht, einem Fischerdorf auf einer Insel. Francesca macht eine Kreisbewegung mit dem Arm. »Das alles hier ist erst 400 Jahre alt. Das jüngste Land Italiens.« Dann erzählt sie mit Hilfe einer Landkarte, die sie vor uns auf einem Tisch des Bootes ausbreitet, eine faszinierende Geschichte, die sich zu einem historischen Roman ausbauen ließe.

Um das Jahr 1600 herum verlief die Küstenlinie zur Adria viel weiter im Westen. Wo heute die Orte Ca'Tiepolo oder Pila liegen, war damals nur Wasser. Die Seerepublik Venedig und das im Süden angrenzende Herzogturm Ferrara, das gerade zum Kirchenstaat gelangt war, stritten sich um die Kontrolle über den Flusshandel von der Küste ins Binnenland. Venedig fürchtete zudem, ein nördlicher Mündungsarm des Po könnte einen Teil der venezianischen Lagune versanden lassen. Daher beschloss die Seerepublik ein selbst für heutige Zeiten gewaltiges Bauprojekt. Sie wollte einen neuen, acht Kilometer langen Hauptarm für den Po zur Adria graben. Doch Ferrara und der Kirchenstaat argwöhnten, wie sich zeigen sollte, zu Recht, damit würde ihnen das

Wasser abgegraben und ihre Adriahäfen würden versanden. Kriegsgefahr lag in der Luft. Da kam Venedig ungewollt der Papst zu Hilfe. Clemens VIII., ein frommer Reformer, rief das Jahr 1600 zum Heiligen Jahr aus. In einem solchen durfte er keine Kriege führen. Also machten sich die Venezianer ans Werk und gruben einen acht Kilometer langen Kanal zur Küste, den heutigen Hauptarm des Po. So booteten sie Ferrara aus und retteten ihre Lagune. Und sie schufen Neuland. Um den künstlichen Flussarm bildeten sich Sedimentablagerungen, das heutige Delta. Die Venezianer nutzten es zur Jagd und dann auch zum Reisanbau.

Beides bis heute. Die Società Agricola Moretto verkauft ihren Reis nicht nur, sondern verarbeitet ihn auch zu glutenfreien Keksen und Brot. Und sogar zu Bier. Reisbier! Als Münchner stehe ich dem skeptisch gegenüber. Elisa Moretto, die uns durch ihre Hazienda führt, bemerkt meinen Blick und sagt lachend: »Nur Mut!« Dann schenkt sie Antonia und mir je ein Glas ein. Ich rechne mit dem Schlimmsten. Aber je weiter man nach Süden kommt, so meine Erfahrung, desto weniger ist es angezeigt, solche Zeichen der Gastfreundschaft zurückzuweisen. Also probiere ich vorsichtig. Und bin überrascht. Das Reisbier schmeckt süffig und herb, wie ein leichtes Pils. Es zu trinken, ist kein Opfer. Wenn die alten Venezianer gewusst hätten, was ihr Kanalbau alles hervorbringen wird!

»Man muss sich das mal vorstellen«, sagt Niky Penini. »Ohne Computer, ohne elektrische Maschinen gruben die mit der Spitzhacke einen acht Kilometer langen Kanal.« Dafür hätten sie tausend Gefangene und tausend Prostituierte in Zwangsarbeit eingesetzt. Ihr kühnes Werk sei geglückt, weil sie das Terrain, das Verhalten von Fluss und Meer genau studiert hätten. »Die alten Venezianer arbeiteten mit der Natur, wir gegen sie. Das ist das Problem«, sagt Niky, ein junger, in Khakigrün gekleideter Muschelzüchter, der uns mit seinem dottergelben Holzboot bis in die entlegensten Winkel des Deltas fährt. Er zeigt auf ein graues Betonmonster mit gigantischem Schornstein, das in die sonst intakte Lagunenlandschaft geklotzt ist. Das Kraftwerk Porto Tolle wurde 1984 fertiggestellt und mit schwefelhaltigem Öl betrieben, was schwere Umweltschäden anrichtete. Seit einigen Jahren ist es stillgelegt. Nun gibt es Pläne, ein Touristendorf daraus zu machen. Doch dagegen regt sich Widerstand, viele halten das Projekt für unzeitgemäß und finden, ein Biosphärenreservat sollte nicht auf Massentourismus setzen, sondern Urlauber ansprechen, die ihre Ferien individuell und nah an der Natur verbringen möchten. Mit seinen kleinen Hotels und *agriturismi*[4], Fischlokalen und Bootsanbietern ist das Delta schon heute gut auf Touristen vorbereitet, die sich erholen, aber auch etwas erleben möchten, die Fischer, Reisbauern, Austernzüchter, Lagunenvögel und Dünenpflanzen kennenlernen wollen, ohne diese amphibische Welt zu zerstören.

Der Muschelzüchter Niky Penini gehört zu jenen, die diesen sanften Tourismus propagieren. Er stammt aus einer im Delta eingesessenen Fischerfamilie und gehört zu den 1500 Glücklichen, die von den Behörden die Erlaubnis erhalten haben, die Lagune zur Muschelzucht zu nutzen, für die begehrten *vongole*[5] vor allem. »45 Prozent von uns Muschelzüchtern sind Frauen«, sagt Niky. »Und die Hälfte der Menschen in Porto Tolle lebt von den *vongole*.« Das Podelta liefere drei Viertel aller Venus-

muscheln, die in Europa verspeist würden. Wer also bei
»seinem« Italiener in Stuttgart, Kopenhagen oder Prag
Spaghetti *vongole* isst und den leicht nussigen Meeres-
geschmack genießt, hat gute Chancen, dass sie aus Porto
Tolle kommen.

Niky und seine Kolleginnen bauen die Muscheln in
den Wassergärten ähnlich an wie Bauern ihr Gemüse.
Sie säen junge, wenige Millimeter große und etwa neun
Monate alte *vongole*, die sie in Zuchtbetrieben kaufen,
wo die Eier der weiblichen Muscheln mit dem Sperma
der männlichen befruchtet werden. In der ersten Zeit
müssen die Babymuscheln in der Lagune durch Netze
vor Taschenkrebsen und anderen Räubern geschützt
werden. Nach ungefähr einem Jahr sind die *vongole*
dann groß genug, um auf den Markt zu kommen. Jeden
Morgen um sechs Uhr fährt Niky aufs Wasser, um die
»reifen« Muscheln zu ernten. Das ist anstrengend, doch
der Verdienst ist gut. »Warum haben die Menschen hier
im Po-Delta dann fast ein Monopol in Europa?«, fragt
Antonia. »Warum bauen andere Mittelmeerländer nicht
ebenfalls *vongole* an?«

»Weil die Muscheln anspruchsvoll sind. Sie brauchen
eine bestimmte Mischung von Süß- und Salzwasser. Die
haben sie hier. In anderen Mittelmeerländern nicht.«

Das Gute an der Muschelzucht sei, dass sie einem noch
Zeit für andere Jobs lasse, sagt Niky, der mit seinem
Boot Besucher hinaus ins Delta fährt. Wir gleiten durch
natürliche Kanäle, die so schmal sind, dass das Schilf die
Bootswände streift. Es duftet herb-frisch wie ein grünes
Parfum. Und wenn man genauer hinschaut, entdeckt
man überall Vögel. Niky kennt sie alle, die Strandläufer,
Stelzvögel, Fischräuber und Würmchenklauber. Er zeigt
uns einen Kormoran, Brachvögel und Seeschwalben.

Viele Namen nennt er sogar auf Deutsch, für seine Gäste. Einmal jedoch muss er auf seiner Übersetzungs-App nachschauen. Er schaut belustigt auf das deutsche Wort, versucht es auszusprechen, gibt auf. »Kiebitzregenpfeifer«. Ich verhaspele mich ebenfalls. Niky freut sich: »Ich habe ein Wort gefunden, das selbst ein Deutscher kaum aussprechen kann.«

Später lässt er uns an einem menschenleeren Strand an der Meeresseite des Deltas aussteigen. Vom Salzwasser gebleichtes Totholz liegt herum, bizarr geformt wie Werke eines surrealistischen Künstlers. An einem Pfahl hängen Fischernetze. Ansonsten nur Sandstrand, von unzähligen Muschelschalen übersät, und ein flaches, graugrünes, leicht gekräuseltes Meer unter einer ewigen Sonne. Eine Szenerie wie aus *Robinson Crusoe*. Schön, salzig und einsam. Niky wartet in seinem Boot auf uns, um uns zurück in die Zivilisation zu bringen; genauer gesagt zu einem Fischlokal, das auf Stelzen ins Wasser hinaus gebaut ist. *Canarin* heißt es. Es hat weiße Holzwände, ein rotes Dach und eine Glasveranda. So könnte es auch an der Pazifikküste Nordkaliforniens stehen. Drinnen sitzen Leute aus den umliegenden Dörfern beim Mittagessen. Es gibt gratinierte Austern, Lagunenkrebse auf Reispolenta, Lasagne im Krustentier-Sugo, Thunfisch im Mohnmantel und Spaghetti alle *vongole*. Dazu ein kühler Weißer aus der Karaffe. Zufrieden schaut uns Niky an: »Es ist schwer, in Italien schlecht zu essen. Und besonders schwer im Po-Delta.«

Bevor wir die Welt des Po verlassen, die so unspektakulär zu sein scheint und in der es doch so viel zu entdecken gibt, wollen wir eine besondere Attraktion des Deltas kennenlernen, die Fischversteigerung von Pila.

Eigentlich haben nur Fischer und die Händler Zutritt zu der Auktionshalle, die wie ein überdachtes Amphitheater gebaut ist. Doch Silvia Boscolo vom Fremdenverkehrsamt Porto Tolle hilft als Türöffnerin. So können wir zuschauen, wie am frühen Nachmittag die Kutter aus der Adria im Hafen von Pila anlanden, beladen mit Fisch, den es zu unserer Überraschung doch noch in Mengen in der Adria zu geben scheint – auch dank der rigorosen Fangbeschränkungen, wie uns die Fischer erklären. Am Hafen ist jetzt die Hölle los. Auf den Kuttern sortieren die Fischer flink wie Kartenspieler ihren Fang nach Sorten und Größen in Styroporkisten. Schreie ertönen über die Mole: »*Ragazzi*, mehr Eis!« Gabelstapler fahren piepsend heran, beladen mit Säcken gehackten Eises zur Kühlung der Fische. Ein Veterinär wuselt herum und nimmt Proben des Fangs. Derweil warten auf der Mole riesige Lastwagen, um den Fisch zu den Großmärkten in halb Europa zu bringen. Ein Teil des Fangs aber landet in der nahen Markthalle, wo jeden Nachmittag eine Versteigerung der anderen Art beginnt. Die Preise werden nicht so lange erhöht, bis nur noch ein Bieter bleibt, sondern so lange heruntergesetzt, bis einer zuschlägt.

»Der Seebarsch, 28 Euro 30!«, ruft der Versteigerer im Amphitheater. »Der Seebarsch! 27 Euro 95.« Sein Kollege in weißer Schürze und mit hellblauen Plastikhandschuhen nimmt den Fisch aus der mit Eis gefüllten Styroporkiste und zeigt ihn den Händlern, die wie Studenten in einer Vorlesung auf den aufsteigenden Bänken der Halle sitzen. Nervös klicken sie auf ihren Kugelschreibern herum. Es geht ums Geschäft. »Der Seebarsch, 27 Euro 60!«, brüllt der Versteigerer. Einer der Händler drückt auf einen Knopf. Der *branzino*[6] ist verkauft. In einem Glaskasten an der Stirnseite des Amphitheaters bereiten zwei junge Frauen die Papiere für den Käufer vor. Alles ist perfekt organisiert. Auf jeder Styroporkiste ist der Fang vermerkt, der Produzent, die Fangmethode, zum Beispiel Schleppnetze, die Herkunftszone, etwa ein bestimmtes Gebiet der Adria, und die Anweisung zur Kühlhaltung. Etwa: bei Temperaturen um die null Grad.

Auf einem Förderband gleiten die nächsten Styroporkisten heran. Meerbarben. Kraken. Riesengarnelen. Die Gesichter der weißen Glatt- und Dornhaie mit ihren geschlossenen Augen und heruntergezogenen Mundwinkeln wirken wie aus der Requisitenkammer eines Horrorfilms. »Kleine Seezungen, 7 Euro 90!«, ruft der Versteigerer. Bei 7 Euro 60 gehen sie weg.

»*Gente di mare*«, sagt Antonia, während sie auf das Treiben der Fischverkäufer und Händler blickt. *Gente di mare*[7] – so heißt auch eine Ballade, mit der Umberto Tozzi 1987 den dritten Platz beim Eurovision Song Contest erreichte. Es ist eine Hymne an die Freiheit der Seeleute und des Meeres, »*questo grande fratello blu*[8]«.

8

Am Anfang war das Wort

Ich weiß nicht mehr, wann mich das Italienische gepackt hat, diese vokalreiche, klangvolle Sprache, die so großzügig und sinnenfreudig ist wie das ganze Land. War es bereits damals in Ligurien, als ich das erste Mal Wörter wie *spiaggia, polipo, cielo* oder *sole*[1] hörte? Oder etwas später, im Skikurs in Südtirol, wenn mir mein italienischsprachiger Skilehrer auf der Abfahrt nach Plan de Gralba zurief: »*Forza, Stefano!*« »*Avanti!*« »*Coraggio!*«[2] Oder noch später, als ich mich vor der Abifahrt nach Rom ans Italienischlernen machte, mit Hilfe einer Sprachkassette, die Sätze wie diesen abspulte: »*Piacere di conoscerti!*«[3] Oder bei Zugfahrten über den Brenner, wenn nach einer harten Nacht auf der Pritsche im Morgengrauen die ersehnte Ansage aus dem Lautsprecher tönte: »*Siamo in arrivo alla stazione Roma Termini.*«[4] Oder beim Kochen in der Studenten-WG meines Freundes Ulrich Kohlmann, der gerne Opernarien in voller Lautstärke abspielte und mitsang: »*Va, pensiero, sull'ali dorate.*«[5] Oder war doch Gianna Nannini daran schuld, die aus dem Auto-Kassettenrekorder rockte:
»*Bello, bello e impossibile,*
Con gli occhi neri e il tuo sapor mediorientale.«[6]
Wie auch immer: Dass ich Italien verfallen bin, liegt

auch an der Sprache. Also ist es unerlässlich, dem Schöpfer des Italienischen die Ehre zu erweisen.

»Ich freue mich sehr auf die Lesung«, sagt Antonia, während wir durch die Altstadt von Ravenna laufen, zur »Zone der Ruhe«, die dem Gedenken an Dante Alighieri gewidmet ist. Hier befinden sich das Dante-Museum in einem ehemaligen Kloster, die Basilika San Francesco, in der 1321 die Beerdigung des Dichters gefeiert wurde, die Casa di Dante mit Kunstwerken rund um den Poeten sowie die Laube des Braccioforte, ein kleiner Hof mit einem efeuüberwachsenen Hügel, unter dem während des Zweiten Weltkriegs die Gebeine Dantes vergraben waren. Vor allem aber steht in der *Zona del Silenzio*[7] ein neoklassizistisches, mit einer Kuppel überdachtes Tempelchen aus elfenbeinfarbenem Marmor. Darin ruhen in einem antiken Sarkophag die Gebeine des Dichters. Die lateinische Inschrift verkündet: »Während meine Seele entwich, um bessere Gefilde zu bewohnen, und selig ihren Schöpfer unter den Sternen erreichte, bin ich hier begraben, Dante, den Florenz, eine kärglich liebende Mutter, gebar.«

Dieser niedliche Tempel am Ende der Via Dante in Ravenna ist ein, vielleicht sogar der Gravitationspunkt Italiens. Hier verdichten sich die Kräfte, die das Land geschaffen haben: die italienische Sprache und eine Sehnsucht nach Erlösung, die sich gegen die real existierende Amtskirche durchsetzen wollte. Hier ruht der *Sommo Poeta*[8], wie ihn Italien nennt, der Vater des Vaterlandes, der den Menschen auf der Halbinsel nicht nur eine eigene Hochsprache gegeben hat, sondern auch eine kulturell-geistige Identität. Hierher pilgern unzählige Italiener. Wer den konzentrierten Ernst beobachtet, mit dem sie am Grab Dantes verweilen, erkennt, dass die mal echte und mal gespielte Leichtigkeit des Seins, die Italien vermittelt, in einem durchaus schweren, das heißt tragfähigen Boden wurzelt.

Antonia hat sich während unserer Jahre in Rom intensiv mit Dante auseinandergesetzt. Sie hat mit ihrer Sprachlehrerin die *Divina Commedia*[9] gelesen, jenes Werk, das der Florentiner Dante Alighieri im Exil zwischen 1307 und 1321 geschrieben hatte, und zwar nicht auf Lateinisch, wie es damals üblich war, sondern im *volgare*[10], das seinerzeit in Florenz gesprochen wurde. Damit bewirkte er, dass der Florentiner Dialekt zur italienischen Hochsprache wurde. 60 Prozent der heute im Italienischen gebräuchlichen Worte tauchen bereits in der *Divina Commedia* auf. Alle Italiener kennen sie seit ihren Schulzeiten. Und viele Menschen in aller Welt erkennen, auch wenn sie die *Göttliche Komödie* nie gelesen haben, Dantes lorbeerumkränztes Profil als Symbol Italiens wieder: jenes schmale, seherische Gesicht mit den hoch gewölbten Augenbrauen, dem strengen Blick, der scharfen Adlernase, dem verschlossenen Mund und dem vorragenden Kinn. Es blickt uns von den italienischen 2-Euro-Münzen an, von Briefmarken, Vermouth-Flaschen, Tüten mit Espresso-Pulver, Zigarren oder Packungen mit Rasierklingen. Als der Unternehmer Andrea Costa aus Genua im 19. Jahrhundert sein Olivenöl in Nordamerika, Argentinien und Australien als typisch italienisch vermarkten wollte, nannte er es »Dante«. Bis heute mit Erfolg, wie in Supermärkten überall auf der Welt zu sehen ist. Der Dichter ist längst zur Pop-Ikone Italiens geworden und zugleich zur Inspirationsquelle für unzählige Schriftsteller, Maler, Bildhauer, Komponisten.

Umso gespannter sind wir auf die Lesung vor Dantes

Grabdenkmal. »Die höchste und wahrhaftigste Art, Dante zu ehren, ist zugleich die einfachste«, sagte der damalige italienische Kulturminister Benedetto Croce, als er 1921 zum 600. Todestag des Dichters in Ravenna sprach. »Ihn zu lesen und wieder zu lesen, zu singen und wieder zu singen.« Ein Jahrhundert später setzt Ravenna das fulminant in die Tat um. Jeden Abend trägt ein prominenter oder »einfacher« Bürger vor dem Grab einen der hundert Gesänge der *Göttlichen Komödie* vor, in der Dante in der Ich-Form die Reiche des Jenseits bereist: Hölle, Fegefeuer und Paradies. Das ist zu einer Art Weihestunde in Ravenna geworden, die, so der Wille der Stadt, auf Ewigkeit fortgeführt werden soll.

Als wir ankommen, ist schon eine kleine Menge vor dem Tempel zusammengekommen. Carabinieri und Feuerwehrleute vertreten die Ordnungsmacht. »Hoffentlich verstehe ich noch was von Dante«, sagt Antonia. »Schließlich sind meine Lektürestunden in Rom so lange her.« Auch ich bin neugierig darauf, wie viel ich von der episch-dichten, anspielungsreichen Sprache des Dichters verstehen werde. Glockenschläge durchbrechen die Stille. Dann geht es los – und wir verstehen nichts. Kein einziges noch so klitzekleines Wort. Doch es geht nicht nur uns so. Wir sehen viele ratlose Gesichter. »Ist das Japanisch?«, fragt eine ältere Italienerin. »Wir wissen ja gar nicht, was der da liest.« Der da, das ist ein junger Asiate in taubengrauem Sakko über einem weinroten Polohemd. Er steht aufrecht wie ein Zinnsoldat auf den Stufen zum Tempeleingang und deklamiert, tief bewegt, Dante. Eine Mitarbeiterin der Organisatoren klärt uns auf: »Das ist der 29. Gesang aus dem ›Paradies‹. Heute nicht auf Italienisch, sondern auf Chinesisch.«

Dantes Erfolg ist global. Er hat eine weltweite Anhängerschaft von Experten und Lesern, die an eine religiöse Gemeinschaft erinnert. Jedes seiner Worte wird gewogen, ausgelegt, interpretiert. Jede der vielen in der Komödie enthaltenen Geschichten wird hinterfragt. Etwa jene von Francesca da Rimini, die mit dem Bruder ihres Mannes Ehebruch beging und von Dante in die Hölle versetzt wird. Wollte er damit jede nicht aufs Jenseits gerichtete Liebe verdammen? Darüber können Dante-Gelehrte endlos streiten.

»Schon erstaunlich, wie die Komödie noch siebenhundert Jahre nach seinem Tod die Menschen umtreibt«, sagt Antonia, während wir durch die Gassen davongehen.

»Das hat fast etwas Religiöses«, sage ich. Ganz konnte ich das bislang nicht verstehen, denn ich hatte nie so recht den Zugang zur *Göttlichen Komödie* gefunden. Dabei hatte ich schon als Teenager eine deutschsprachige Ausgabe aus dem Nachlass meiner Großmutter an mich genommen und immer wieder versucht, sie zu lesen. Weiter als bis in den achten Kreis der Hölle bin ich nicht gekommen. Je mehr ich mich für Italien begeisterte, desto vorwurfsvoller schaute mich das Buch mit dem hellroten Leineneinband aus dem Regal an. Aber mir fehlten zu viele Voraussetzungen für eine Lektüre. Ich kannte zu viele der Personen, historischen Bezüge, zeitgenössischen Anspielungen nicht, die Dante verwendet. Und um die Komödie mit Hilfe von Sekundärliteratur zu lesen, dazu war ich zu faul. Dante hätte mich dafür ins Purgatorium geschickt, auf die vierte Terrasse des Läuterungsbergs, wo die Trägen bestraft werden, indem sie ununterbrochen herumrennen müssen. So war ich froh, dass sich Antonia in Rom intensiv mit Dante auseinandersetzte. Vielleicht würde mir das im Jenseits schuldmindernd angerechnet werden.

In Ravenna beginne ich nun wieder, mich in die Komödie hineinzulesen, diesmal auch mit Sekundärliteratur. Und siehe da, der Funken beginnt überzuspringen. Während wir das Dante-Museum mit seinen High-Tech-Installationen und interaktiven Videowänden besuchen, diskutieren wir darüber, was die Komödie so besonders macht. Wir vergleichen sie mit anderen Jahrtausendwerken, Homers *Odyssee*, Goethes *Faust*. Sie alle dichteten einen Kosmos aus Figuren zusammen, schufen eine für sich stehende Welt. Und sie alle sprechen ein Urmotiv des Menschseins an: Homer das Reisen, das bis heute die Menschen umtreibt, sei es freiwillig als Touristen oder unfreiwillig als Flüchtlinge. Goethe das rastlose, immer unzufriedene, rücksichtslose Erkenntnis- und Vorwärtsstreben, das in die Katastrophe führen kann, heute auch in eine Umweltkatastrophe. Und Dante? Er thematisiert die Sehnsucht gerade auch des modernen Menschen, sich aus den Verstrickungen des eigenen Lebens, dem »dunklen Wald«, wie er es nennt, zu befreien, sich zu läutern und zum wahren Ich zu finden, was am Ende durch die Liebe gelingt. Alle drei Werke setzen also zeitlose Themen, die bei ihrer Entstehung genauso aktuell waren, wie sie es heute sind.

Wir wollen mehr über Dantes Leben in Ravenna in Erfahrung bringen und schließen uns einer Führung an. So lernen wir Maria Grazia Lenzi kennen, eine zierliche Frau, deren kohleschwarze Augen beim Thema Dante zu glühen scheinen. Maria Grazia ist dem Dichter beim Studium der klassischen Literatur verfallen, hat ihre Abschlussarbeit über ihn verfasst. Heute unterrichtet sie an einem Gymnasium in Ravenna, schreibt und forscht über die *Göttliche Komödie* und bringt Besuchern den

Menschen Dante näher. Dessen Exil könne man sich gar nicht schwer genug vorstellen. Dante tingelte nicht einfach nur von Fürstenhof zu Fürstenhof durch Oberitalien, um als Diplomat zu arbeiten und seine Komödie zu schreiben. »Sondern er war ein Mann auf der Flucht, dem der Tod auf dem Scheiterhaufen drohte.«

1265 in eine Familie des Florentiner Stadtadels hineingeboren, trifft Dante auf einem Frühlingsfest, wie wir aus seinem Werk wissen, im Alter von neun Jahren die ein wenig jüngere Beatrice, die tiefen Eindruck auf ihn macht. Nach weiteren neun Jahren sieht er sie erneut und entflammt in reiner, idealer Liebe zu ihr. Doch er wird nicht mit ihr zusammenkommen, nicht im irdischen Leben. Sechs Jahre später stirbt Beatrice, was Dante aus der Bahn wirft und in den »dunklen Wald« führt, den er im ersten Vers der Komödie besingt.

Die Dante-Forschung geht davon aus, dass Beatrice wirklich existierte, auch wenn der Dichter sie stark idealisiert und verfremdet hat. Aus welcher Familie sie stammte, ist umstritten. Einen Eindruck, wie die Begegnung der beiden jungen Leute gewesen sein könnte, gibt ein Gemälde des britischen Malers Henry Holiday aus dem Jahr 1883, das in einem Museum in Liverpool hängt. Es zeigt Beatrice in einem bodenlangen Kleid, wie sie zwischen zwei Freundinnen auf einer Uferstraße am Arno entlangschreitet. Dante steht zwei, drei Meter entfernt auf einer Brücke und betrachtet sie mit scheuer Faszination. In der *Göttlichen Komödie* wird Beatrice zur Retterin Dantes verklärt. Erst beauftragt sie den altrömischen Dichter Vergil, Dante durch die Hölle und das Fegefeuer zu führen. Dann geleitet sie ihn durch die neun Sphären des Paradieses. Wobei sich Dante bei dessen Schilderung von den frühchristlichen Mosaiken inspirieren lässt, die die Kirchen und Mausoleen Ravennas schmücken.

Im irdischen Leben mischt sich Dante nach dem Studium in die Händel seiner Heimatstadt ein, wird Mitglied verschiedener Räte und der Stadtregierung. Florenz ist zwischen vielen Fraktionen zerrissen. Kaiser- und Paspttreue bekriegen sich, aber auch gemäßigte und radikale Papstanhänger. Dante gerät auf die Seite der Verlierer, sein Haus wird zerstört, sein Besitz eingezogen. 1302, da hat er Florenz schon verlassen, wird er zum Tod durch Verbrennen verurteilt. Er findet in verschiedenen Städten Nord- und Mittelitaliens Zuflucht, zuletzt in Ravenna, wo er 1321, kurz nach der Vollendung der *Divina Commedia* an der Malaria stirbt.

»Dante lebte in ständiger Angst«, sagt Maria Grazia. »Er litt sehr unter der Verfolgung durch den Richter, der ihn verurteilt hatte, fürchtete, von Häschern der Stadt Florenz aufgegriffen, zurückgebracht und verbrannt zu werden. Er konnte sich nirgendwo richtig sicher fühlen, musste immer wieder untertauchen, war, nachdem er sein Vermögen verloren hatte, von Gönnern abhängig. Je älter er wurde, desto mehr verletzte es seinen Stolz, auf Almosen angewiesen zu sein. All das hat ihn nach und nach zerrüttet.«

Diese Not spiegelt sich in der Erlösungssehnsucht der *Göttlichen Komödie*. Dante zeigt sich darin als moderner Mensch, der von der Angst geplagt wird, seine Bestimmung im »dunklen Wald« des Lebens zu verpassen, und deshalb in die Tiefen seiner Seelenhölle hinabsteigt, seine Schattenseiten erkennt, sich zur Umkehr aufrafft und erlöst wird. Nur dass der moderne Mensch diese Umkehr eher erhofft als leistet. Seine Hölle sind Teams-Konferenzen, sein Purgatorium das Fitnesscenter, seine

Erlösung ist eine Flasche Rotwein und seine Beatrice ist die Lottofee. Ok, ich komme zurück zur Sache: Dante ist hochaktuell.

Maria Grazia, die auch Kriminologie studiert hat, erzählt uns nun den Krimi um Dantes Gebeine: Nach seinem Tod wird der Dichter von den Franziskanermönchen in einem Sarkophag außerhalb der Basilika San Francesco beigesetzt. Der Ruhm des *Somma Poeta* wächst so schnell, dass sich bald auch Florenz seiner erinnert und den Sohn der Stadt, den sie eigentlich verbrennen wollte, in allen Ehren zurückhaben möchte. Also fordert Florenz von Ravenna die Herausgabe der Gebeine. Da trifft es sich gut, dass Anfang des 16. Jahrhunderts ein Medici aus Florenz als Leo X. Papst in Rom wird. Prompt ordnet er an, die Knochen Dantes an den Arno zu überführen. Doch die Franziskaner in Ravenna, das damals zum Kirchenstaat gehört, denken nicht daran, dies zuzulassen. »Also verstecken sie die Gebeine, als eine Delegation aus Florenz anreist, um sie abzuholen«, erzählt Maria Grazia. 1677 packen sie die Knochen in eine Holzkiste. Als die Mönche 1810 in Folge der napoleonischen Gesetze ihr Kloster in Ravenna verlassen müssen, verbergen sie die Kiste derart gut, dass sie niemand mehr findet.

Offiziell jedoch heißt es, die sterblichen Reste des Dichters befänden sich in dem 1780 errichteten Grabtempel. Zwar gehen Gerüchte um, der Sarkophag sei leer, doch niemand wagt, ihnen nachzugehen. 1864 bittet Florenz erneut um die begehrten Knochen, Ravenna lehnt wieder ab. Ein Jahr später lässt die Stadt die Zone um den Grabestempel neugestalten. Am Morgen des 27. Mai 1865 macht sich der Maurer Pio Feletti daran, Ziegelsteine aus einer Mauer der Laube des Braccioforte zu brechen. Nach einigen Hammerschlägen stößt er auf Holz. Vor Freude schreit er auf, wie ein Augenzeuge berichtet, weil er glaubt, den Schatz gefunden zu haben, den der Volksglaube hier verborgen wähnt. Umso enttäuschter ist Feletti, als aus der Kiste alte Knochen samt einem Schädel fallen. Er will sie auf einen Schutthaufen werfen, als ein Umstehender ruft: »Halt! Auf der Kiste steht etwas geschrieben.« Dann liest er vor: »*Dantis ossa a me frate Antonio Santi hic posita. Anno 1677. die 18. Octobris.*«[11]

Nun ist die Hölle los. Ein Engländer, der dabeisteht, kann gerade noch abgehalten werden, einen Knochen des Dichters an sich zu bringen. Nun wird der Sarkophag in Dantes Grabtempel endlich geöffnet und untersucht. Er ist, wie erwartet, leer, mit Ausnahme vertrockneter Lorbeerblätter sowie einiger Knochenreste. Diese werden von zwei Untersuchungskommissionen mit den Gebeinen aus der Holzkiste verglichen. Das Ergebnis: Die Knochen in der Kiste sind die Knochen Dantes. Sie kommen nun endlich dorthin, wo sie hingehören – in den Sarkophag im Tempel. Der junge Nationalstaat Italien feiert den Dichter als seinen Märtyrer der Einheit. Doch Dantes Totenruhe ist immer noch nicht garantiert. Wir schreiben das Jahr 1944. Auf Befehl Adolf Hitlers rücken SS-Männer an, um Dantes Gebeine nach Berlin zu bringen, wo sie in einem Mausoleum beigesetzt werden sollen. Aber die Italiener haben Wind von dem geplanten Raub bekommen, ein Priester tauscht die Knochen Dantes gegen andere aus. Die Gebeine des Dichters werden unter dem Erdhügel in der Laube des Braccioforte vergraben, um sie vor Luftangriffen zu schützen. Nach Ende des Krieges, im Dezember 1945, werden sie in den Sarkophag im Tempel zurückgebracht.

Finis tragoediae beziehungsweise *comediae*? Sicher ist das nicht. 2019 bittet Florenz wieder darum, die Gebeine zu bekommen, allerdings nur vorübergehend, für ein Dante-Gedächtnis-Konzert in der Kirche Santa Croce. Auch das lehnt Ravenna ab. Doch Florenz wird es wohl wieder versuchen. Und leider kann niemand denjenigen fragen, der darüber bestimmen sollte, wo die Knochen hingehören: Dante Alighieri selbst.

Nach der kriminalistischen Führung stehen wir mit Maria Grazia in der *Zona del Silenzio* zusammen und schweigen nicht, sondern plaudern über Gott und die Welt. Die Führerin fragt mich nach meinem Buchprojekt. Ich erzähle ihr von der Suche nach dem Zauber Italiens, worauf die umstehenden Italiener die Eleganz von Florenz, die Mystik Umbriens, die Sinnlichkeit Roms und den Rausch des Golfs von Neapel preisen. »Über die Marken spricht wieder keiner«, beschwert sich eine ältere Dame, die aus dieser Region stammt.

»Aber natürlich sind die Marken auch wunderbar«, pflichten wir ihr bei, »das Vorgebirge des Monte Conero und die historischen Hügelstädte, Loreto, Recanati, Osimo.«

»Für mich liegt der Zauber Italiens in seiner Geschichte«, sagt Maria Grazia. »Hier haben sich die Kulturen gekreuzt, hier sind praktisch alle Völker Europas und des Mittelmeerraums mal aufeinandergetroffen.« Dann fragt sie nach dem Titel meines Buches.

»*Azzurro*«, murmelt ein Familienvater aus Florenz und deutet in den tiefblauen Abendhimmel.

Maria Grazia schüttelt den Kopf. »Es gibt noch ein ganz anderes Blau, das wirklich für den Süden steht. Das Blau des Himmels über Griechenland.« Dort wolle sie im Alter hinziehen. Ich starre sie verblüfft an. Der ersehnte Süden ist also immer südlich von dem Ort, an dem man gerade lebt.

Als es dunkel wird, schauen Antonia und ich uns das Zentrum Ravennas an. In den Cafés auf der Piazza del Popolo und unter deren Arkaden sitzen die Leute beim Aperitif. Über den Gassen leuchten Lichtbänder mit Versen aus der *Göttlichen Komödie*: »*L'amor che move il sole e l'altre stelle*« – »Die Liebe, die die Sonne bewegt und die anderen Sterne«.

9
Lo chef in black

Am meisten fasziniert mich an ihm die Sache mit den Nudeln. Ich gehöre zu den Einfaltspinseln, die Pasta in kochendes Salzwasser mit einem Schuss Öl werfen und dort so lange belassen, bis sie *al dente* ist. Wenn das gelingt, fühle ich mich sehr italienisch und all jenen Banausen überlegen, die weich gekochte Pasta bevorzugen, was heute allerdings kaum mehr jemand zugibt. Dann lernte ich Ivan Garlassi kennen, der, stets in Schwarz gekleidet, unter dem Künstlernamen *Lo chef in black* kocht, aber wirklich Ivan heißt, weil seine Eltern italienische Kommunisten waren, die ihren Kindern Namen gaben, die an Russland beziehungsweise die Sowjetunion erinnerten.

Ich hatte das Glück, Ivan zu treffen, weil mich die Reiseredaktion der *Süddeutschen Zeitung* auf eine Recherche schickte, die fast so hart war, wie sie klingt. Ich sollte über Santa Cristina schreiben, eine versteckte Privatinsel in der Lagune von Venedig, die der Kristallglas-Dynastie Swarovski gehört und als Ganzes gemietet werden kann – samt Villa für 16 Gäste, Pool, Privatboot und Koch. Um nun keine falschen Vorstellungen über den Beruf des Zeitungsjournalisten aufkommen zu lassen, sei ergänzt: Solche Recherchen sind NICHT der Alltag eines

120

Redakteurs, sondern seltene Schmankerl, wie man im Bayerischen sagt. Sehr seltene.

Wir, eine Gruppe von Journalisten diverser Medien, wurden ein paar Tage in den edel, aber nicht protzig ausgestatteten Zimmern der alten Villa untergebracht und auf Ausflüge in die Lagune mitgenommen. Am besten gefiel es mir aber, einfach über die 30 Hektar kleine Insel zu streifen, einen meditativen Ort, der unendlich weit weg vom Rummel Venedigs zu sein scheint. Die Eigentümer, René und Sandra Deutsch, haben die Atmosphäre einer Fischerinsel erhalten beziehungsweise wiederhergestellt und die uralten Valli di Pesca wiederbelebt, mit der Lagune verbundene, durch Schleusen regulierte Teiche, in denen Wolfsbarsche, Doraden, Meeräschen und andere Edelfische gezüchtet werden. Die Wiesenwege über die Insel führen an diesen Wasserbecken entlang, durch Obst-, Wein- und Gemüsegärten, vorbei an einer verwitterten Kapelle aus rotem Backstein bis zur Westspitze der Insel. Hier bricht nur noch das Greinen der Möwen die Stille. Die Luft ist gesättigt vom Duft nach Seetang und Salz. Bei Sonnenuntergang überziehen sich der Himmel und die Lagune in Blau- und Rosatönen wie auf einem Bild Claude Monets, und man hätte Mühe, Wasser und Luft zu unterscheiden, wenn nicht die Schatten der Inseln Torcello und Murano Orientierung böten.

Nach Einbruch der Dunkelheit spazierte ich zurück, zwischen den schwarzen Silhouetten der Palmen hindurch zur ebenerdigen Loggia der Villa, wo schon aufgedeckt war. Ivan Garlassi bat zu Tisch, ein freundlicher Hüne mit einer gewissen Grandezza, ganz in Schwarz gekleidet, mit silbergrauem Haar und kurzem weißem Bart. Ob Muscheln, Goldbrassen, einen mächtigen Schat-

121

tenfisch, Schmorbraten oder Artischocken, alles bereitete er mit Umsicht und einer geradezu spirituellen Zuneigung zu den Produkten der Lagune zu. Am meisten verblüffte uns seine Pasta. Die Spaghetti, die er servierte, waren von einer geschmeidigen Bissfestigkeit, die ein Widerspruch in sich zu sein schien und mir das Gefühl gab, niemals vorher wirklich gute Pasta gegessen, geschweige denn zubereitet zu haben. Was übrigens auch für den vielschichtigen Sugo galt. Zum Glück gehört Ivan nicht zu den Küchenkünstlern, die aus ihren Rezepten unergründliche Geheimnisse machen. Bereitwillig erklärte er uns, wie dieses Pasta-Kunstwerk entsteht. Die Nudeln einfach in sprudelndes Salzwasser werfen? »*Ci mancherebbe!*«[1] Viel besser sei es, die Pasta eine gute Stunde lang in kaltem Salzwasser quellen zu lassen. Danach sollten wir sie in eine Pfanne mit Knoblauch, gelben Tomaten, Seespargel, Ricotta und Lagunenfisch geben. So einfach sei das. Es wurde ein langer Abend.

Als ich bei der Vorbereitung dieser Italien-Reise über die Verführungskraft des Landes nachdachte, fiel mir mit als Erstes dessen Küche ein. Und deren märchenhafte Erfolgsgeschichte rund um die Welt. Doch das ist eine neuere Erscheinung. »Über Jahrhunderte hinweg galt die italienische Küche den Besuchern aus dem Norden als ungenießbar und gesundheitsschädlich«, schreibt der Germanist und Italienexperte Dieter Richter[2]. Das Olivenöl, statt der gewohnten Butter, galt als ungesund, der Knoblauchgeruch als abstoßend, und mancher befürchtete, von den Spaghetti Darmverschlingungen zu bekommen. »Die klassische Italienreise war Augenlust, nicht Gaumenschmaus«, resümiert Richter und zitiert das Urteil des großen Italienreisenden des 19. Jahrhunderts, Ferdinand Gregorovius[3], über die Pizza: »Es gehört der Magen eines Lazzarone[4] dazu, sie zu verdauen.«

Heute gilt die italienische Küche nicht nur als Ausdruck von Lebenskunst, sondern auch als ausgesprochen gesund, wegen des Olivenöls, des vielen Gemüses, des frischen Fischs, der mineralienreichen Hartweizen-Pasta und der eher sparsamen Verwendung von Fleisch. Auch der – in Italien in der Regel maßvolle – Genuss von Wein zum Essen soll der Gesundheit ja nicht abträglich sein, er verträgt sich jedenfalls bestens mit der italienischen Küche. Aber diese Faktoren allein hätten die *Cucina italiana* nicht derart populär gemacht. Es kommt ein Narrativ hinzu, eine Erzählung, die die italienische Küche zusammenfasst und überhöht. Es ist die Erzählung vom genussvollen, sinnenfreudigen, geselligen Leben im Süden, vom morgendlichen Espressoduft beim Plausch an der Theke der venezianischen Lieblingsbar, über ein elegantes Mittagessen mit *burrida*[5] in einem ligurischen Strandrestaurant bis hin zum abendlichen Gelage in einer tumultuösen Straßentrattoria Roms, wo an eng gestellten Tischen mit Papiertischtüchern *Bucatini all'Amatriciana*[6] und *Carciofi alla Giudia*[7] serviert werden. Riechen Sie den Duft von heißem Tomatenmark, Knoblauch, Olivenöl? Hören Sie das Geplauder der Gäste? Sehen Sie, wie die Kellner, die Hände voller Teller, zwischen den Tischen hindurchtänzeln? Es geht darum, den Alltag zu feiern, solange man es noch kann, und das gemeinsam mit den Menschen, mit denen man gerne zusammen isst.

Der kunstsinnige Florentiner Renaissanceherrscher Lorenzo de' Medici, genannt *Il Magnifico*[8], hat diese Lebenseinstellung so zum Ausdruck gebracht:

»Lebt und liebt in Jugendwonne,
bald vermodern wir im Grunde.
Freut sich, wer kann, der Stunde.
Keiner kennt die nächste Sonne.« Das bezieht sich nicht speziell auf Küche und Essen, aber es passt zu der Stimmung, die an italienischen Tischen herrscht, sei es im Restaurant oder in der Familie.

Explizit auf das Essen zielen dagegen eine Reihe italienischer Songs. *Viva la pappa col pomodoro*[9] etwa, gesungen von Rita Pavone Mitte der 1960er-Jahre und damals ein großer Erfolg, klingt für heutige Ohren wie ein Kinderlied, wobei es der Text in sich hat. Er feiert das toskanische Arme-Leute-Gericht *Pappa al pomodoro*, eine eingedickte Suppe, in der die Reste verwertet werden, altes Weißbrot, Tomaten, Basilikum, Knoblauch und Olivenöl. »Die Geschichte hat uns gelehrt«, heißt es in dem Schlager, »dass ein hungriges Volk Revolution macht.«

Mehr als zwei Jahrzehnte später singt die neapolitanische Schauspielerin Marisa Laurito in San Remo *Il babà è una cosa seria*[10], ein *canzone*[11], in dem es nicht nur um den *babà* geht, einen neapolitanischen Hefekuchen mit Rumsirup, sondern auch allgemein um das Essen als Lebenströster: »Das Glück ist flüchtig, das weiß man. Die Liebe kommt und geht, aber die Makkaroni bleiben.« Das klingt vielleicht nicht so, als habe der Texter den tiefen Teller erfunden, aber bei genauerem Nachdenken lässt sich eine ganze süditalienische Sozialgeschichte herauslesen. Frauen, deren Männer sich davongemacht haben oder sonst ihr Eigenleben führen, alleingelassen mit vielen Sorgen des Alltagslebens, etwa mit der, die Kinder großzubringen. Da kann ein Topf dampfender Makkaroni oder ein Teller mit einem *babà* schon zum Trost werden.

Lo Zecchino d'Oro besingt *Le tagliatelle di Nonna Pina*[12], Fabrizio di André in *Don Raffaè* den Espresso, Nino Ferrer *Il baccalà*[13] und etliche andere Köstlichkeiten. Und zum Nachtisch serviert Paolo Conte *Un gelato al limon*[14].

Es ließe sich eine ganze Kulturgeschichte Italiens anhand seiner Lieder über das Essen schreiben. Oder anhand seiner Filme. Wer das bezweifelt, der schaue sich den Klassiker *Diebe haben's schwer* des Regisseurs Mario Monicelli an, in dem Vittorio Gassman, Marcello Mastroianni, Totò und Claudia Cardinale mitspielen. Eine Gruppe kleiner Gangster in Rom will den Geldschrank eines Pfandhauses knacken und bohrt sich durch eine Wand. Statt in der Pfandleihe landen sie in einer Wohnungsküche. So begnügen sie sich mit *Pasta e Ceci*[15]. Eigentlich sah das Drehbuch ja *Pasta e Fagioli*[16] vor. Doch Marcello Mastroianni, der einen der Ganoven spielen musste, bestand darauf, *Pasta e Ceci* zu verzehren. Was zwei Dinge zeigt: Essen spielt in Italien nie eine Nebenrolle. Und eine gute Mahlzeit bietet selbst bei größten Missgeschicken Zuflucht. Wobei man sich nicht zu Tode futtern zu braucht wie in dem Film *Das große Fressen*, in dem wiederum Marcello Mastroianni mitisst. Dann lieber nur *Spaghetti a Mezzanotte* von Sergio Martino. Und als *digestivo*[17] einen Spaghetti-Western.

Doch was ist das eigentlich, »die italienische Küche«, die so viel Furore macht. Fragt man Italienkenner danach, kommt die Antwort: »DIE italienische Küche gibt es nicht.« Das ist richtig, erst einmal. Das Land mit seinen 20 Regionen vom Friaul bis nach Kalabrien ist ein Sammelsurium unterschiedlichster Kulturen und damit auch Esskulturen. Zwischen dem *Bue brasato al barolo*[18] aus dem Piemont und *Filetto di tonno al Marsala*[19] aus Sizilien liegen nicht nur geografisch Welten – obwohl beide Gerichte mit Wein zubereitet werden.

Sind daher Bücher wie der Klassiker *Die echte italienische Küche*[20] verfehlt? Das nun auch wieder nicht. Zum einen, weil die Rezepte in diesem Standardwerk klar nach Regionen aufgeteilt sind. Zum anderen, weil es heute, 150 Jahre nach Vollendung der politischen Einigung des Landes, durchaus gemeinsame Elemente der italienischen Regionalküchen gibt, eine Art Nationalcharakter, wie sich ja auch das Hochitalienisch neben den regionalen Dialekten durchgesetzt hat. Was aber sind die Elemente dieser gemeinsamen Küchensprache, die, trotz aller Abweichungen und Gegenbeispiele, im Einzelnen, eine Art Nationalküche bilden? Meinen Eindrücken nach sind es Folgende: Die italienische Küche ist eher eine Volksküche als eine Adelsküche wie teilweise in Frankreich. Sie ist bodenständig, setzt auf einfach zubereitete Gerichte aus regionalen Produkten der Saison. Das macht sie traditionell und modern zugleich. Und das bewirkt, dass Geschmack und Konsistenz der Zutaten unverfälscht zum Ausdruck kommen und eher selten unter komplizierten Saucen und in raffinierten Aufläufen untergehen. Sie kocht mit Olivenöl (ja, im Piemont mit Butter …), benutzt viel Gemüse, an den Küsten auch viel Fisch, und gilt daher als sehr gesund. Und sie setzt auf frische Zubereitung (ja, auch in Italien breiten sich deutsche Discounter mit Tiefkühlkost aus). Zudem gibt es Produkte, die sich, obwohl zum Teil regionaler Herkunft, praktisch überall in Italien durchgesetzt haben: Pizza und Pasta, Tomaten und Knoblauch, Mozzarella und Parmigiano. Doch unter dieser Einheit lebt eine unendliche Vielfalt, überraschungsreich wie das Leben, die den wahren Reiz der italienischen Küche ausmacht und Italien gerade für Menschen, die, wie ich, gerne essen, zum Schlaraffenland macht. *Buon appetito!*

Doch fragen wir Ivan Garlassi, *lo chef in black*, der es wissen muss: Was ist das Geheimnis der italienischen Küche? Ivan zögert keine Sekunde. Er klopft sich mit der Rechten auf die schwarz behemdete Brust. Sagt: »Die große geheimnisvolle Zutat ist diese: das Herz. Leidenschaft und Herz. Man muss wollen, dass es den Gästen gut geht.« Später wird er noch hinzufügen: »Neugierde und Vorstellungskraft.«

Es hat eine Weile gedauert, den Chefkoch in Schwarz aufzuspüren. Denn Ivan ist ein »Nomade«, wie er selbst sagt. Wenn er eine Weile in einer Stellung gearbeitet hat, zieht es ihn weiter. Der Ursprung für seine Leidenschaft liegt in der Kindheit in der Emilia-Romagna. »Meine Oma, klein, dick, mit Brille, in grau oder schwarz gekleidet.« Sie war die Herrscherin über die Küche und damit über die Sonntage, wenn die ganze Familie, 10 bis 15 Leute, nach der Messe bei ihr in der Wohnung zusammenkam, um zu schmausen, von Mittag bis in den Abend hinein. Der Tisch bog sich dann unter all den Köstlichkeiten, die die *nonna*[21] vorbereitet hatte: Fleisch und Fisch, Pasta, Reisgerichte, Süßspeisen. Ivan erinnert sich besonders gern an die *Cappelletti in brodo*[22]. Ein Leuchten geht über sein Gesicht, als säße er wirklich zu Hause bei der Oma vor dem Teller mit *Cappelletti* in dampfender Brühe.

Tatsächlich sitzt Ivan an einem Tisch seines neuen Restaurants *Aperouge*[23] in einem ebenfalls nagelneuen Einkaufszentrum unterhalb des Burgbergs von San Marino. Es ist ein hypermodernes Restaurant in einer Art

Glaspalast mit Werkraumatmosphäre, einem riesigen, surrealistisch anmutenden Wandgemälde und von der Decke baumelnden Tischchen, auf denen Hängepflanzen und Weinflaschen stehen. Ivan hatte gerade ein anderes Engagement als Küchenchef hinter sich und war mit dem Motorrad einmal rund um Italien gereist, als das Angebot kam, das dezidiert coole Lokal aufzubauen. Das hat ihn gereizt. Nun bereitet er mit seinem Team junger Köchinnen und Köche in der offenen Küche des *Aperouge* seine Spezialitäten vor. Geschmorter Romana-Salat mit knusprigem Gemüse und Pilzen. Acquerello-Reis aus der Provinz Vercelli an Safran. Regenbogenforelle mit Avocado und Mango. Und zum Nachtisch halbgefrorene Zabaione.

Ich bin kein Multitasker und gerate in Verlegenheit. Einerseits sind Ivans Gerichte so auserlesen, dass ich mich auf sie konzentrieren möchte. Andererseits erzählt er so interessant, dass ich nichts verpassen will. Ein Spagat, den Antonia als erklärte Multitaskerin deutlich besser hinbekommt als ich, der zudem noch von Ivans Sommelier mit besonderen Weinen traktiert wird. Trotzdem bekomme ich mit, dass Ivan, der heute um die 60 Jahre alt ist, nicht sofort aus der großmütterlichen Küche heraus seine Berufung gefunden hat. »Eigentlich bin ich Finanzbuchhalter und habe im Management verschiedener Firmen gearbeitet. Ich mochte Zahlen, Mathematik, eine gewisse Genauigkeit und Strenge.« Doch schon damals hielt es ihn nicht ewig in einem Job. Als er 40 Jahre alt war, arbeitete er auf einem Landgut in der Toskana bei Monte San Savino. »2000 Hektar Land. Oliven. Eine Ölmühle. Wein. Das waren Farben, Gerüche, Geschmacksnoten – unglaublich.« Auch einen Agriturismo, also Ferien auf dem Bauernhof, gab es dort. Eines Tages baten ihn die Gäste, etwas für sie zu kochen. »Bruschetta, *ribollita*[24], Wildschwein, solche Sachen. Einfache Gerichte, aber reich an Geschmack«, sagt Ivan. So kam er auf den Geschmack.

Bald darauf übernahm Ivan ein Restaurant in Arezzo. Es war ein Sprung ins kalte Nudelwasser. »Die Leute in Arezzo sind verschlossen, konservativ, misstrauisch. Also begann ich mit traditionellen Gerichten und fing dann an, sie zu verändern. Sie akzeptierten das nur, weil ich von außen kam.« Und, denken wir uns, weil Ivan einfach gut ist. Er besuchte Kochkurse, machte ein Praktikum bei einem Sternekoch, setzte sich mit berühmten anderen Köchen in Verbindung, um ihnen ihre Geheimnisse zu entlocken. Dann kam die Feuertaufe. Sein Idol, der Mailänder Gualtiero Marchesi, Italiens wohl berühmtester Koch, der als Erster im Land mit drei Michelin-Sternen ausgezeichnet wurde, war in Arezzo und wollte bei Ivan essen. Ivan war wie gelähmt. »Marchesi hatte die Nouvelle Cuisine aus Frankreich bei uns eingeführt und als Erster wieder verworfen, weil sie nicht zu Italien passt. Alle seine Gerichte waren vom Schönen inspiriert. Er hat uns gelehrt, alles wegzulassen, was nicht notwendig ist. Und dieser Mann wollte bei mir zu Abend essen!«

Ivan schüttelt sich noch heute bei dem Gedanken. »Ich wollte ihn erst in ein anderes Lokal in Arezzo schicken.« Doch das machte Marchesi noch neugieriger auf den jungen Koch. »Ich war verängstigt. Und damals allein im Lokal, für alles verantwortlich. Immerhin konnte ich einen Freund überzeugen, mir als Sommelier beizustehen.«

Dann kam der Meister. »Ich wollte ihm das Menü vorstellen, doch er sagte, er wolle nichts hören. Ich solle

129

kochen.« Also kochte Ivan. Vorspeise. *Primo. Secondo.*
»Er hat alles aufgegessen.«

Zwischendurch fragte ihn Marchesi: »Wie haben Sie diese Sauce gemacht?«

Ivan hatte mittlerweile sein Selbstvertrauen zurückgewonnen. »Raten Sie, wie ich sie gemacht habe.«

Marchesi musste passen. »Ich weiß es nicht.« Kurz darauf erschien der Meister in der Küche, tauchte den Finger in die Sauce, kostete, klopfte Ivan auf die Schulter und sagte: »Gut gemacht!«

»Dann bat er mich, ihm die Speisekarte zu bringen, und signierte sie. Von ihm habe ich so viel gelernt. Vor allem, nur wenige verschiedene Dinge auf den Teller zu setzen.«

Irgendwann zog es Ivan weiter, unter anderem auf die Insel Santa Cristina, wo wir uns kennengelernt haben. Er arbeitete in Österreich, der Türkei, Belgien. »Da lernte ich neue Städte, Küchen, Leute kennen. Eine Herausforderung. Das gibt mir Energie.« Gebunden fühlt sich Ivan nicht an Orte oder Restaurants, aber an sein Team, Köchinnen und Köche Ende 20, die er fördert und als seine Familie betrachtet. »Ich sehe ihre Qualitäten, und sie haben Vertrauen zu mir.« Er bringt ihnen bei, nur ausgezeichnete Zutaten zu verwenden, auf die exakte Garzeit zu achten und Geschmacksnoten geschickt aufeinander abzustimmen, etwa Wild mit Honig.

Und was sagt Ivan zu der Frage, ob es DIE italienische Küche gibt? Seine Antwort verblüfft uns: »Die Welt kennt die italienische Küche noch nicht.«

Wie er das meint?

»Viele Italiener, die gar nicht kochen können, haben im Ausland ein Restaurant aufgemacht. Deren Gäste meinen dann, das sei die italienische Küche.«

10

Wie alles begann

Eine lange Fahrt steht bevor. Wir reisen heute von San Marino nach Santa Margherita Ligure, also vom Hügelland hinter der Adria an die bergige Küste des Tyrrhenischen Meeres. Luftlinie ist das nicht besonders weit. Doch Italien ist nicht von Ost nach West aufgebaut, sondern von Nord nach Süd. Die Trassen der Hochgeschwindigkeitszüge und die Autobahnen folgen dieser Richtung, wobei die Poebene mit den Stationen Turin, Mailand, Verona, Venedig die Ausnahme bildet, die die Regel bestätigt. Von ihr abgesehen lässt sich die Hauptachse des Landes aus folgenden Städten zeichnen: Bozen, Verona, Bologna, Florenz, Rom, Neapel, Reggio di Calabria und dann, nach einem scharfen Westschwenk, Palermo. Wir aber wollen von San Marino nach Santa Margherita. Unzählige Stunden auf extrem kurvigen Sträßchen durch den Apennin liegen vor uns. Wir fahren durch eine stille Welt bewaldeter Berge abseits von Städten und Sehenswürdigkeiten. Akazien, Steineichen, orange Lilien am Wegrand, weiter oben Nadelbäume. Und immer wieder freie Wiesen mit weiten Ausblicken.

Einmal, in Loiano, kreuzen wir Goethes Weg. Er ist in einer Kutsche auf der Fahrt von Bologna nach Perugia hier abgestiegen, um zu übernachten. Darauf sind sie noch heute stolz im Ort. Am Eingang des Zentrums haben sie an einer »Mauer der Reisenden« ein Halbrelief angebracht, das nachts beleuchtet wird. Es zeigt berühmte Männer und eine berühmte Frau, die hier durchgekommen sind. Michel de Montaigne etwa, Stendhal, Dwight D. Eisenhower – an Weihnachten 1944 – sowie Maria Dalle Donne, eine 1778 geborene Bauerntochter, die später als eine der ersten Frauen der Neuzeit überhaupt in Medizin promoviert wurde. Und natürlich Goethe. Unter dem Halbrelief ist ein Zitat aus seiner *Italienischen Reise*[1] verewigt: »*Gli Appennini sono per me un pezzo meraviglioso del creato.*« Das ist jedoch eine schmeichelhafte Übersetzung ins Italienische. *Meraviglioso* bedeutet »wunderbar«, »wunderschön« oder »außerordentlich«. Tatsächlich schreibt Goethe am Abend des 22. Oktobers 1786 in sein Tagebuch: »Die Apenninen sind mir ein merkwürdiges Stück Welt.« Sie seien »ein seltsam Gewebe von Bergrücken« und »sonderbar verschlungen«. Dem Dichter, der sich für Geologie begeisterte und auf der Suche nach »klassischen« Landschaften war, fehlte ein klarer Aufbau des Gebirges. »Oft sieht man gar nicht, wohin das Wasser seinen Ablauf nehmen will.« Auch die Unterkunft in Loiano behagt ihm nicht. »Nun bin ich hier in einem elenden Wirtshaus in Gesellschaft eines päpstlichen Offiziers.« Mit dem fährt er am nächsten Tag in einem zweirädrigen Wagen weiter. Um ins Gespräch zu kommen, behauptet Goethe, er fände es als Deutscher, der den Umgang mit Soldaten gewohnt sei, sehr schön, in Gesellschaft eines päpstlichen Offiziers reisen zu dürfen. Die Antwort, die der Reisegefährte gibt, ist bemerkenswert: »Ihr könnt wohl eine Neigung zum Soldatenstand haben, denn ich höre, in Deutschland ist alles Militär.« Er aber würde lieber heute als morgen die Uniform auszuziehen, um das Gut seines Vaters zu verwalten. Doch dieses Vorrecht habe sein älterer Bruder.

Heute ist Loiano eine propere Sommerfrische, in der Goethe nichts zu klagen hätte. Aus dem »elenden Wirtshaus«, in dem er nächtigte, ist ein Schmuckstück mit Restaurant und Bar geworden, mit sandgelben Wänden, dunkelgrünen Fensterläden und rosa Geranien in den Blumenkästen. Goethe reiste von Loiano nach Süden, weiteren Herbergen entgegen, die so grottenschlecht waren, dass er nicht einmal Tagebuch schrieb, da »an kein Auslegen eines Blattes zu denken war«. Wir dagegen fahren weiter nach Nordwesten, nach Ligurien.

»Bist du aufgeregt?«, neckt mich Antonia, die Italien mag, meine romantische Liebe für das Land aber doch ein wenig wunderlich findet.

»Wie vor unserem ersten Rendez-vous! Im Ernst: Ich bin schon gespannt, ob der alte Zauber noch wirkt.«

In den vergangenen Jahrzehnten war ich öfters in Ligurien, mal im Urlaub, mal beruflich. Doch seltsamerweise fuhr ich nie wieder nach Santa Margherita, wo 1969 meine Liebesgeschichte mit diesem Land begann.

»Warum sind wir eigentlich nie nach Santa Margherita gefahren?«, fragt Antonia. Wir durchqueren gerade die von einem dichten grünen Pelz bedeckten Seealpen, aus dem Bergdörfer mit barocken Kirchtürmen herausleuchten.

»Das war keine Absicht. Ich weiß selber nicht genau warum.«

»Hattest du Angst vor einer Enttäuschung?«

»Vielleicht.«

Es tut nicht immer gut, besondere Momente, Ereignisse, Reisen wiederholen zu wollen. Wirklich wiederholen lassen sie sich ja nicht, sonst wären sie nicht besonders. Die Dinge verändern sich, wir verändern uns. Warum also sollte ich meine Kindheitserinnerungen an Santa Margherita durch eine Konfrontation mit der Realität trüben? Das Meer in der Bucht von Paraggi würde mir bestimmt nie mehr so unendlich blau erscheinen. Nie wieder würde mich diese begeisterte Aufregung durchkribbeln wie damals, als die Taucher an den Strand wateten und mir sechsjährigem Jungen zeigten, was sie herausgeholt hatten: purpurfarbene Seesterne, Meeresschnecken und eine helle Fächerkoralle, die sie mir schenkten. Das ließe sich schon deshalb nicht wiederholen, weil diese Meeresbewohner heute zum Glück geschützt sind. Nie wieder würde ich das stolze Grausen spüren, das ich empfand, als mein Vater mir eine von ihm gefangene Krake auf den Arm setzte – und mich die gleichaltrige Tochter der Freunde meiner Eltern bewunderte. Nie wieder würde das Salz auf meiner Haut so schmecken, würden die Pinien so duften, die Zikaden so jubilieren. Und nie wieder würden die *Frutti di mare* so knusprig sein wie bei Alfonso, dem Besitzer einer Imbissbude, bei dem mein Vater und ich jeden Tag zu Mittag aßen, während die anderen am Strand blieben. Warum das alles gefährden?

Andererseits will dieses Buch dem Zauber Italiens auf die Spur kommen. Da kann ich schlecht dem Ort ausweichen, wo dieser Zauber für mich begann. So fahren wir also hinein nach Santa Margherita Ligure. Ich bin auf eine große Enttäuschung gefasst – und werde überrascht.

Santa Margherita ist genauso, wie ich es in meiner Erinnerung bewahrt habe: die hohen, schmalen Palazzi in scheinbar kunterbunten Farben, die tatsächlich harmonisch aufeinander abgestimmt sind. Dunkelrosa und sandgelb, ochsenblut- und eierschalenfarben, karminrot und orangegelb – ein Farborchester. Dazu die grünen Fensterläden, die aufgemalten Bögen und Pilaster, die schlanken Palmriesen der Uferpromenade und dahinter, wie ein Kulissenvorhang einer Theaterbühne, immergrüne Berghänge mit Pinien, Zypressen, Zedern, Oliven, Steineichen, die keine Jahreszeit kennen und damit auch kein Sterben. Die kleinen Bars und Eisdielen. Ein paar Fischer, die auf ihren bunt lackierten Holzbooten Netze flicken. Die weiche, feuchte Luft. Und all das eingebettet, umhüllt, beschützt vom Blau eines endlosen Himmels und eines endlosen Meeres. *Azzurro* eben.

»Mann, ist das schön!«, ruft Antonia.

Ich sage gar nichts. Spüre nur, wie ich völlig zufrieden werde. Da ist wieder so ein Augenblick. Verweile doch, du bist so schön.

Leider haben wir nicht mehr herausgefunden, in welchem Hotel wir vor einem halben Jahrhundert übernachtet hatten. Meine Eltern erinnern sich nicht mehr an dessen Namen. Die wenigen verblassten Fotos, die es von jenem Urlaub noch gibt, zeigen alle Szenen am Strand. In der kleinen Biedermeier-Kommode mit den alten Hotelprospekten im Haus meiner Eltern habe ich auch nichts gefunden. Also suchen wir ein Hotel, das demjenigen meiner Erinnerungen nahekommt. Mittelklasse, familiär, in einem alten ligurischen Palazzo im Ort, umgeben von Blumen, Sträuchern und Bäumen. Und wir finden es. Als wir früh am Morgen aufwachen, blicken wir aus der offen stehenden Balkontür hinaus, über Dächer und Palmen hinweg, auf die silbergraue

Bucht von Santa Margherita und die noch schwarz-grauen Berge hinter Rapallo und Chiavari. Die Sonne ist noch hinter ihnen verborgen, doch sie färbt den Himmel bereits wie eine orangefarbene Leinwand, auf die ein Künstler mit raschen Pinselstrichen grauviolette Dunst-schwaden gemalt hat. Noch ist Santa Margherita schla-fesstill, nur die Vögel zwitschern schon in den Morgen, und aus der Ferne vermeine ich das Plätschern der Wel-len zu vernehmen.

Der Frühstücksraum ist noch leer. Unser Wirt schwärmt uns von Santa Margherita vor, als müsste er uns über-zeugen. »Das hier können Sie nicht mit anderen Gegen-den Italiens vergleichen. Alles hier ist ein Fest des Le-bens. Ich bin leider nicht gläubig, aber wenn ich durch den Ort und hinaus in die Hügel gehe, begreife ich, wie wenig ich begreife. Selbst die Friedhöfe sind in Ligurien keine traurigen Orte. Auch sie feiern das Leben. Wenn Sie das nicht glauben, dann besuchen Sie mal den monu-mentalen Friedhof von Lavagna mit seinen Monumen-ten aus Carrara-Marmor. Ein weißes Pompeji!« Dann erklärt er uns, warum Santa Margherita unter den schönen Küstenorten Liguriens der schönste sei. »In den anderen wohnten meist nur arme Fischer. Nach Santa Margherita aber kamen die reichen Familien aus Genua in die Ferien. Sie bauten sich die schönen Villen für ihre Sommerfrische, die Sie überall sehen. Wissen Sie, warum ausgerechnet hier? Weil Santa Margherita nach Osten ausgerichtet ist und am Nachmittag keine direkte Sonneneinstrahlung hat. So konnten die Damen über die Promenade am Meer spazieren, ohne sich ihren vor-nehm-blassen Teint durch die Sonne zu ruinieren.«

Solche Sorgen haben wir nicht. Also wandern wir über die Hügel zur Bucht von Paraggi, wo ich einst mit

meinen Eltern baden war. Auch hier hat sich nichts verändert. Ein paar niedrige pastellfarbene Häuser, einige
Bars und Strandbäder. Und der kleine Strand an der tief
eingeschnittenen Bucht. Wir schwimmen hinaus und
sind glücklich. Nur Alfonso mit seinen *Frutti di mare*
finde ich leider nicht mehr.

11

Schwein gehabt

Viele von uns haben im Studium von einem Ferienhaus in Italien geschwärmt. Bei manchem fröhlichen Pasta-Abend in München und Freiburg haben wir es bereits eingerichtet. Einige haben diesen Traum verwirklicht. Ein einziger aber ist noch zwei Schritte weitergegangen: Ulrich Kohlmann, der damals in seiner Studenten-WG beim Kochen immer Opernarien hörte. Uli ist nach einem Jura- und Philosophiestudium 1995 in die Toskana gezogen. Nun wohnt er mit seiner Lebensgefährtin Anna Maria Santangelo – was für ein wundervoller Name! – in einem kleinen Ort bei Pisa. Und da fahren wir jetzt hin.

Uli wirkt mit seinen vollen rotblonden Haaren, den Tweedsakkos, die er gerne trägt, seiner feinen Ironie und der Vorliebe für Whisky vor dem Kaminfeuer wie ein schottischer Lord, den es in die Toskana verschlagen hat. Doch anders, als man es schottischen Lords nachsagt, hat er schon immer gut gekocht. Inzwischen ist er ein Meister. Er empfängt uns in seinem kleinen, gemütlichen Haus mit üppig bepflanztem Garten und serviert verschieden belegte Bruschette, klassische mit Tomaten, Knoblauch und Basilikum und raffinierte mit *Burrata*[1] und Sardellenfilets. Danach lassen wir uns seine selbst gemachten Gnocchi aus Kartoffeln und Kastanienmehl schmecken. Dass Uli dazu herausragende Weine serviert, versteht sich bei ihm von selbst. Anna Maria, eine zierliche, lebhafte und herzliche Sizilianerin, stößt nach den Bruschette hinzu, lässt sich hungrig an den Tisch sinken. Sie war tagsüber in Florenz als Stadtführerin unterwegs, viele Stunden auf dem harten Pflaster, ununterbrochen etwas erklären müssend. Es ist hart erlaufenes Geld. Doch Uli und Anna Maria haben sich im gehobenen, individuell ausgerichteten Toskana-Tourismus ein Unternehmen aufgebaut. Geduldig, fleißig, über Jahrzehnte. Und Uli meint: »Es gibt Schlimmeres, als sich an der frischen Luft zu bewegen und den Menschen schöne Dinge nahezubringen.«

Heute stehen die Stadtführungen nicht mehr im Vordergrund. Uli bietet über seine Firma *Tuscan Tasting* Wein-, Käse- und Olivenölseminare in der Toskana an sowie Genussreisen, die von professionellen Sommeliers geleitet werden. Anna Maria und er sind diplomierte Sommeliers und Käseverkoster. Uli schreibt zudem für Fachzeitschriften über Wein und Olivenöl. Auch da gibt es schlimmere Jobs. Was mich beeindruckt: Uli hat Italienisch erst als Erwachsener gelernt und dennoch all die staatlich vorgeschriebenen Prüfungen für seine verschiedenen Tätigkeiten in Italien bestanden. Wer die italienische Bürokratie kennt, weiß, was das heißt. Er hat sich auf dem hart umkämpften Reise- und Gourmetmarkt behauptet und versteht es, auf Italienisch über komplexe Dinge wie den Weinbau zu schreiben. Wie ihm das gelungen ist? Ich würde sagen, weil er eine außergewöhnliche Begeisterungsfähigkeit mit großem Realitätssinn und Disziplin verbindet. Darin ähnelt er den magischen Realisten Italiens.

Uli und Anna Maria sind, bei allem fast preußischen Pflichtbewusstsein, Genussmenschen. »Wenn du über den Zauber Italiens schreibst, musst du über Essen und Wein schreiben«, hat Uli sofort gesagt, als ich ihm von meinem Buchprojekt erzählte. Zu den unverzichtbaren Reizen Italiens gehören für ihn Weine, Öle, Schinken, Käse, Nudeln, Tomaten, Salate und andere Produkte der Erde, die von Familienbetrieben passioniert erzeugt und immer weiter verbessert werden. Daher will uns Uli ein solches Familienunternehmen vorstellen: *Il Poggiolino* in Montemurlo mit seinen schwarzen Schweinen.

In den Hügeln über der Ebene des Flusses Arno erwartet uns Bruno Tissi vor seiner Hazienda. Er ist ein schlanker Mann mit tiefbraun gebrannter Haut und fast auf die Schultern fallenden schlohweißen Haaren. Wenn man raten müsste, was er beruflich macht, würde man sagen: Hollywood-Schauspieler. Doch er ist Bauer aus Passion und Schweinezüchter. Zwischen seinen Rebhängen, Olivenhügeln und einem lichten Nadelwald gedeihen seine 200 Schweine in großer Freiheit. Wobei einfach nur »Schweine« zu kurz greift. Die tiefschwarzen, relativ kleinen, schlanken Tiere mit dem glänzenden Fell – das grobe Wort »Borsten« würde ihrer Körperbehaarung nicht gerecht – gehören einem Schweineadel an. Sie entstammen der uralten, einst in der ganzen Toskana hoch geschätzten Rasse des *Suino Nero Macchiaiola Maremmana*, die als ausgestorben galt. Doch dann tauchten in den dichten, einsamen Wäldern des mehr als 1700 Meter hohen Vulkanberges Monte Amiata in der Südtoskana auf einmal schwarze Schweine auf. Wissenschaftler untersuchten die Tiere genetisch, und siehe da: Es waren die letzten Überlebenden ihrer Rasse. Bruno Tissi war begeistert, setzte sich mit der Bäuerin in Verbindung, der die Tiere gehörten, und bezirzte sie, ihm drei Säue und zwei Eber zu überlassen. Seither hat er es zu seiner Mission gemacht, die Rasse zu erhalten. Die Tiere wachsen bei ihm nahezu frei auf, ernähren sich nur von natürlichen Dingen wie Eicheln, Kastanien, Früchten, Rüben oder frischem Gras. Da ihr Habitat sehr hügelig ist, sind sie gut trainiert. Viel Muskeln, wenig Fett. Glücksschweine, könnte man sie nennen, auch wenn sie am Ende dem Verzehr zugeführt werden. »Sie sind sehr intelligent, und jedes hat seinen eigenen Charakter«, sagt Bruno Tissi. Natürlich kenne er alle seine Schweine persönlich beim Namen.

Jetzt sollen wir erleben, was das für seine Kunden bedeutet. Bruno Tissi steigt in seinen Pick-up und braust uns voraus, über Serpentinen hinunter nach Montemurlo zu seinem Geschäft. Hier erwartet uns seine Tochter Giulia Tissi, die genauso energiegeladen und gut aussehend ist wie ihr Vater. Sie steht an einem kleinen Tresen, schneidet Schinken, Salami und *porchetta*[2] für uns zum Probieren auf, alles von den schwarzen Schweinen. Als ihr Vater Schwein hatte, das Wortspiel sei verziehen, arbeitete sie in einem Notariat. Doch »*babbo*«[3], wie sie sagt, bat sie, damit aufzuhören und bei ihm im Betrieb einzusteigen. Es ist eine dieser archetypischen italienischen Familiengeschichten. Die Kinder ziehen in die Welt, machen ihr eigenes Ding und kehren später aus Überzeugung in den Schoß der Familie zurück. Heute steht Giulia Tissi mindestens so sehr auf die schwarzen Schweine wie ihr Vater. Eines hat sie sogar bei sich zu Hause aufgezogen. »Nerina« heißt sie. »Eine perfekte Sau«, schwärmt Giulia. »Wie mit dem Pinsel gezeichnet. Sie folgt mir wie ein Hund, wirft sich auf den Rücken und lässt sich herzen.«

Dann lässt sie uns kosten, natürlich nicht von Nerina. Salamischeiben, Mortadella, Schinken. Uli, Antonia und ich merken, dass das alles außergewöhnlich gut schmeckt. Doch wir können es kaum in Worte fassen. Es geht uns wie damals als Studenten, wenn wir nach all dem Fusel in Bastflaschen mal einen wirklich guten Chianti zu trinken bekamen. »Schmeckt toll«, dachten wir uns. Aber warum der Wein toll schmeckte, wussten wir nicht zu sagen. Jetzt kommt uns Giulia Tissi zu Hilfe. »Bemerkt ihr diesen Geschmack, der im Mund explodiert? Diese salzige Süße? Dieses mediterrane Kräuterbouquet?« Dann versichert sie: »Unser Schweinefleisch ist so gesund wie Olivenöl.« »Öl auf vier Beinen«, könne man es nennen. Die Komposition der Fette und Proteine darin sei für den Menschen ideal. Dann sagt Giulia, die Salami, die wir gerade verkosten, sei im Grunde eine Diätspeise. Na wenn das so ist, probieren wir noch mehr.

Auch die Tissi, die mit Spitzenköchen in ganz Italien zusammenarbeiten, gehören dem Stamm der magischen Realisten an. Oder ist es nicht magisch, sein Leben einem quasi ausgestorbenen Schwein zu widmen? Und nicht realistisch, daraus Wurst und Fleisch zu machen, das einem aus der Hand gerissen wird?

Als wir zurück nach Pisa fahren, spüren Antonia und ich, dass wir wieder einen Zipfel vom Zaubermantel Italiens erhascht haben. »Was wollt ihr jetzt probieren?«, fragt Uli. »Eine ganz besondere Pasta? Einen biologisch angebauten Wein? Oder eines der besten Olivenöle der Toskana?« Während wir noch überlegen, sagt Uli: »Vielleicht solltet ihr einen herausragenden Eismacher Italiens kennenlernen. Ich esse jeden Tag ein Eis bei ihm.«

»Jeden Tag?«, frage ich ungläubig.

»Jeden Tag!« Uli ist halt ein Mann mit Prinzipien.
»Außer in Gianfrancescos Winterpause von Ende
November bis Ende Februar. Eine schlimme Zeit!«

Schon sind wir unterwegs zu Gianfrancesco Cutelli, der
uns in seiner Eisdiele am Lungarno in Pisa empfängt.
Allerdings heißt diese nicht *Gelateria Cutelli*, sondern
Gelateria De'Coltelli[4]. Gianfrancesco führt uns durch
die Eisdiele nach hinten in seinen fensterlosen Produk-
tionsraum. Blauer Linoleumboden, chromblitzende Ge-
räte, Schränke und Arbeitsflächen, helles Licht. Es sieht
eher wie in einem Labor als wie in einer Küche aus.
»Was wollt ihr als Erstes pro ...?«
»Pistazieneis!«, sagt Uli.
Gianfrancesco geht zu einem der summenden Kühl-
schränke, holt einen Behälter aus Chrom heraus und
füllt einen kleinen Becher. Dann reicht er Probierlöffel
herum und lässt uns kosten. Ich schließe die Augen, versuche wie bei einer Weinprobe, den Geschmack zu analysieren. Unbewusst murmele ich: »Schmeckt wie Pistazieneis. Nur besser.«
Gianfrancesco lacht. »Unser Pistazieneis wird sehr
speziell zubereitet. Wir nehmen unbehandelte Pistazien.
Geröstete Pistazien, wie sie sonst benutzt werden, über-
decken oft Schwächen. Der Geschmack ist weniger
intensiv. Und wir benutzen zwei Sorten. Die eine kommt
aus Sizilien, die andere aus der Basilikata.« Schon öffnet
er den nächsten Eisbehälter und lässt uns seine »Varia-
tion von Grün« kosten. Sie ist aus Oregano, kandierten
Kapern und Pistazien gemacht. »Dieses Eis hat einen
internationalen Wettbewerb gewonnen«, sagt er beiläufig. Wir nicken andächtig.
Mir wird klar, dass ich in eine ganz andere Eisliga

geraten bin. Dabei konnte ich schon früh so meine Erfahrungen machen. Mit Eis am Stiel. Gemeint ist nicht der gleichnamige Film, der zu meiner Teenagerzeit als verrufen galt und erst ab 16 Jahren freigegeben war. Die Rede ist vielmehr von einem Machwerk, das wir als Kinder »Stangerleis« nannten, ein Konfektionsgefrorenes. Da meine Mutter der eigenartigen Ansicht war, der übermäßige Konsum dieser Spezialität könne schädlich sein, hielt ich mich an meine Großeltern, um in einem Lokal in der Nachbarschaft regelmäßig ein Stangerleis zu erstehen. Es war innen aus Vanille und hatte darüber einen orangefarbenen Überzug, der wunderbar chemisch schmeckte. Gianfrancesco würde Schüttelfrost bekommen, wenn er es verzehren müsste. Später wurde eine Eisdiele in meinem Heimatort Tutzing eröffnet, das *Rialto*, das schon vom Namen her nach Süden, Sommer und Italien schmeckte und richtige Eiskugeln in mehreren Geschmacksrichtungen verkaufte, und zwar in Eistüten aus Waffeln! Eine Sensation. Ich brauchte jetzt nicht mehr meine Großeltern anzuhauen, um Eis zu kaufen, sondern konnte das mit meinem Taschengeld allein tun. Wobei das *Rialto* sowieso ein interessanter Ort war, weil die wildere Jugend Tutzings es gern auf dem Moped umbrauste. Wie Eis wirklich schmecken konnte, erfuhr ich als Teenager in Lignano Sabbiadoro, wo die *Gelaterie* in der Via Udine noch mehr und bessere Eissorten anboten als im *Rialto*. Außerdem bestand hier die auf *motorini* herumbrausende Jugend zu einem beträchtlichen Teil aus langhaarigen und dunkeläugigen Italienerinnen.

Nun beginnt also in Pisa die vierte Phase meiner Erziehung im Eisgenuss. Gianfrancesco repetiert rasch die Grundlagen. »Es gibt Milcheis, Wassereis und Sorbet,

Halbgefrorenes. Beim Industrieeis beträgt der Lufteinschlag ungefähr 100 Prozent, bei handwerklich hergestelltem Eis 20, 25 Prozent. Je mehr Luft, desto weniger Geschmack. So einfach ist das.« Dann reicht er einen winzigen Becher mit Kakaosorbetto, das mit einem Hauch Salz gewürzt ist und einen angenehm bitteren Grundgeschmack hat.

Gianfrancesco spricht leise und sanft, dabei sieht er aus wie ein alttestamentarischer Prophet. Massiger, kahler Schädel, buschige Augenbrauen, intensiver Blick, dichter, fast weißer Vollbart. Er kommt aus Sizilien, einer Hochburg der Eismacherkunst, hat aber erst einmal Biologie studiert, ein Restaurant geführt, mit Weinen gehandelt. Dann kam die Zeit der »Nahrungsrevolution«, wie er es nennt. Organisationen wie *Slow Food* warben dafür, nicht einfach nur zu essen, um satt zu werden, sondern sich auch bewusst und genussvoll zu ernähren, mit gesunden Produkten regionaler Erzeuger. »Wir wollten das mit Eis machen«, sagt er. Mit Freunden wollte er eine *Gelateria* gründen. Doch dann sprangen die Freunde ab, und Gianfrancesco stand da mit einer Eisdiele und keiner Ahnung vom Eismachen.

Die Kurse von drei, vier Tagen, die es in Italien gab, wurden in der Regel von Firmen angeboten, die selbst Eismaschinen oder Eis herstellen. »So entsteht nur stereotypes, halbindustrielles Eis.« Gianfrancesco wollte mehr. Probierte aus. Lernte von bekannten *gelatieri*. »Ich bin ein neugieriger Typ und reise viel durch Italien, um durchzuprobieren, was mich interessiert.« Etwa 200 verschiedene Eissorten hat er inzwischen geschaffen. Eine von Ulis Favoritinnen ist sein *gelato* aus Johannisbrot mit Rosinen und Whisky. Während wir schlecken, erzählt er uns, wie er es herstellt. Er könne nicht einfach den Whisky zum Eis schütten, weil der die Eissubstanz dann zerstöre und das Eis leicht schmelzen lasse. Also geht er zu einem befreundeten Metzger, der eine Vakuummmaschine hat. In diesem Vakuum dürfen sich die Rosinen mit dem Whisky vollsaugen. Erst dann macht er mit ihnen sein *gelato*. So bleibt die Struktur des Eises erhalten. »Ich liebe es, mit den Dingen zu spielen.«

Dann kommen wir nochmal auf den Unterschied zum Industrieeis zu sprechen. Er wolle das nicht verteufeln, sagt Gianfrancesco. Die Anforderungen des Marktes seien ganz andere. Industrieeis müsse billig und lange haltbar sein. Klar, dass es daher viel Lufteinschlag und Zucker, aber wenig Fruchtanteil enthalte. Sein Eis sei ungefähr drei Mal so teuer und auf baldigen Verzehr ausgelegt. Daher komme er mit viel weniger Luft und Zucker aus und verwende mehr Frucht. Zum Beleg reicht er sein Erdbeereis. »Der Anteil an Erdbeeren da drin liegt bei 55 bis 60 Prozent. Im industriellen Erdbeereis sind es ungefähr 12 Prozent.« Diesen Unterschied schmecken wir natürlich.

Nicht immer ist er mit dem Ergebnis zufrieden. So hat er sich einmal an einem Bier-Eis versucht – auch das ist für einen Münchner eine grausige Vorstellung. Auch Gianfrancesco war nicht glücklich mit dieser Kreation. Stattdessen veranstaltet er mit einer Brauerei jedes Jahr in Livorno eine Verköstigung von Eis- und Biersorten, die aufeinander abgestimmt sind. Das leuchtet mir schon eher ein.

Inzwischen haben wir ein Dutzend Eissorten durchprobiert und die Regeln des Eisverkostens gelernt: Erst einen kleinen Löffel voll nehmen, um den Mund abzukühlen, dann einen großen Löffel und sich den Geschmack im Gaumen ausbreiten lassen. Was uns am besten geschmeckt habe, will Gianfrancesco dann wissen. Mein Favorit ist sein *gelato* aus toskanischem Safran und iranischem Rosenwasser. Das klingt bizarr. Doch der Geschmack ist würzig, frisch und duftig zugleich.

»Ob du sie magst oder nicht, eines haben meine Eissorten immer«, sagt Gianfrancesco. »Einen klar definierten Geschmack. Eine Persönlichkeit. Einen Sinn.« Es wird schwer für uns, künftig anderswo Eis zu genießen.

Abends sitzen wir mit Uli und Anna Maria in einem ihrer Lieblingslokale, *La Divina Commedia del Gusto*[5]. Das klingt schon mal gut. Die Chefin, Veronica Vanni, löst dieses Versprechen ein, mit einer modernen, frischen Küche, die ihre toskanischen Wurzeln hochhält. Natürlich dreht sich unser Gespräch um die Frage dieser Reise: was Italien so anziehend macht. »Zwei Dinge nennen meine Kunden immer wieder«, sagt Uli. »Licht und Schönheit. Das überwältigt alle, die Engländer, die Amerikaner und besonders die Deutschen. Tatsächlich gibt es hier in Italien viel mehr Schönheit als etwa in Deutschland, weil im Zweiten Weltkrieg viel weniger zerstört wurde. Etwa 80 Prozent der Gebäudesubstanz in der Toskana ist alt. Du hast also schon einmal sehr viele schöne Orte. Dazu kommen die schönen Landschaften. Und die Menschen sind meistens ein bisschen schöner gekleidet als anderswo.«

»Stimmt das denn noch?«, fragt Antonia.

»Nicht mehr so wie vor 25 Jahren«, räumt Uli ein. »Vieles hat sich angeglichen. Aber wenn du dir an einem Samstagabend in einer Stadt die Schuhe der Leute anschaust, siehst du schon noch einen großen Unterschied.« Viele Italiener hätten einen Sinn für guten Geschmack, ohne dass die Dinge aufwendig und teuer sein müssten.

»Schönheit habe ich vor allem in Italien gefunden, und das geht vielen anderen Menschen auch so«, sagt Uli. Dann seien da das Licht und die Wärme. »Das klingt banal. Aber das ist es nicht, weil Licht und Wärme eine andere Natur hervorbringen und eine andere Lebensweise der Menschen. Wir Menschen sehnen uns instinktiv nach Licht und Wärme. Wir wollen uns wie Katzen in der Sonne ausstrecken. Das geht in Italien länger im Jahr als im Norden.«

Uli zitiert jetzt den Philosophen und Italienkenner Theodor W. Adorno, der schreibt, »dass südliche Länder wolkenlose Tage kennen, die sind, als ob sie darauf warteten, wahrgenommen zu werden. Indem sie so strahlend unverstört zum Ende sich neigen, wie sie begannen, geht von ihnen aus, nicht sei alles verloren, alles könne gut werden«[6].

»Vielleicht gibt uns Italien Hoffnung, dass das Paradies noch nicht ganz verloren ist«, sage ich.

Uli beschreibt, was italienische Landschaften seiner Ansicht nach so paradiesisch macht: »Es sind Kulturlandschaften. Gerade hier in der Toskana. Nimm dagegen die USA. Dort gibt es beeindruckende, überwältigende Landschaften. Aber es fehlt ihnen das Harmonische, Beruhigende, Tröstende. Es gibt keine wirklich schönen Landschaften ohne den Menschen, der sich im Einklang mit ihnen bewegt. Genau das findest du in Italien: die Harmonie zwischen Natur und Kultur.«

Dann kommen wir, während wir geschmortes Wildfleisch verzehren und einen schweren Roten dazu trinken, auf die Leichtigkeit Italiens zu sprechen. Mit vollem Bauch debattiert sich darüber besonders gut. »Was ist dran an dieser Vorstellung vom leichten Leben in Italien?«, frage ich.

»Das geht schon bei der Kleidung los. Der Mensch will nicht mit kiloweise Wolle und Leder auf der Haut herumlaufen. Die Leichtigkeit ist also auch wörtlich zu nehmen.«

»Und wie ist dir klar geworden, dass du hier leben willst?«

»Ich habe schon als Kind immer gesagt: Ich will einmal ans Meer. Später war ich mit dem Zug auf dem Weg zu einem Urlaub auf Elba. In Pisa hatte ich einen Zwischenstopp. Ich stieg aus, ging auf die Piazza Vittorio Emanuele, die nicht mal besonders schön ist, setzte mich in ein Café, bestellte einen Espresso, schaute umher. Da hat es Klick in mir gemacht: Hier bin ich zuhause. Hier will ich sein.«

»Woran lag das denn?«, fragt Antonia erstaunt.

»Irgendetwas hat mich hier angezogen, und es macht mir zu schaffen, dass ich nicht genau sagen kann, was. Vielleicht das Kommen und Gehen der Leute auf der Piazza, der Plausch auf einen Espresso, der Zeitungsstand ... Wer weiß. Ich habe mich einfach wohlgefühlt.«

»Und vergiss das Meer nicht«, sagt Anna Maria.

»Natürlich, das Meer. Das ist meine Droge. Immer, wenn es mal nicht gut ging in Pisa, bin ich ans Meer gefahren.«

Wir sind nun bei Dessert und Grappe angelangt. »Eines würde mich noch interessieren, Uli«, sage ich. »Hat dich Italien nie enttäuscht?«

»Natürlich. Wenn ich sehe, wie Leute zum Zigarettenholen gehen, die Plastikfolie von der Packung reißen und auf die Straße werfen ... Es gibt viele hier, für die hört an der Türschwelle ihres Hauses ihr Verantwortungsbereich auf.«

»Aber das verleidet es dir nicht, hier zu leben?«

»Ich bin über diese Phase hinaus. Ich liebe Italien, und das ist die einzige stabile Grundlage, um in einem Land zu bleiben. Erleichtert hat mir diese Liebe, dass mich die Italiener so offen aufgenommen haben. Trotz aller historisch bedingter Furcht vor Invasoren wirst du hier schnell integriert. Und dann wird getrunken, gegessen und gelacht.«

»Was wir Nordländer so anziehend finden.«

»Italien ist für uns mit unserer bisweilen melancholisch-pessimistischen Art ein Lebenselixier. Eine Vitaminspritze für die Seele.« Uli schaut zufrieden in unsere kleine Runde, sagt: »Und es gibt kaum eine Sache in Italien, die nicht mit einem Essen abgeschlossen wird.«

12

Diese Politiker!

Von den Köstlichkeiten des Landes gesättigt und wohlgestimmt kommen wir nun zu einem Thema, das uns
auf den Magen schlagen könnte: die italienische Politik.
Sie hat in einem Buch über den Zauber Italiens nichts zu
suchen, könnte man meinen. Hat doch die Politik im
vergangenen Vierteljahrhundert kräftig dazu beigetragen, Italien ein Stück weit zu entzaubern. Populismus,
Korruption, die Instrumentalisierung des Fernsehens
und der epische Streit zwischen Silvio Berlusconi und
der Linken haben das Land zurückgeworfen und sein
Ansehen im Ausland überschattet. Das sagen viele Italiener selbst. Warum also in einem Buch darüber schreiben, das im Kern den schönen Seiten Italiens gewidmet
ist? Weil dieses Buch trotz des positiven Grundtenors
kein Wolkenkuckucksheim beschreiben will, sondern
ein reales Land. Deshalb lässt sich die Politik nicht unter
den Wolkenteppich kehren. Sie sorgt dafür, dass das
reale Italien trotz vieler paradiesischer Seiten nicht das
Paradies ist. Man kann es auch so sehen: Wäre es nicht
ungerecht, wenn Italien neben seiner Kunst und Kultur,
seinem Charme, den Landschaften, liebenswerten Menschen, Wein und Pasta, Opernmusik und der schönsten
Sprache der Welt auch noch großartige Politiker hätte?

Was sollten dann all die anderen Länder sagen? So können sich Italienliebhaber wie ich, die nicht für immer in Italien leben können, zumindest mit dem Gedanken trösten: Aber bei uns funktioniert das Gesundheitswesen besser (jedenfalls jenseits der Corona-Thematik), sind die Universitäten moderner, arbeitet die Justiz schneller, ist der Sozialstaat effektiver, die Müllabfuhr reinheitsliebender, und korrupte Politiker werden eher aussortiert.

Die allermeisten Italienerinnen und Italiener und deren Politiker sind sich der Defizite bewusst. Sie lassen sich das verständlicherweise ungern aus dem Ausland vorhalten, prangern es aber in jedem zweiten Gespräch auch mit Ausländern an. »*I politici!*«[1], seufzen sie. Und man widersteht der Versuchung, darauf zu antworten, dass die Politiker in einer Demokratie nicht vom Himmel fallen, sondern vom Volk gewählt werden. Und dass die Bürger die Möglichkeit hätten, konsequent keine Politiker zu wählen, die im begründeten Verdacht der Korruption und Vetternwirtschaft stehen. Oder die nach dem reaktionär-konservativen Motto des Leoparden in Tomaso di Lampedusas Roman *Der Leopard*[2] verfahren: »Es muss sich alles ändern, damit alles so bleibt, wie es ist.«

Viele Bürger aber wählen solche Politiker trotzdem, unabhängig davon, ob es um Rechte oder Linke geht. Warum tun sie das? Aus Dummheit? Keineswegs. Diese Bürger konstatieren, dass der Staat bisher wenig für sie geleistet hat, und prognostizieren, dass er auch künftig wenig für sie leisten wird. Aus diesem Grundmisstrauen heraus wählen sie Politiker, von denen sie sich am ehesten erhoffen, dass sie ihren persönlichen Interessen dienen, unabhängig vom Allgemeinwohl. So entsteht

Klientelismus, der dazu führt, dass der Staat so schwach bleibt, wie er ist. Ein Teufelskreis.

Dies ist auch eine Erklärung dafür, warum sich Italien in jüngerer Zeit derart schwer mit Reformen getan hat. Zwar sind die unterschiedlichsten Kräfte immer als große Reformatoren aufgetreten – von Silvio Berlusconis im Kern moderat rechter Forza Italia (Liberale Revolution!) über die diversen linken Parteien (Soziale Erneuerung!) bis hin zur ideologisch erratischen, vorgeblich system-feindlichen Fünf-Sterne-Bewegung (Slogan des Gründers Beppe Grillo: »*Vaffan!*« – »Ihr könnt uns alle mal!«). In der Praxis sind sie jedoch kaum Reformen angegangen oder damit gescheitert, weil Reformen auch bedeuten, Besitzstände zu schleifen. Da verfahren viele Italiener lieber superrealistisch bis illusionslos nach dem Motto: »*Meglio un passerotto in mano del tacchino sul tetto.*« Wörtlich übersetzt: »Lieber ein Spatz in der Hand als ein Truthahn auf dem Dach.« Im Zweifel belassen sie alles beim Alten.

Ausnahmen bestätigen die Regel. Wobei diese Ausnahmen meist von außerhalb des Parteiensystems kommen und nicht aus Wahlen hervorgehen. Mario Draghi, der 2021 in großer Not Premier wurde, ist ein Beispiel dafür.

Das alles führt dazu, dass Italien weit unter seinen Möglichkeiten bleibt und an Strahlkraft verliert. Viele Migranten, die hier landen, wollen so schnell wie mög-lich weiter nach Norden, raus aus dem Land. Das mag Italien entlasten, ein gutes Zeichen für seine wirtschaft-liche und soziale Attraktivität ist es nicht. Auch die Anziehungskraft der katholischen Kirche mit Rom als geistigem Zentrum hat jedenfalls in Europa stark nach-gelassen, auch, aber nicht nur, wegen der Missbrauchs-

Verbrechen. Junge Menschen, wie meine Kinder Bernadette und Nicolas, zieht es auf ihrer Grand Tour – in ihrem *Gap Year* – eher nach Neuseeland, Südamerika, Kanada oder Island als nach Italien. Vor allem aber hat Italien seine Rolle als politisch-gesellschaftliche Avantgarde in Europa verloren. Es spricht für die gewaltigen anderen Trümpfe Italiens, dass sich ein Buch wie dieses über die Faszination des Landes überhaupt im Präsens schreiben lässt. Aber es macht auch ungeduldig und traurig, wie sehr die Politik das Land hindert, viel mehr daraus zu machen. Wobei es, aller Schwächen im Ganzen zum Trotz, viele großartige, engagierte, integre italienische Parteiaktivisten, Bürgermeister, Abgeordnete und Minister gibt, die dafür kämpfen, ihr Land zum Besseren zu verändern. Auch daher ist es falsch und unfair, pauschal *i politici* zu verdammen.

Als Korrespondent der *Süddeutschen Zeitung* in Rom habe ich viele überzeugende Frauen und Männer in der Politik kennengelernt, linke, liberale, rechte. Danach habe ich die italienische Politik zwar weiter verfolgt und bin für Recherchen nach Italien gereist. Ein Phänomen aber blieb mir fremd: die *Cinque Stelle*, die Fünf-Sterne-Bewegung. Ja, ihre Programmatik war mir sympathisch, das Land jenseits von Links und Rechts zu erneuern, rund um die Schwerpunkte Wasser, Umwelt, Verkehr, Entwicklung und Energie. Auch fand ich es mehr als berechtigt, gegen Korruption und Vetternwirtschaft in den Palazzi in Rom anzukämpfen. Doch das alles wurde für mich durch die politische Praxis der Fünf Sterne konterkariert. Ihr geistiger Anführer Beppe Grillo trat meiner Ansicht nach als populistischer Hetzer auf, der gegen »die Elite« wütete, um seine eigene Macht zu mehren. Sein diktatorischer Stil, mit dem er Kritiker in den eigenen Reihen mundtot machte und hinausschmiss, stieß mich ab. Die konkrete Arbeit der Fünf Sterne fand ich da, wo sie an die Macht kamen, zum Teil verstörend. Damit meine ich besonders die Arbeit der inzwischen abgewählten römischen Bürgermeisterin Virginia Raggi, in der die – ohnehin nie besonders saubere – Stadt der Wölfin auf den Hund gekommen ist.

Umso mehr erstaunte mich, warum so viele junge, idealistische Wählerinnen und Wähler weiter für die Cinque Stelle stimmten. Höchste Zeit also, einen persönlichen Zugang zu ihrer Politik zu bekommen. Dabei hat mir wieder Uli geholfen. Er erzählt mir, er habe auf einer Zugfahrt von Pisa nach Florenz eine Politikerin der Cinque Stelle kennengelernt. Diese sei ihm sehr klug und engagiert vorgekommen. Solle er mal fragen, ob wir sie zum Frühstück treffen können? So sitzen wir jetzt an einem Tischchen auf der Terrasse eines Provinzcafés bei Pisa mit Irene Galletti zusammen. Galletti ist die Fraktionsvorsitzende der Cinque Stelle im Parlament der Toskana. Ich weiß nicht, ob ich eine gute oder eher schlechte Menschenkenntnis habe, aber in diesem Fall ist mir sofort klar: Ich werde mein Urteil über die Fünf Sterne teilweise korrigieren müssen. Diese junge Frau mit dem offenen, ein bisschen ironischen und ein bisschen verletzlichen Lachen und den auffallend hellblauen Augen ist weder populistisch noch egomanisch. Das ist eine, die an das glaubt, was sie macht, und die macht, was sie für die Toskana, für Italien für richtig hält.

Ich frage Irene Galletti als Erstes, wie sie zu den Cinque Stelle gekommen ist. Die Toskana ist eigentlich eine sehr linke Region. Sie bestätigt das, erzählt, ihr Großvater sei Partisan gewesen, ihr Vater Mitglied in der Partei Rifondazione Comunista, die nach dem Zerfall des traditionsreichen Partito Comunista Italiano von orthodoxen Kommunisten gegründet worden war, die sich nicht der Sozialdemokratie zuwenden wollten. Sie selbst, 1977 in Pisa geboren, habe Jura studiert und Richterin werden wollen. Ihr Idol sei Paolo Borsellino gewesen, jener sizilianische Anti-Mafia-Richter, der 1992 mit seiner Eskorte von der Cosa Nostra in die Luft gejagt worden war, als er seine Mutter besuchen wollte. Doch sie habe sich das Richteramt nicht zugetraut. »Das ist das Problem vieler Frauen in Italien. Sie trauen sich nichts zu.« So ließ sie sich auf der Marineakademie in Livorno ausbilden, arbeitete später beim Flughafen in Pisa. Doch eigentlich wollte sie sich immer gesellschaftspolitisch engagieren, war in der Kirche aktiv und in karitativen Vereinen.

»Die Politik gefiel mir dagegen nicht. Denn ob Mitte-Rechts oder Mitte-Links, die Ideen waren eigentlich die gleichen. Wenn es zu einem Machtwechsel kam, wurden lediglich die Padroni und ihre Klientel ausgetauscht.« Die Spitzenpolitiker hätten oft keine Haltung. »Sie analysieren auf Facebook und in anderen sozialen Medien, was die Leute hören wollen, und sagen das dann.« Ein Gefühl, das viele Italiener teilen. Sie probierten es bei Wahlen mit Rechts, mit Links und wieder von vorne, aber es änderte sich wenig. Dann wurde 2009 die 5-Sterne-Bewegung gegründet. Irene Galletti war skeptisch, schaute sich die Gruppe in Pisa aber dann doch näher an, wurde schließlich 2015 gebeten, bei den Regionalwahlen in der Toskana als Kandidatin anzutreten. Es muss eine Zerreißprobe für sie gewesen sein, das ist noch jetzt zu spüren, sie knetet ihre auf den Bistrotisch gestützten Hände, wenn sie darüber spricht. Einerseits war da die Sache mit dem Selbstbewusstsein. »Ich fühlte mich nicht genug für die Politik vorbereitet.« Andererseits war da die Familie. Ihr kommunistischer Vater hasste Beppe Grillo, ihr Ehemann mochte die Fünf Sterne auch nicht. Dennoch rang sich die junge Toskanerin zu der Kandidatur durch. »Ich darf mir nicht wieder wie damals mit der Richtersache einreden, dass ich es nicht schaffe«, dachte sie sich.

Ihre Eltern erfuhren von der Kandidatur aus der Zeitung und waren entsetzt. Ihr Vater sagte: »Du hast von klein auf immer das gemacht, was du wolltest, besonders wenn wir Nein sagten. Fußballspielen. Militär. Aber das mit den Fünf Sternen hättest du uns wenigstens zuvor sagen können.« Von ihrem Mann trennte sie sich während des Wahlkampfes, weil ihre Ansichten zu sehr auseinandergingen. Und dann bekam sie die meisten Stimmen aller Fünf-Sterne-Kandidaten in der Toskana. Seit ihrer Wiederwahl 2020 ist sie Fraktionsvorsitzende, sie hat ihre Angst besiegt, es nicht zu schaffen. Leicht ist es trotzdem nicht. Auch in Italien ist das Diskussionsklima aggressiver geworden, Politikerinnen werden in sozialen Medien übelst bedroht. »Sogar im Kindergarten heißt es, wir müssten vorsichtig sein, wenn wir unsere Kinder abholen. Das hat mich schon schockiert.« Als Fraktionsvorsitzende hat sie ein dichtes Programm in der ganzen Toskana zu absolvieren, Tag für Tag. »Mein großes Glück ist es, dass ich an Schlaflosigkeit leide«, sagt sie ohne Ironie. »Ich komme höchstens auf vier bis fünf Stunden pro Nacht.« Das helfe ihr, allen Aufgaben gerecht zu werden.

Aber warum tut sie sich das an für eine Partei, deren Vordenker Beppe Grillo wegen seiner aggressiven Sprache und seines autoritären Stils umstritten ist? Irene Galletti räumt ein, ihr gefalle nicht alles bei den Cinque Stelle. So sei sie in einer Krise gewesen, als ihre Partei

2018 und 2019 in einer Koalition mit der ursprünglich regionalistischen und inzwischen rechtsnationalistischen Lega von Matteo Salvini regierte. Dennoch glaube sie an die Grundwerte der Fünf Sterne: »Sozialstaat, Rechtsstaat, Umwelt sind mir besonders wichtig. Und ich finde, Schulen, das Gesundheitssystem, die Wasserversorgung sollten öffentlich sein, damit die Schere zwischen arm und reich nicht noch weiter auseinandergeht.« Außerdem wolle sie sich dafür einsetzen, dass die Italienerinnen in der Politik sichtbarer werden.

»Warum sind so wenige in der Politik?«, fragt Antonia.

»Weil die Politik ein Kampfplatz ist, der von Männern nach der Logik von Männern geschaffen wurde. Die Frau auf Augenhöhe wird da nicht geschätzt. Gewünscht ist nach wie vor die Heilige am Herd.« Das sei schon entmutigend.

»Viele junge Italienerinnen wandern wohl auch deshalb aus«, sagt Antonia.

»Ich selbst habe eine Zeit lang in der Schweiz gelebt, in Genf. Dort ist alles perfekt, geordnet, sauber. Aber ich bin Italienerin.« Irene Galletti gestikuliert jetzt heftig, lacht. »Italien stimuliert mich, weil ich hier ständig kreative Lösungen finden muss. Italien ist nie langweilig.«

Dann springt sie auf, sie muss los, nach Florenz, auf den Kampfplatz der Männer, um ihre Frau zu stehen.

13

Il blu dipinto di blu

Eigentlich möchten Antonia und ich von Pisa aus die Küste hinunterfahren, um möglichst lange das Blau des Himmels zu erleben, das sich im Meer spiegelt. Und der Erinnerungen wegen. Wenige Jahre nach dem Urlaub in Santa Margherita fuhren meine Eltern mit mir und meinem Bruder das nächste Mal ans Meer, und zwar auf die Insel Elba. Einen Zwischenstopp legten wir in den Hügeln bei Florenz ein. Meine Eltern hatten uns eine »herrliche florentinische Landvilla« versprochen. Dann das: Verschwitzt und todmüde von der langen Fahrt im Auto, damals ohne Klimaanlage, fanden wir uns in einer Bruchbude wieder. So empfanden es mein Bruder und ich. Der Putz blätterte von den Wänden, die Dielen knarzten bedrohlich, die Teppiche rochen mindestens so alt, wie sie waren. Und erst die hohen, schmalen Betten, die noch antiker wirkten als die Teppiche: Die Matratzen waren nicht nur knochenhart, sondern auch noch gekrümmt, wie der Rücken eines Walfisches, sodass ich nachts Mühe hatte, nicht nach rechts oder links hinabzustürzen. Weil es auch nach Mitternacht noch furchtbar heiß war, öffnete ich das Fenster. Draußen krächzte ein Totenvogel. Beim Frühstück schwärmten meine Eltern von dieser »herrlichen Landvilla«. So verlief meine erste Begegnung mit der Toskana.

Es konnte nur besser werden. Doch erst einmal kam die abgrundtiefe Hässlichkeit der Industriezone der Hafenstadt Piombino mit ihren rauchenden Schornsteinen, rostigen Kränen und lärmenden Werkshallen. So etwas hatte ich Landkind aus Oberbayern noch nie gesehen. Und da brachten uns unsere Eltern also in die Ferien hin! Am späten Abend legte die Fähre in Piombino ab. Vom Deck herab schaute ich in das unendlich tief unter mir liegende nachtschwarze Wasser, das von den Schiffsschrauben aufgewirbelt wurde und mir wie ein Höllenschlund entgegengurgelte. Von wegen »blaues Meer«. Ich fragte meinen Vater, was er tun würde, wenn ich jetzt hier hinunter ins Wasser fiele. »Hinterherspringen und dich herausholen«, antwortete er ohne das geringste Zögern. Das hat mich tief beeindruckt. Wie konnte jemand freiwillig in diese Finsternis springen?

Elba wurde für uns dann ein Sommertraum. Wir hatten ein oranges Hartgummi-Schlauchboot mit einem Vier-PS-Außenbordmotor dabei, mit dem wir zu menschenleeren, nur vom Wasser her erreichbaren Buchten fuhren, um Picknick zu machen. Wir Kinder sammelten Muscheln, bauten den Hafen von Piombino aus Sand nach und spielten mit kleinen Plastikfähren samt Ladeklappen und Autos, die wir in Porto Azzurro erstanden hatten. Porto Azzurro, schon dieser Name! »*Porto Azzurro, siamo arrivati a Porto Azzurro*«[1], brüllte ich, wenn meine Spielzeugfähre irgendwo anlegte, wahrscheinlich mein erster vollständiger italienischer Satz. Bei der Rückfahrt aus den Buchten zum Anleger unseres Hotels *Cala di Mola* starb meistens der Außenborder ab, und es war immer sehr spannend, ob ihn mein Vater durch endloses rabiates Ziehen am Starterseil wieder in

Gang bringen konnte. Wenn nicht, mussten wir rudern, was die ersten Male lustig war.

»Was hältst du von einem Abstecher nach Elba«, frage ich Antonia, als wir vor Ulis Haus losfahren.

»Ich würde lieber noch ein Stück weiter nach Süden, nach Principina al Mare.« In dem kleinen, beschaulichen Badeort in der duftenden Pineta mit seinem flachen, langen Sandstrand hatten wir mehrfach Urlaub gemacht, als Bernadette und Nicolas noch klein waren. Es waren Bilderbuchferien wie anno dazumal mit einer erholsamen Routine aus Ausschlafen, Frühstücken in der Bar, Strand, Siesta im Gärtchen der Ferienwohnung, wieder Strand, Eisdiele, Grillen, Schlafen. Falls ich mal Enkel bekommen sollte, möchte ich mit ihnen wieder dorthin.

Antonia weckt mich aus solchen Zukunftsträumen: »Oder wir fahren noch ein bisschen weiter, nach Talamone, zu *Paolo il Pescatore*?« Paul der Fischer, mit dem wir früher oft unterwegs waren, nimmt Touristen mit seinem Kutter aufs Meer hinaus, um mit ihnen die Netze einzuholen und sie für den Schutz der Unterwasserwelt und für nachhaltige Fangmethoden zu sensibilisieren.[2]

»Also, wo fahren wir jetzt hin«, frage ich.

»Elba, Principina, Paolo – eine schwere Entscheidung«, sagt Antonia.

»Mach mal die Augen zu«, bitte ich sie. »Was erscheint dir als Erstes, wenn ich ›*azzurro*‹ sage?«

»Der Himmel«, sagt Antonia.

»Sonst nichts? Buchten auf Elba, das Meer von Principina, Paolo mit seinem Boot auf den Wellen?«

»Komischerweise sehe ich etwas ganz anderes.«

»Ja?«

161

»Madonnen! Madonnen mit Mänteln, die derart leuchtend blau sind, dass sie den Himmel und das Meer überstrahlen.«

»Wo sollen die sein?« Antonia ist Protestantin und neigt normalerweise nicht zu Marienerscheinungen.

»In einem Museum. Warte mal … . in Florenz. In den Uffizien. Diese Madonnenausstellung. Erinnerst du dich noch?«

Ich erinnere mich vage, dann deutlicher. Es ist lange her. Damals zelteten wir auf dem Campingplatz beim Piazzale Michelangelo in Florenz und wurden in einer Unwetternacht fast in den Arno geschwemmt. Um uns aufzuwärmen, gingen wir am nächsten Morgen gleich in die Uffizien, wo eine Madonnenausstellung gezeigt wurde. Mich faszinierten damals die Farben der Renaissance-gemälde, die leuchteten, als ob sie von innen angestrahlt würden. Und die Gesichter der Marien. Sie wirkten mit ihren schmalen, bogenförmig geschwungenen Augen-brauen und den gerundeten Wangen, als seien den Malern draußen auf der Piazza della Signoria junge Florentiner-innen von heute Modell gesessen. Nur dass diese leben-den Madonnen Jeans und Turnschuhe trugen.

Während meine Gedanken den Madonnen beiderlei Gestalt nachhängen, stupst mich Antonia in die Seite. »*Azzurro* ist ja nicht nur der Himmel und das Meer in Italien. Lass uns das Blaue auch in der Kunst suchen.«

»Nach Florenz?«, seufze ich. »Das ist eine ganze Welt. Die wollte ich eigentlich bei dieser Reise auslassen. Denn wenn wir da erst einmal anfangen …«

Dann beschließen wir, nur die Uffizien zu besichtigen und einen Spaziergang durch die Stadt zu machen. Wir buchen im Internet Tickets für den folgenden Tag in den Uffizien, fahren an Lucca, Pistoia und Prato vorbei und kommen am Abend in der Stadt an. Sofort fällt uns die souveräne klassische Eleganz im gesamten historischen Zentrum auf, die es so homogen und sich ihrer selbst bewusst nirgendwo anders in Italien, ja der Welt gibt, Paris vielleicht einmal ausgenommen. Florenz strahlt in jedem Palazzo, auf jeder Piazza das Selbstbewusstsein und den Bürgerstolz aus, die Hauptstadt der Renaissance zu sein und damit einer Ära in Kunst, Geistesleben und Wissenschaft, ohne die die westliche Welt nicht geworden wäre, was sie ist. Diese Aura widersteht sogar dem frenetischen Massen-Kulturtourismus in Florenz.

Wir bestaunen das Marmorgebirge des Doms und all die anderen Weltkunstwerke, die hier einfach so im öffentlichen Raum herumstehen und den Florentinern selbstverständliche Kulisse ihres Alltags sind.

Michelangelos marmorner David etwa, dessen Original heute in der Galleria dell'Accademia steht, der aber an seinem ursprünglichen Ort auf der Piazza della Signoria durch eine exakte Kopie ersetzt ist. Fünf Meter hoch ist diese Statue, wobei der Kopf und die kräftigen Hände besonders groß wirken. Unser Freund Uli hat uns einiges dazu erzählt: Giovanni Pico della Mirandola, ein Philosoph der Renaissance, hat in seiner Rede *Über die Würde des Menschen* die Willensfreiheit hervorgehoben. Der Mensch sei zwar von Gott geschaffen, dürfe aber als einziges Wesen seine Position in der Welt selbst bestimmen. Durch unsere Intelligenz und unsere Geschicklichkeit können wir uns als Menschen selbst formen. »Das ist die kürzeste Formel für das Denken der Moderne«, sagte Uli. Um das zu illustrieren, habe Michelangelo dem David einen so großen Kopf und so große Hände gegeben. »Er befindet sich gegenüber Goliath eigentlich in der schlechteren Lage und erringt doch den Sieg.«

Die Florentiner hätten seine Statue bewusst nicht vor dem Dom, sondern vor ihrem Rathaus aufgestellt, als Freiheitsstatue der Stadt. »Die zu einer Freiheitsstatue der ganzen westlichen Welt geworden ist«, wie Uli sagt. So viel Ausdruck, Einfluss, Geschichte in einer Statue – auch das ist Italien.

Von Freiheit kann dann für uns in Florenz zunächst nicht die Rede sein. Unser Zimmer liegt zwar nur wenige Schritte vom Baptisterium entfernt, verfügt aber über kein Fenster. In der Nacht fällt die Lüftungsanlage wegen eines Gewitters aus. Das merken wir erst, als wir am Morgen halb betäubt aufwachen. Wir brauchen mehrere Cappuccini und Espressi in der Bar um die Ecke, um wieder auf Touren zu kommen. Die *barista*[3], eine Dame Mitte 70, sagt, es gebe für sie nichts Schöneres als zu arbeiten. »So komme ich unter die Leute. Alle schauen sie hier auf einen *caffè* vorbei, um ein Schwätzchen mit mir zu halten. Was soll ich allein in meiner Wohnung rumsitzen? Da stehe ich lieber jeden Tag zehn Stunden in meiner Bar.« Eine sehr italienische Vorstellung von Ruhestand.

Vor dem Einlass in die Uffizien müssen wir vier Hürden überwinden. Es gibt eine Vorkontrolle, ob wir auch alles Nötige dabeihaben. Dann werden wir zu einem Schalter gelassen, um unsere vorbestellten Tickets abzuholen. Von dort geht es zur Covid-Kontrolle. Dann zur eigentlichen Einlasskontrolle. Da die Uffizien gut besucht sind, dauert das natürlich. Dafür warten einige der schönsten Gemälde der Welt auf uns. Die süßen Trauben hängen hoch …

Wir eilen an Statuen und Torsi vorbei. Dann sind wir

bei ihnen, den blauen Madonnen. Es sind so viele, und sie sind so unterschiedlich, dass man mehr als einen Nachmittag mit ihnen verbringen könnte. Wobei die Marien meist nicht ganz in Blau gekleidet sind, sondern einen blauen Mantel über einem roten Kleid tragen. Diese Mäntel sind himmlisch. Besonders gefällt uns eine Madonna mit Kind des Renaissancemalers Cima da Conegliano. Er hat den Faltenwurf und den Lichteinfall auf dem dunkelblauen Kapuzenmantel Marias so täuschend echt dargestellt, dass man danach greifen möchte. In der *Anbetung der Könige* setzt Cosimo Rosselli seine Maria in demütiger Haltung ganz an den rechten Rand des figurenreichen Bildes, wo sie untergehen könnte. Doch ihr bodenlanger, prächtiger, mit einer Bordüre geschmückter Mantel ist derart *blu dipinto di blu*, dass der Blick des Betrachters sofort auf sie fällt. Himmelsköniginnenblau.

Dieses satte, leuchtende Blau ist nicht nur die Farbe Marias, sondern auch Italiens. Wer an Italien denkt, der denkt an dessen blauen Himmel, das Meer, die Trikots der Fußball-Nationalmannschaft oder eben, wie Antonia, an Madonnen im blauen Mantel. Und ist Blau nicht auch die Farbe der Sehnsucht, der Weite, der Harmonie und der Freiheit, alles Empfindungen, die mit Italien verknüpft sind? Wie subjektiv solche Vorstellungen sind, habe ich in einem Buch gelesen, das ich mit auf diese Reise genommen habe. Es heißt *Blau. Die Geschichte einer Farbe*[4], stammt von dem französischen Historiker Michel Pastoureau und schildert die Karriere dieser Farbe. Danach war Blau in der Antike keineswegs beliebt. Die Römer verbanden damit die Barbaren, weil sich Germanen und Kelten vor dem Kampf blau bemalt

165

haben sollen. Ein tiefes Blau galt als unheimlich und wurde mit der Unterwelt assoziiert. »Blaue Augen zu besitzen war beinahe ein Schönheitsfehler«, schreibt Pastoureau. »Bei der Frau waren blaue Augen ein Zeichen von Tugendlosigkeit, beim Mann wirkten sie weibisch, barbarisch oder lächerlich.«

Diese Abwertung wirkte lange fort, auch in der Kunst. Bis weit ins Mittelalter hinein spielte Blau ein Schattendasein. Es ist bezeichnend, dass die beiden häufigsten Bezeichnungen für diese Farbe im Italienischen (und in anderen romanischen Sprachen) nicht aus dem Lateinischen stammen: *azzurro* kommt aus dem Arabischen (von *azureus),* *blu* aus dem Germanischen (von *blavus).* Folgerichtig war in der christlichen Welt Blau lange Zeit weder in der Kunst noch in der Liturgie eine bedeutende Farbe. In der Malerei mag auch ein Grund dafür gewesen sein, dass Blau vor allem aus dem harten Halbedelstein Lapislazuli gewonnen wurde. Der kam nicht nur von weit her, aus Persien oder Afghanistan, sondern war auch schwer abzubauen und zu verarbeiten. Da Lapislazuli viele Verunreinigungen enthält, waren die Farben, die daraus im Altertum gewonnen wurden, oft blass und stumpf.

Ab dem Jahr 1000 nach Christi Geburt beginnt das Blau dann, eine sensationelle Karriere zu machen. Es wird nun mit dem Himmel, dem Licht, dem Göttlichen verbunden – und vom Adel entdeckt, der bisher auf Rot beziehungsweise Purpur setzte. Blau wird zur Modefarbe. Pastoureau schreibt: »In wenigen Jahrzehnten verändert sich ihr Status, ihr ökonomischer Wert verzehnfacht sich, ihre Präsenz und Beliebtheit bei der Kleidung und im künstlerischen Schaffen ist überwältigend. Dazu trägt das Azurblau der Könige von Frankreich bei.

Blau verdrängt allmählich (Purpur-)Rot, wobei Letzteres die Farbe der Kaiser und Kirchenfürsten bleibt.

Die Fortschritte in der Technik und der Chemie ermöglichen es nun, für die Malerei und die Färbung von Stoffen ein leuchtendes, tiefes Blau zu gewinnen. Als Himmelsfarbe wird Blau zur Farbe der Jungfrau Maria, symbolisiert durch deren Mäntel. Ein Beispiel dafür ist *Die Verkündigung* von Leonardo da Vinci in den Uffizien. Es ist von der ganzen Bewegung und Komposition her ein außergewöhnliches Bild. Der Engel streckt sich, ganz Verkündiger einer frohen Botschaft, mit beschwörendem Gesichtsausdruck der Jungfrau entgegen. Maria, ein junges Mädchen, verharrt in Abwehrhaltung, der Gesichtsausdruck skeptisch, die Linke wie in Verteidigung vor sich gehalten. »Was? Mutter Gottes? Ich?«, scheint sie zu denken. Doch da ist ihr weiter, fließender Umhang in einem nach heutiger Empfindung geradezu lässigen Jeansblau. Er konterkariert ihre rigide Abwehrhaltung und demonstriert, dass Maria für die ungeheure Botschaft des Engels offen ist.

In der Romantik wird Blau zur Farbe aller Farben. Blaue Blume. Blaue Berge. Blaue Ferne. Sehnsuchtsblau. Melancholie, Liebe und Traum. Zeit für die Blaue Stunde, wenn die Sonne untergeht. Und wer über die Stränge schlägt, der ist blau und bekommt am nächsten Morgen den Blues.

In den Uffizien stehen Antonia und ich nun vor einer in die Natur versetzten Madonna, vor der ihr Kind Jesus mit dem ein wenig älteren Johannes spielt. Raffaelo Sanzio, kurz Raffael genannt, hat Maria als jung und zugleich fraulich-reif gemalt. Ihr Gesichtsausdruck ist verträumt-bescheiden, doch ihr tiefblauer Mantel gibt ihr Würde und Eleganz. Dieses Blau ist Bekenntnis und

167

Anspruch. Das Blau eines Versprechens. Des Himmels. Des Paradieses.

In der irdischen Geschichte wird Blau später zur Farbe der Uniformen und dann des Friedens und der Völkerverständigung. Das Blau der Vereinten Nationen mit ihren Blauhelm-Soldaten, das Blau der Europäischen Union. Blau ist heute die Lieblingsfarbe der Menschen im Westen und die häufigste Farbe ihrer Kleidung. Blau steht für Harmonie, aber auch – als Farbe des revolutionären Frankreichs wie der Blue Jeans – für revolutionäre Gleichheit. Und Blau ist, obwohl es in dessen Flagge nicht vorkommt, die Farbe Italiens, weil Blau die Farbe seines Gründerkönigshauses, der Savoyer, ist. *Gli azzurri* werden die italienischen Nationalmannschaften genannt, allen voran die des Fußballs, deren Spieler in strahlendblauen Shirts auftreten. »*Azzurro*« heißt einer der Erkennungssongs des Landes. Und dann ist da der Song *Volare* mit der Zeile:

»*Nel blu dipinto di blu*«[5]

14

Maremma mia

Als wir am nächsten Morgen etwas blau erwachen, ist das nicht unsere Schuld. Manuele, unser Vermieter mit dem Zimmer ohne Fenster (es war als einziges noch frei, seine anderen Räume haben sehr wohl Fenster), hat uns gestern Abend zur Wiedergutmachung in seine Lieblingstrattoria geschickt. Sie liegt jenseits des Arno, noch in der Altstadt, aber so weit von den Top-Sehenswürdigkeiten entfernt, dass fast nur Florentiner dorthin kommen. Manuele gehört übrigens zu den magischen Realisten. Er war Investment-Banker und mehr in London und der Welt als in Florenz zu Hause. Dann starb seine Frau und ließ ihn und seinen kleinen Sohn zurück. Was sollte er tun, um sich um seinen Sohn kümmern und zugleich den Lebensunterhalt verdienen zu können? Investment-Banker passte nicht mehr. Also kaufte er eine Wohnung in der Altstadt und wandelte sie in ein Bed and Breakfast um. Der Banker ist zum Frühstücksdirektor geworden, wenn man so will, und er lässt sich auf diesen Rollenwechsel ein. Manuele ist ein Beispiel für das typisch italienische Prinzip des *arrangiarsi*[1], des kreativen Umgangs mit den Widrigkeiten des Lebens.

Nun also schickte er uns in sein Lieblingslokal. Das *Brindellone* an der Piazza Piattellina ist völlig unprätentiös. »Einfach und genuin«, wie es sich selbst beschreibt. An der Wand hinter unserem Tisch hängen T-Shirts in den Farben der vier historischen Stadtteils-Mannschaften von Florenz, die jedes Jahr ihren Meister ausspielen. Antonia sitzt unter dem blauen Trikot, das für Santa Croce im Südosten der Stadt steht, dort, wo die Sonne aufgeht. Die Küche ist authentisch toskanisch: *Coccoli e Stracchino*[2]; *Spaghetti alla chitarra*[3]; und natürlich *Bistecca alla Fiorentina*[4], das Monstrum der toskanischen Küche, das aus jungen Ochsen der Chianina-Rasse stammt und in dicken Scheiben auf dem Grill zubereitet wird. Die Mahnungen meiner umweltbewussten Kinder im Hinterkopf, verzichte ich auf die *bistecca* und halte mich an die Pasta. So ändern sich die Verhältnisse. Früher habe ich meine Kinder erzogen, jetzt erziehen sie mich.

Bei der Weiterfahrt nach Süden kommen wir durch das Chianti-Gebiet. Kurt Kister, einer meiner früheren Chefredakteure bei der *Süddeutschen Zeitung*, hat mir einmal erklärt, ein Grund für die Faszination Italiens liege darin, dass dieses Land so viel Archetypisches beinhalte, also Urformen, Grundideen etwa der Burg, der Insel, der Bar an sich, Dinge, die es zwar überall auf der Welt in unzähligen Varianten gebe, die in Italien aber in ihrer Reinform zu erleben seien. Als Beispiel nannte er das Chianti. Es entspreche der Idee einer Weinlandschaft schlechthin, als sei es das Modell, nach dem alle anderen Weinlandschaften der Welt nachgebildet worden seien. Dieser Gedanke hilft mir bei dieser Reise immer wieder, den besonderen Eindruck zu verstehen, den eine Kirche, ein Bergort, ein Strand oder eine Pinienallee auf mich machen. Oder eben das Chianti.

Ich war schon viele Jahre nicht mehr hier und bin überwältigt von der Schönheit und Harmonie, als sähe ich das alles zum ersten Mal. Während Antonia das Auto über die kleinen, kurvigen Straßen steuert, betrachte ich die weit geschwungenen Hügel, die der Mensch mit einem Patchworkmuster überzogen hat. Silbergrüne Olivenhaine, hellgrüne Rebhänge, gelbe Getreidefelder und dunkelgrüne Steineichenwälder ziehen sich aus den Senken die Hänge empor, schwingen vor und zurück, scheinen im Mittagslicht wie Wellen durch die Landschaft zu rollen. Auf deren Kämmen liegen Winzerdörfer, aus denen robuste Kirchtürme ragen. Greve und Castellina, Gaiole und Radda. Außerhalb der Orte wird diese heitere Kulturlandschaft durch zahllose Weiler, Landhäuser, Gutsgebäude, Kapellen, Klöster, Schlösser und Kastelle aufgelockert, die Zeugnis davon geben, dass das Chianti durch den Menschen geschaffen wurde, in zäher, endloser Knochenarbeit, die immer wieder, vor allem im epischen Ringen zwischen Florenz und Siena, vom Krieg zunichte gemacht wurde. Schweiß und Blut vieler Generationen haben die heutige Schönheit des Chianti geschaffen. Sie erden sie zugleich, geben ihr Tiefe und, trotz aller Heiterkeit, Ernst. Die relative Höhe und Meeresferne der Chianti-Hügel bewirkt, dass diese Landschaft nicht lieblich ist, sondern erstaunlich rau sein kann, was jeder erleben wird, der hier im Winter Urlaub macht und am Morgen, nach einer durchfröstelten Nacht im schlecht beheizten *rustico*, die Pfützen vor dem Haus von einer Eisschicht bedeckt vorfindet.

Die Idylle kippt hier nie ins Kitschige um. Zum einen, weil das Chianti nicht nur Kulturlandschaft und Terroir des berühmtesten Weines Italiens ist, sondern auch Wildnis. Die Toskaner haben sich so viele Flächen genommen, wie sie brauchen, und den Rest gelassen, wie er war. So gibt es hier, insbesondere auf den Nordseiten der Berge, dichte, immergrüne Wälder, in denen sich die Wildschweine tummeln. Aus den Dörfern mit ihren gepflegt-rustikalen Trattorien und Weinhandlungen ist es auch zu Fuß nie weit bis in die nächste Wildnis, in der man sich als Wanderer schneller verläuft, als einem lieb ist.

Zum anderen spielt die Landwirtschaft im Chianti neben all dem Tourismus weiter eine entscheidende Rolle. Überall wird gearbeitet, fahren Traktoren über die Felder, sind Bauern in ihren *ape*[5] auf den Kieswegen unterwegs, werden, je nach Jahreszeit, Oliven und Trauben per Hand geerntet, Reben beschnitten, Mauern ausgebessert, Hofdächer neu eingedeckt. Aus den Wäldern jaulen Motorsägen auf, hier wird gefällt, dort gepflanzt. Das Chianti ist ein *Work in Progress*, das sich im Detail ständig verändert, als Gesamtbild aber erhalten bleibt, allen nicht immer ästhetischen Eingriffen durch die moderne Landwirtschaft zum Trotz. Der Tourist, der Reisende, kann das genießen und sich zugleich darüber freuen, dass dieses Landleben nicht für ihn inszeniert ist, kein Freizeitpark für dem Land entwöhnte Städter ist, sondern aus sich heraus lebt und auch leben würde, wenn die Besucher nicht da wären.

Einen Einfluss hat der Tourismus aber trotzdem auf das Chianti, und es ist, wie ich finde, ein guter. Bis in die Mitte des 20. Jahrhunderts herrschte hier das System der *mezzadria*, der Halbpacht, das den Bauern viel abverlangte. Sie durften den Boden bearbeiten, der ihnen aber nicht gehörte, weshalb sie die Hälfte ihrer Erträge an die Grundeigentümer abgeben mussten. Auch ihre Wohnhäuser und Ställe gehörten den Grundbesitzern. Formal waren die Bauern keine Leibeigenen mehr, wie vor Einführung der *mezzadria*, faktisch aber blieb ihnen meist keine andere Wahl, als auf dem Grund ihrer Herren zu ackern. Wer heute in einem der einstigen Bauernhäuser eine rustikale, aber perfekt ausgestattete Ferienwohnung bezieht oder sich auf einem Agriturismo mit Schwimmbad und Spezialitätenrestaurant verwöhnen lässt, ahnt oft nicht, wie hart das Leben in diesen nun so geschmackvoll restaurierten Natursteinhäusern war.

Die *mezzadria* wurde in den 1950er-Jahren allmählich abgeschafft, zu einer Zeit, als sich Italien industrialisierte und sein Wirtschaftswunder wirkte. Viele Bauern gingen als Industriearbeiter in die Großstädte, auf dem Land fehlten Arbeitskräfte, das Chianti setzte auf billige Massenweine. Ab den Achtzigerjahren kam die Wende hin zur Qualität. Viele Weingüter erlebten einen Aufschwung, verfallene Bauernhäuser wurden hergerichtet und an Touristen vermietet oder verkauft.

Das Chianti wurde zur Kultgegend, insbesondere im Norden, in Deutschland, der Schweiz oder Großbritannien, wo man damit ein bukolisches Leben am Busen der Natur verband, eine Rückkehr zu den Ursprüngen der Mittelmeerkultur mit ihrer Trias aus Wein, Öl und Weizen, wie sie der französische Historiker Fernand Braudel beschreibt[6]. Das viele Geld, das in den Wein und die *rustici* floss, wurde überwiegend gut angelegt. Strenge Baugesetze der Region Toskana verhinderten Todsünden wie in anderen einst wundervollen Landschaften. So ist das Chianti heute kein Land armer Halbpächter mehr, die für die Herren in den Burgen und Villen schuften, sondern eine florierende Region, in der es sich gut leben und arbeiten lässt, auch wenn man kein Weingut besitzt. Ja, als Reisender mag man bedauern, dass das »Einfache«, »Genuine«, »Bäuerliche« des Chianti vom Wohlstand überformt wird. Die Menschen, die hier nicht nur zwei Wochen im Jahr, sondern ihr ganzes Leben verbringen, dürften das aber kaum bedauern.

Wir halten in Radda, um eine Wanderung zu machen. Was haben wir uns früher in Italien beim Wandern verlaufen! Beschilderungen fehlten oder waren ungenau. Mancher schöne Weg endete abrupt vor einem Zerberus, der den Durchgang durch ein Gehöft verwehrte. Die Folge waren Umwege durchs Unterholz und das Durchrobben von mit Brombeeren überrankten Bachbetten. Bernadette und Nicolas, die uns als Kinder auf solchen Wanderungen begleiten durften, behaupten sogar, wir hätten uns aus Prinzip ausnahmslos immer verlaufen. Wir lachen, als wir uns daran erinnern. »Das kann uns nicht mehr passieren«, sage ich zu Antonia. »Denn dafür gibt es heute Wander-Apps.«

»Dein Wort in Gottes Ohr«, sagt Antonia.

Ich öffne auf meinem Mobiltelefon eine App, und wir machen uns auf den Weg zu einem Weiler samt Kastell, der auf einem Hügelzug gegenüber von Radda liegt. Wir sehen Volpaia schon auf seinem grünen Hügel thronen und freuen uns auf ein Mittagessen dort. Ein besserer Spaziergang. Zunächst geht es auf einem Wiesenpfad hinab ins Tal des Flüsschens Pesa. Nach gut 20 Minuten versperrt uns ein nagelneuer hoher Stahlzaun den Weg, der um einen Weinberg gezogen ist. Er wirkt so robust, als wolle man damit den nächsten Barbareneinfall abwehren. Unsere Wander-App aber tut so, als existiere er nicht. Wir schlagen uns seitlich in die Büsche. »Gut, dass die Kinder nicht dabei sind«, sagt Antonia.

Es folgt das Übliche. Unterholz, Brombeerranken, zer-

kratzte Beine, zerrissene T-Shirts, Flüche und unsere Be-
teuerungen, fürs Umkehren sei es zu spät. Für ein Stück,
für das die App eine Viertelstunde ansetzt, brauchen wir
eineinhalb Stunden. Und erst jetzt, da ich das nieder-
schreibe, wird mir bewusst, wie wunderbar es ist, dass es
auch heute noch Pleiten, Pech und Pannen, kurz Abenteuer gibt.

Die restliche Wanderung hoch nach Volpaia und im
Bogen zurück nach Radda verläuft ohne unangenehme
Überraschungen. So können wir das Chianti genießen.
Der Glockenturm einer Kapelle ragt aus einer Gruppe
Pinien hervor. Eine Zypressenallee führt zu einem Rustico
in mittlerer Hanglage, das ich sofort wählen würde,
wenn jetzt eine Fee erschiene, um mir einen Wunsch zu
erfüllen. Ein Rosenstock blüht blutrot am Ende einer
Rebreihe. Eigentlich sollte man von hier nie wieder weg-
gehen. Eigentlich ist man doch blöd.

Wir fahren weiter Richtung Siena, vorbei an Monteriggioni, einem perfekten mittelalterlichen Dorf, auf einer
Hügelkuppe thronend, von einer runden Mauer umgür-
tet, die in gleichmäßigen Abständen von Wachtürmen
unterbrochen wird. Kurt Kister, mein Kollege aus der
Zeitung, hat mir gesagt, Monteriggioni sei für ihn die
vollkommene Idee eines Burgdorfes an sich. Wieder so
ein Archetyp. Italien schafft es immer wieder, uns die
Grundformen menschlicher Schöpferkraft vor Augen zu
zaubern. Weiter geht es, vorbei an Siena, in den wilden
Süden der Toskana. Wir fahren durch immergrüne Berg-
weiten, ab und an liegt ein Ort einsam wie eine Geister-
stadt auf einem Hügelrücken. Dann öffnet sich die Ebene
von Grosseto, wir umfahren die Stadt auf einer Schnell-
straße auf Stelzen und biegen ab auf eine Landstraße, die

in endlosen Windungen durch mediterrane Landschaft in die Hügel der Maremma führt. Immer, wenn ich auf dieser Straße hochfahre, habe ich das Gefühl, nach Hause zu kommen. Klar, meine Heimat qua Geburt ist der Süden Münchens. Aber daneben habe ich eine zweite Heimat, eine gefühlte, nicht rationale, und das ist die Maremma rund um die Orte Montiano und Magliano.

Dabei war ich ursprünglich kein Toskana-Fan. Zu naheliegend, klischeeüberladen schien mir diese Region zu sein. Mehr eine Idee vom Leben im Süden als dessen Realität. Von zu vielen Kalendern prangten ihre Pinien- und Zypressenreihen, das Türmecluster von San Gimigniano oder der zebrahafte Dom von Siena. Dann waren da diese Schmachtstreifen im Kino und Fernsehen, in denen sich nebelgereifte Engländerinnen im Sonnenglanz von Florenz in glutäugige Männer verliebten. Nicht mit mir. Ich gefiel mir als junger Mann in der Idee, das genuine, wahre Italien zu suchen: das damals noch recht ursprüngliche Ligurien zwischen Genua und La Spezia; die seinerzeit ebenfalls noch nicht überlaufenen Liparischen Inseln; und die Abruzzen mit ihren Wölfen und Bären.

Nachdem Antonia und ich dort im Sommer 1994 zwei Wochen beim Bergsteigen in frugalen Quartieren verbracht hatten, wollten wir uns noch ein paar Tage am Meer gönnen. Die Toskana lag auf dem Weg. Doch das Meer hier unten am Monte Argentario war überfüllt, alle erschwinglichen Quartiere waren ausgebucht. Widerstrebend fuhren wir wieder Richtung Hinterland, eine sanft zwischen den Hügeln ansteigende Straße hinauf. So erreichten wir das Dorf Montiano und übernachteten in einem Zimmer, das bereits von einer Fledermaus und einem Mauergecko bezogen war. Am Abend saßen wir auf der Terrasse eines Lokals, das den seltsamen Namen *L' Ape Regina e la sua corte*[7] trug und noch heute existiert, auch wenn der damalige Besitzer nun im Ruhestand ist. Wir aßen Pasta und tranken *Morellino di Scansano*, den kräftigen, tanninreichen Rotwein der Maremma, der wie der Chianti von der Sangiovese-Traube geprägt ist. Der Wirt sah aus wie ein Fakir, groß, schlank, asketisch, in weites Leinen gekleidet. Er legte uns die duftende, weiße Blüte einer Engelstrompete auf den Tisch. Da die Engelstrompete meine Lieblingsblume ist, nahm ich das als gutes Zeichen. Antonia und ich legten die Köpfe aneinander. Unsere Blicke flogen über gelb gedörrte Hügel, aus denen die dunklen Schatten der Steineichen wie Inseln herausstachen, und weiter zur violettblau leuchtenden Fläche des Meeres, aus der sich die dunklen Konturen des Monte Argentario und der Inseln Giglio und Giannutri abhoben. Das Werben der Zikadenmännchen. Duft von Macchia und Pinien. Die Gespräche an den Nachbartischen. Da passierte es: Ich verliebte mich in die Maremma. Und wünschte mir, dieser Augenblick würde nie vergehen.

Seitdem ist die Maremma mein Zauberland. Wenn ich glücklich und zufrieden sein will, muss ich nur hierherfahren. Dennoch habe ich die Südmaremma in den vergangenen Jahren gemieden, bin nur noch kurz und zu beruflichen Zwecken hierhergereist. Doch warum? Momente gab es genug, in denen ich den Alltag hinter mir lassen und in den Hügeln von Montiano und Magliano Zuflucht suchen wollte. Aber irgendetwas hielt mich davon ab. Vielleicht, weil es wehtat, hier immer nur auf Zeit, auf Urlaubszeit zu sein. Und weil ich nicht die Kraft hatte, den nächsten Schritt zu gehen und mein *rustico* zu finden, zu kaufen, zu renovieren, zu beleben. Oder weil ich ahnte, dass das Paradies eine Illusion ist, die sich verflüchtigt, sobald man sie verwirklicht.

Jetzt sind wir wieder hier. Und der alte Zauber wirkt. Öl, Wein und Weizen, die Ingredienzen der Mittelmeerkultur, gedeihen auf den Hügeln der Maremma. Das Licht ist weich und rötlich, jedenfalls im Sommer, die Blicke fliegen über Land, Meer und Inseln. Die Hitze, die Weite und die stacheligen Gewächse der Macchia erinnern ans nördliche Afrika. Auch das Gefühl von Freiheit in der Weite. Die Menschen hier wissen, was sie an ihrer Maremma haben. Einst war sie eine *Maremma amara*, eine bittere Maremma. Ein Fieberland, von der Malaria verwüstet, in dem die Menschen in unglaublicher Armut einem frühen Tod entgegensiechten.

Heute blüht die Maremma. Ihre Früchte, und was man daraus macht, sind überall geschätzt. Ausländer, denen das Chianti zu voll und zu teuer geworden ist, kaufen sich hier ein. Die Maremma ist längst kein Geheimtipp mehr, ebenso wenig wie ihr Wein, der Morellino di Scansano. Aber wäre es nicht auch schade, wenn diese fantastische Welt nur im Verborgenen blühte?

Magliano in Toscana, mein Lieblingsort, hat seine Stadtmauer mit den Rundtürmen vom Gestrüpp befreit und restauriert. Der Wehrgang oben ist wiederhergerichtet und für Besucher offen. Dort laufen wir nun in die blaue Stunde hinein und staunen. Hügel, Meer und Inseln. Wir wollen uns gar nicht mehr lösen von diesem Bild. Erst als es stockdunkel ist, steigen wir hinab und gehen in eines der Restaurants des Ortes. *Da Sandra.* Einer meiner besten Freunde, der lange ein bewegtes Leben geführt hat, ist mit all seinen Gefährtinnen hierhergekommen, nacheinander versteht sich. Ich mache ein Foto des Gastraums und schicke es ihm. Und ich schlage ihm vor, die Gefährtinnen hier in Öl verewigt an die Wände hängen zu lassen, wie in der Schönheiten-galerie des bayerischen Königs Ludwig I. in Schloss Nymphenburg.

Wir haben uns in einem Agriturismo unterhalb der Mauern von Magliano in einer Ferienwohnung einge-mietet. Das Ehepaar, das das Gut bewirtschaftet, baut Wein und Öl an und betreibt eine eigene Ölmühle. Außerdem haben sie Hühner und Hunde, Katzen und Ponys, die zwischen den Pinien rund um das Gehöft herumlaufen. Heute ist ein neues Zwergpony ange-kommen, das von unseren Gastgebern eingewöhnt wird. Antonia und ich besuchen unsere alten Maremma-Lieb-lingsorte, die Lagune von Orbetello, die Dünenstreifen Gianella und Feniglia mit ihren unverbauten Sand-stränden, das pittoreske Capalbio, das urige Fischlokal *Il Cavaliere* in Orbetello Scalo oder den verwunschen wirkenden Ort Pereta tief im Hinterland mit seinen Mauern und Türmen. Während wir laufen und schauen und essen und trinken, spinnen wir ein uraltes Gespräch fort. »Wie es wohl wäre, wenn wir uns damals ein Rustico in der Maremma gekauft hätten?«, sage ich. Wir hatten das in den 1990er-Jahren ernsthaft überlegt und etliche Objekte besichtigt, dann aber doch davon Ab-stand genommen.

»Ich bin froh, dass wir es nicht gemacht haben«, sagt Antonia nonchalant.

»Aber es würde doch wahnsinnig Spaß machen, so ein Rustico nach und nach herzurichten, passende Möbel, Badfliesen und Küchenutensilien zu suchen, den Garten anzulegen und mit Palmen, Engelstrompeten …«

»Wir haben doch genug Arbeit mit Haus und Garten in München.«

»Vielleicht hätten wir dann jetzt gar kein Haus in München, sondern eine Mietwohnung.«

»Aber so ein Ferienhaus in der Toskana würde sich nicht lohnen für uns. Ich habe sechs Wochen Urlaub im Jahr – und dafür all der Aufwand? Die Kosten?«

»Wenn du es geschickt legst, kommst du auch auf sieben Wochen. Das würde sich schon lohnen.«

»Ich will aber nicht sämtliche Ferien immer nur in der Maremma verbringen. Du doch auch nicht, sei mal ehrlich.«

An dieser Stelle bricht die Diskussion immer ab. Antonia hat ja recht. Ich liebe es, auf Reisen neue Dinge zu entdecken, und möchte natürlich nicht darauf verzichten. Und dennoch. So ein Rustico in der Maremma …

15

Vom Reiz des Reisens

Da Antonia eben nur begrenzt Urlaub hat, müssen wir uns jetzt trennen. Sie fährt mit unserem Auto zurück nach Norden, während ich mir einen kleinen Fiat miete und weiter nach Süden reise. Eigentlich wollte mich nun Nicolas ein Stück begleiten, aber ihm kommen Prüfungen im Studium dazwischen. Ich werde also fortan bis Trapani allein reisen, was ich lange nicht mehr gemacht habe, von journalistischen Dienstreisen abgesehen, auf denen ich zu beschäftigt war, um mich einsam zu fühlen. Wie es jetzt wohl werden wird?

Zuerst fahre ich nach Sutri im Norden Latiums. Dies ist eine fantastische Gegend, die wenige Touristen besuchen, weil Rom alle Aufmerksamkeit ansaugt. Daher sind die Landschaften zwischen dem Bolsena- und dem Bracciano-See fast unheimlich ruhig mit ihren von Flüssen und Bächen tief in den weichen vulkanischen Stein gegrabenen Tälern und deren dschungeldichter Vegetation. In die Felswände haben die Etrusker, die einst die Gegend beherrschten, ihre Gräber geschlagen. Ihre Spuren sind noch überall in der Landschaft zu finden, ein Paradies für Grabräuber, die immer wieder Schätze zu Tage fördern. Oben, auf erodierten Felsspornen, krallen sich kompakte mittelalterliche Orte in den Tuff, wie

Kronen in einen Backenzahn. Calcata ist so ein aus der Zeit gefallenes Dorf, in das ich heute wandere. Von außen wirkt es fast surreal mit seinen abweisenden, schorfigen Hauswänden, die scheinbar nahtlos in die ebenso abweisenden Felshänge übergehen, die zum Treia-Fluss abfallen. Innen, in den krummen, mit Flusskieseln gepflasterten Gassen und auf den Piazze, gibt es einige Bars, Trattorien und Geschäfte mit alternativem Touch für Sonntagsausflügler aus Rom und Post-Hippie-Reisende aus England oder Österreich. Wenn sie weg sind, wirkt alles wieder so, wie es wohl auch vor hundert oder fünfhundert Jahren war. Unverputzte Fassaden, aus denen hohläugige Fenster glotzen, steile Außentreppen ohne Geländer und kleine Balkone, von denen aus alte Frauen die Gasse beäugen. Der Wirt einer Osteria spricht mich erst auf Englisch, dann auf Deutsch an, einmal Tourist, immer Tourist. Er lockt mich mit einem frisch gezapften Bier von einer der Kleinbrauereien, die in Italien in den vergangenen Jahren entstanden sind. Dann erzählt er mir, wie arm Calcata in seiner Kindheit war und wie gut es dem Ort jetzt gehe dank der Tagestouristen. Und das, obwohl die Heilige Vorhaut, die wertvollste Reliquie des Ortes, gestohlen worden sei.

Die »Heilige Vorhaut«? Was um Himmels willen soll das sein? Einer der Vorteile des Internet-Zeitalters ist es, dass man solche Fragen sogleich beantwortet bekommt. So sitze ich nun bei dem sündteuren Craft-Bier und recherchiere auf meinem Handy über die Heilige Vorhaut. In Sekundenbruchteilen erhalte ich Informationen darüber aus Wissensspeichern in aller Welt. Eigentlich ist das ein Wunder.

Jesus von Nazareth war, bevor er das Christentum schuf, Jude, und als solcher wurde er acht Tage nach seiner Geburt beschnitten, wie auf einem Ölgemälde des Barockmalers Guido Reni zu sehen ist. Denn im Buch Genesis, 17,10 heißt es: »Das ist mein Bund zwischen mir und euch samt deinen Nachkommen, den ihr halten sollt: Alles, was männlich ist unter euch, muss beschnitten werden.«

Die Beschneidung, bei der die Vorhaut des männlichen Gliedes ganz oder teilweise entfernt wird, symbolisiert den Bund zwischen Gott und den Juden. So weit, so klar. Nur dass völlig unklar ist, was mit dem Hautstückchen des Jesuskindes nach der Beschneidung passiert ist. So wurde im Mittelalter an vielen Orten eine Reliquie als Vorhaut Jesu verehrt. Einer Erzählung nach wurde sie nach der Beschneidung von einer alten Frau aufbewahrt. Fast exakt 800 Jahre später, an Weihnachten des Jahres 800, tauchte sie, so die Legende, wieder auf. Ein Engel brachte die Vorhaut Karl dem Großen, der sie aus Anlass seiner Kaiserkrönung in Rom Papst Leo III. schenkte. Der ließ sie in einer Kapelle des Lateranpalastes aufbewahren, wo sich bereits die Sandalen Jesu befanden. Als 1527 beim berüchtigten *Sacco di Roma* deutsche Landsknechte und spanische Söldner die ewige Stadt plünderten, stahl ein Landsknecht die Heilige Vorhaut. Man muss sich sein Glück vorstellen: Inmitten des brennenden, blutenden Roms stößt dieser Mann auf eine solche Reliquie. Wie mag er sich gefühlt haben? Als Auserwählter des Herrn? Jedenfalls wird er versucht haben, das teure Stück in Sicherheit zu bringen. Als er kurz darauf bei Calcata festgenommen und eingekerkert wurde, soll er die Vorhaut in ihrem mit Juwelen geschmückten Reliquiar in seinem Gefängnis versteckt haben. Erst 30 Jahre später wurde sie gefunden. Seit dieser Zeit wird die Heilige Vorhaut in Calcata verehrt und einmal jährlich in einer Prozession durch den Ort getragen. Falls diese Geschichte nicht wahr sein sollte, wäre sie eine geniale Erfindung, um Pilger nach Calcata zu locken.

Doch die Geschichte ist noch nicht zu Ende. Die Vorhaut Jesu muss – ähnlich wie Padre Pio, der Heilige Süditaliens – über die Gabe der Bilokation verfügt haben, also über die Fähigkeit, an zwei Orten gleichzeitig zu sein. Denn im 17. Jahrhundert, als die Reliquie in der Dorfkirche von Calcata der Verehrung preisgegeben war, entdeckte Leone Allacci, ein Bibliothekar des Vatikans, dass die Vorhaut zum Himmel emporgefahren war und nun die Ringe des Saturns bildete. 1983 erlitt Calcata dann einen furchtbaren Schlag. Der Pfarrer musste eingestehen: Die Vorhaut wurde geklaut, samt ihrem Reliquiar. Kirchenkritische Geister behaupten seither, der Vatikan stecke hinter dem Diebstahl, da ihm die Verehrung peinlich geworden sei. Der amerikanische Journalist und Historiker David Farley hat dem Vorhaut-Thriller einen Film gewidmet: *Die Suche nach der Heiligen Vorhaut*. Doch Dan Brown hat immer noch kein Buch darüber geschrieben. Und das ist nun wirklich ein Wunder.

Ich übernachte in Sutri, das ebenfalls voller Mythen und Historie ist. Auch dieser Reichtum an Geschichten, göttlichen und menschlichen, bewirkt, dass Italien ein besonders spannendes Land ist. Sutri gehört zu den ältesten Städten Latiums. In dem Ort, der auf den ersten Blick nach Provinznest aussieht, wurde 1046 Weltgeschichte geschrieben. Damals entschied Kaiser Heinrich III. auf der Synode von Sutri den Streit zwischen drei Kardinälen um den Papstthron. Der Kaiser vertrieb alle drei Prätendenten und machte den Bischof von Bamberg als Clemens II. zum Pontifex. Es sollte der letzte deutsche Papst sein, bis Joseph Ratzinger 2005 als Benedikt XVI. zum Nachfolger Petri wurde.

Mein uriges Bed and Breakfast ist in den rot schwarzen Gemäuern aus Vulkangestein einer historischen Keramikfabrik eingerichtet. Aus den kleinen Fenstern blicke ich auf das Ausgrabungsgelände. Es besteht aus einem in den Tuffstein gehauenen römischen Amphitheater, aus in die Felswände geschlagenen etruskischen Kammer- und Nischengräbern und aus einem Heiligtum, das zur Zeit der Etrusker als Grabstätte, später als Versammlungsort des Mithras-Kultes und schließlich als Kirche diente. Wo, wenn nicht in Italien, gerät man ständig in solche räumlichen Verdichtungen von Geschichte?

Es ist Nacht geworden. Ich sitze in meinem geräumigen, mit uralten Möbeln eingerichteten Zimmer, starre auf die schwarz roten Wände und fühle mich ein bisschen verlassen. Ich schalte das Retroradio ein, das auf einer Kommode steht, und höre den Song *Buon Viaggio* des Cantautore Cesare Cremonini.

»Buon viaggio, che sia un'andata o un ritorno
Che sia una vita o solo un giorno«[1]
Sofort hebt sich meine Stimmung. So einfach ist das manchmal, jedenfalls bei mir. Jetzt freue ich mich schon auf die Weiterfahrt am kommenden Morgen.

Warum begeben sich Menschen freiwillig auf Reisen, also nicht deshalb, weil sie auf der Flucht vor Krieg und Hunger sind? Ich packe ein paar Bücher vom und über das Reisen aus, die ich mitgenommen habe, und schmökere darin. Häufig ist zu lesen, der Reisende laufe fast immer vor etwas weg, vor Problemen zu Hause, vor sich selbst. Ich kann dieses Motiv bestätigen. Oft in meinem Leben habe ich auf die nächste Reise hin gefiebert, wenn mir der Alltag erdrückend, monoton, überplant erschien.

185

Die nächste Reise versprach Erneuerung, frische Lebens-
energie. Das klingt illusionär. Doch ich wurde in dieser
Hoffnung fast nie enttäuscht, schon gar nicht in Italien.
Die Urlaube dort hielten eigentlich immer, was sie ver-
sprachen. Und ich kam freudiger, kraftvoller aus ihnen
nach Deutschland zurück, eine Stimmung, die dann in
den Alltag hineinwirkte.

Doch Flucht ist nur das offensichtlichste Motiv für
Reisen. Mindestens genauso wichtig ist die Entdecker-
freude. Sie bewirkt, dass ich eben nicht jedes Jahr den
Urlaub in Magliano verbringe, sondern vorzugsweise
immer an anderen Orten, sei es draußen in der Welt oder
hier in Italien. »Die Liebe zur Vielfalt oder auch die Neugierde auf unbekannte Dinge … scheint allen Söhnen
und Töchtern Adams eingewoben zu sein«, bemerkt der
im 18. Jahrhundert lebende englisch-irische Schriftsteller
und Pfarrer Laurence Sterne in seiner Predigt *The Prodi-
gal Son (Der Verlorene Sohn)*. Und weiter: »Diesem
Stachel, der uns seit jeher im Fleisch sitzt, verdanken wir
unsere ungeduldige Sehnsucht nach dem Reisen.« Der
niederländische Schriftsteller Cees Noteboom wundert
sich ein Vierteljahrtausend später in seinem Buch *Die
Kunst des Reisens*: »Unglücklicherweise bin ich so be-
schaffen, dass ich immer hinter den nächsten Hügel
gucken will und noch immer nicht gelernt habe, dass
dahinter wieder ein Hügel liegt. Was erwarte ich denn
eigentlich?«[2]

Als Odysseus nach dem siegreichen Kampf seiner Griechen um Troja mit seinen Schiffen aufbrach, um in das
heimische Ithaka zurückzukehren, wurde er nicht nur von
neidischen Göttern, ehrpusseligen Göttinnen und bösen
Launen des Schicksals auf seine Irrfahrt geschickt. Sondern auch von seiner Neugier und Abenteuerlust. Wenn

er sich auf irgendeiner der Inseln des Mittelmeers mit ihren seltsamen Bewohnerinnen behaglich eingerichtet hatte, trieb ihn nicht nur die Sehnsucht nach der Heimat und der Gemahlin Penelope weiter. Sondern auch das Verlangen nach neuen Horizonten, neuen Erlebnissen, neuen Wundern des Lebens. Fast jeder kennt den kleinen Odysseus in sich, und sei es nur, wenn es ihm im Erholungsurlaub im All-inclusive-Hotel zu langweilig wird und er einen Ausflug ins nah gelegene Städtchen macht.

Doch Reisen ist noch viel mehr. Es ist auch die Sehnsucht nach dem Fremden. In einer Zeit, in der viele sich in ihren nationalen, regionalen oder ideologischen Identitäten einkuscheln, weil sie die immer komplexere, globalisierte, scheinbar entgrenzte Welt verwirrt oder ängstigt, sucht der Reisende das Gegenteil: die Befreiung aus der Enge des Vertrauten, das Erleben des Neuen, die Begegnung mit dem Fremden.

In der Vor-Internet-Zeit reichte mir ein Blick auf irgendeine Landkarte, um beim Betrachten kleiner Sträßchen mit grüner Umrandung – grün, weil landschaftlich reizvoll – ins Entdeckerfieber zu verfallen. Oft bin ich buchstäblich mit dem Finger auf der Landstraße gereist. Und bisweilen bin ich erst Jahrzehnte später tatsächlich auf den Straßen gefahren, die ich in der Fantasie vorweggenommen hatte. Das Internet hat diesem Vorausreisen in der Fantasie, dieser Vorfreude, etwas von seinem Reiz genommen, da es die Wirklichkeit digital nachstellt und so der Vorstellungskraft Raum nimmt. Aber wer verbietet es uns, die Navigations-Apps einmal abzuschalten, die Landkarte auszubreiten und sich wieder von deren kleinen grünen Straßen inspirieren zu lassen? Ich probiere das auf dieser Reise immer mal wieder aus. Es funktioniert.

Vielleicht gibt es so viele Arten zu reisen, wie es Menschen gibt. Doch sie lassen sich in Gruppen einteilen: die Pilger, die für ihr Seelenheil reisen, sei es zur Heiligen Vorhaut, zum Fuji, nach Rom, Mekka, an den Ganges oder in ein Meditationszentrum in Niederbayern; die Glücksritter, die darauf vertrauen, dass es auf Reisen wahrscheinlicher ist, schöne Überraschungen zu erleben, als wenn man zu Hause bleibt; die Erholungssuchenden, die sich auf den Pisten der Dolomiten oder in den Korallenriffen von Costa Rica regenerieren; die Bildungshungrigen, die durch Kunststädte wie Florenz, Barcelona oder Paris streifen, um sich am Schönen zu erfreuen; die Genussreisenden, die ihre Route nach den Michelin-Sternen ausrichten; die Abenteuerreisenden, die wissen, dass Circe, Polyphem und Aeolus seit Homer nicht ausgestorben sind; und schließlich die Ich-Reisenden, die in all den anderen Reisendentypen enthalten sind. Dabei sind sie die seltsamsten Unterweglinge. Denn sie entfernen sich, um sich zu finden. Sie gehen fort, um seelisch heimzukommen. In seinem poetischen Roman *Das Buch vom Süden*[3] lässt André Heller seinen Helden Julian Passauer sagen, der aus Wien stammt, aber sich in Italien zuhause fühlt: »Da man aber Heimweh nur nach dem haben konnte, was Heimat war oder ist, wusste er genau, dass er dem vollkommenen Süden nicht nur zustrebte, sondern auch entstammte.«

Reisen als Weg zur Selbstfindung und Selbsterkenntnis, zur Ganz- und damit Heilwerdung – kann das funktionieren? Skeptisch meint der nordamerikanische Reiseschriftsteller Paul Theroux: »Ich packe meine Koffer, nehme von meinen Freunden Abschied und schiffe mich ein – und erwache in Neapel, und an meinem Bette sitzt ernsthaft und wirklich dasselbe traurige, unnachsichtige

Selbst, vor dem ich geflohen.«[4] Reisen muss also nicht verändern, heilen. Aber es kann. Ich selbst fühle mich nach fast jeder Reise vollständiger, einheitlicher, mehr bei mir selbst als davor. Woran das liegt? Vielleicht daran, dass wir uns auf Reisen als anders, freier, authentischer erleben, weil wir die Rollen abstreifen, die uns von unserer gewohnten Umgebung zugeschrieben werden, und weil wir den Erwartungen entkommen, von denen wir glauben, dass unsere Kollegen, Freunde, Verwandten sie gegen uns hegen. Reisen ist für mich auch die Befreiung aus meinem vom Alltag normierten Ich und die Chance, mich anders zu erfahren, als ich es von mir gewohnt sein muss. »Wer wirklich über sich Klarheit gewinnen will, tue es auf Reisen«, rät der deutsche Reiseschriftsteller Günter Metken[5]. Theroux schreibt: »Reisen, das meist als Flucht vor dem eigenen Ich angesehen wird, ist meiner Meinung nach genau das Gegenteil.«

Was nicht heißt, dass ich, der ich jetzt in meinem rustikalen Zimmer in Sutri hocke, ein ganz anderer bin als zuhause in München. Natürlich habe ich meine Anlagen, Erfahrungen und Prägungen, Ängste, Marotten und Obsessionen im Gepäck. Aber die ungewohnte Umgebung und die Begegnungen mit fremden Menschen helfen mir, daneben andere Seiten in mir zu entdecken. Reisen stürzt das Ich nicht um, aber es erweitert das Ich-Bewusstsein – und gibt dadurch die Kraft, das Ich zu verändern.

16

Mario und das Zauberland

Bevor ich nach Rom fahre, in die Stadt, die für mich immer der Nabel der Welt sein wird, möchte ich einen alten Bekannten aufsuchen. Mario Fortunato stammt aus Kalabrien, ist aber zum Weltbürger geworden, der in Rom, New York, Mailand, Berlin und London lebte und sich dann ein Refugium am Rande der Sabiner Berge nördlich von Rom geschaffen hat. In seinem Buch *L'Italia degli Altri*[1] schreibt er: »Man liebt immer das, was man nicht hat, was man nicht ist.«

Während ich im sanften Morgenlicht von Sutri aus durch das nördliche Latium fahre und das weiche Tal des Tibers durchquere, muss ich an einen anderen Satz Marios aus diesem Buch denken: »Wer auch nur einen Blick auf die Werke Claude Lorrains und Nicolas Poussins geworfen hat, versteht, wenn ich sage, dass in ihren Gemälden und Zeichnungen das geheimnisvolle und perfekte Licht der italienischen Landschaft liegt.« Dieses Licht, das sich so vom – ebenfalls reizvollen – silberklaren Licht nordeuropäischer Länder unterscheidet, gibt den Landschaften eine träumerische, leicht melancholische Unergründlichkeit, die mich besonders anzieht. Nirgends in Italien erlebe ich diese Stimmung so intensiv wie in den Bergen und Tälern rund um Rom, wo

190

die Mythen dieser Kombination aus romantischen Landschaften, warmem Licht und antiken Ruinen entwachsen. Nicht umsonst haben Lorrain und Poussin, diese beiden französischen Pioniere der Landschaftsmalerei, vor allem von Rom aus gemalt. Und nicht umsonst zeigt das wohl berühmteste Porträtgemälde Goethes, jenes seines Malerfreundes Johann Heinrich Wilhelm Tischbein, den Dichter in der römischen Campagna.

Im Land rund um Rom haben sich Mario Fortunato und sein damaliger englischer Lebensgefährte, der Gartenarchitekt Frederic Whyte, ein verwahrlostes Gehöft mit einer 300 Jahre alten Eiche in der Mitte gekauft, das sie mit viel Geduld und Sensibilität wiederaufgebaut haben. Aus geschützter, in der Vegetation halb versteckter Hanglage heraus blickt es auf das Tibertal und den Monte Soratte, einen isolierten Kalkberg, der durch seine klaren, harten Konturen das Sanfte des umliegenden Schwemmlandes hervorhebt.

Um das Haupthaus und die beiden Nebengebäude, die Mario viel Raum zum Schreiben und für seine Bibliothek geben, hat sein Freund einen Garten angelegt, wobei er sich vom Gedanken italienischer Renaissancegärten leiten ließ, Haus und Garten, Architektur und Natur miteinander durch klare Formen zu verbinden. Dem dienen die geometrisch angelegten Buchsbaumhecken, während zahlreiche Gewürzsträucher Düfte und Rosen, Flieder, Weißdorn oder Berberitzen Farbe in das Szenario bringen. Natürlich fehlen die Mittelmeerklassiker unter den Bäumen nicht, Zypressen, Oliven. Während mich Mario an einem heißen Nachmittag über sein Anwesen führt, freue ich mich, dass er verwirklichen konnte, wovon ich träume; und dass ich das hier miterleben darf. Dabei fällt mir ein Zitat von Cicero ein, das auf einem Tischkalender steht, den mir meine Kinder geschenkt haben: »Hast du ein Gärtchen und eine Bibliothek, so wird dir nichts fehlen.«

Mario, ein vorzüglicher Gastgeber, kultiviert, charmant, polyglott, nachdenklich, ironisch, schlagfertig, zeigt mir einen Busch, dessen Blütenknospen abgefressen sind. Der Täter sei ein Stachelschwein, und ein solches Tier im Garten zu haben, ein gutes Zeichen für den Geist des Ortes. Er zeigt mir aber auch die Schäden, die die Trockenheit dieses Sommers seinen Pflanzen zugefügt hat.

Dann serviert er Prosecco auf seiner Terrasse, streckt sich behaglich in seinem Sessel aus, trinkt, raucht, ein Intellektueller mit dicker Hornbrille und einer Begabung zum Genuss. Fühlt er sich nicht manchmal einsam hier draußen? Er schüttelt den Kopf, sagt, er sei sehr gut in die örtliche Gemeinschaft integriert. »Obwohl ich natürlich eigentlich ein Fremder bin.« Er bringt mich in ein nahe gelegenes Gartenrestaurant, das einer römischen Prinzessin gehört. Bei gefüllten Gnocchi und einer Art warmem *Vitello tonnato* frage ich Mario, was Italien seiner Ansicht nach so anziehend macht. Schweigend deutet er in die Runde, auf die Gäste an den mit Kerzen geschmückten Tischen, auf die Olivenbäume, zwischen denen das Abendrot durchleuchtet: »Italien ist in gewisser Weise perfekt, um sich selbst zu finden. Das Klima ermöglicht es, das Haus zu verlassen, viel draußen zu leben. Schon das gibt dem Leben hier eine größere Sinnlichkeit als im Norden. Und Italien ist ein Land, das Kraft ausstrahlt. Wir erspüren sie auf fast animalische Weise.«

Mario nimmt einen Schluck Merlot, lässt ihn im Mund kreisen, denkt nach, schaut mich an. »Wenn Deutsche wie du ans Mittelmeer reisen, merken sie, dass ihre Kultur von hier kommt. Aus Griechenland und Italien. Aber Griechenland ist eher hart, während Italien weich ist. Bisweilen geradezu paradiesisch. Ich zum Beispiel lebe hier fast autark. Oliven, Aprikosen, Feigen. Das erhalte ich alles aus meinem Garten. Und was wir hier bei der *principessa* aufgetischt bekommen, produziert sie alles selbst. Sie hält Kobe-Rinder, Hühner, baut Auberginen und Tomaten an, holt die Küchenkräuter aus dem Garten.« Das schmecke ich. Dieses Leben hier draußen in einer spendablen Natur, die alles gibt, was man braucht, erscheint mir besonders verlockend in unserer Zeit der Umweltzerstörung, des Krieges, der Pandemie, der Unübersichtlichkeit.

»Noch etwas zieht die Menschen aus dem Norden an«, sagt Mario. »Wir Italiener haben einen Sinn für Schönheit, der fast instinktiv ist. Und eine Freude am Dasein, am Leben, die unser Land ausstrahlt. Das findest du hier überall.«

»Woher kommt das? Dieser Schönheitssinn? Die Lebensfreude?«

Mario zieht die Augenbrauen über den Rand seiner Hornbrille nach oben. »Womöglich liegt es in den Genen. Und an dieser besonderen Kreuzung aus Natur, Klima und Kultur.« Dann fällt ihm noch ein Motiv für den Zauber Italiens ein, das besonders die Künstler verführt. »Bei uns in Italien ist der Mythos, die magische Welt noch ganz nah. Das erlebst du besonders im Süden. Aber auch hier in dieser Landschaft.«

17
Und wieder Rom!

Ein bisschen Herzklopfen habe ich, als ich ins Zentrum von Rom fahre. Zum Glück ist es später Abend, und der Verkehr hat nachgelassen. Auf manchen Plätzen aber tobt die *movida*[1], junge Leute tanzen im schummrig-gelben Licht der römischen Straßenlaternen zu Rave-Musik. Paare torkeln an mir vorbei, zwischen über-quellenden Müllcontainern und Abfallhaufen hindurch, aber unter Pinien, immer vorwärts, ins Leben. Da ist es wieder, Rom, rauschhaft, sinnlich, laut, überwältigend, aufputschend und ermüdend, faszinierend und beängstigend, eine Stadt, die einen binnen Augenblicken begeistern und dann abstoßen kann, und danach wieder umgekehrt.

Meine Beziehung zu Italien kann ich mit den drei Phasen der Liebe erfassen – des Verliebtseins, der Enttäuschung und der reifen Liebe. In Rom aber habe ich immer noch das Gefühl, zwischen Phase Eins und Zwei hin und her zu taumeln. Oft war ich glücklich, aber manchmal auch sehr unglücklich in dieser Stadt. Niemals war ich gleichgültig oder gelangweilt in ihr. Immer fühlte sich das Leben lebendig an. Deshalb zieht es mich stets nach Rom zurück. Jedes Mal, wenn ich es verlasse, verspüre ich einen großen Abschiedsschmerz, aber auch

194

eine kleine Erleichterung. Denn Rom ist nährend und erdrückend. Und immer habe ich das Gefühl, mit dieser Stadt niemals fertig zu werden.

Dabei habe ich Rom relativ spät kennengelernt, auf meiner Abireise. Wir fuhren mit dem Zug dorthin, unterwegs stiegen junge Italiener mit wilden schwarzen Haaren ein und flirteten im Nu mit den hübschesten Mädchen unseres Jahrgangs. Diese Leichtigkeit der Annäherung verwirrte mich und gab mir zu denken. Ich fühlte mich nordisch, schwer und traurig. Und dahinter wuchs die Sehnsucht nach Italien.

Wir wurden dann in einer dieser schäbig-frivolen Absteigen um die *Stazione Termini* einquartiert. Vielbettzimmer, Neonröhren, vom Alter fleckige und rissige Toiletten und Duschen. Dann kam eine Woche, an die ich mich nur noch im Aufblitzen einiger Bilder erinnere. Ein Abend mit Rotwein auf der Spanischen Treppe. Untergehakt und lauthals singend an der Fontana di Trevi vorbeispazierend. Die unglaublich erstickende Hitze in der vor Körpern überquellenden *Metropolitana*. Das Forum, dieser Friedhof der Geschichte, eher enttäuschend für mich damals. Umso beglückender die Frische der Villa Borghese mit ihren Alleen, Brunnen, Statuen, Palazzi und dem Blick vom Pincio auf die Kuppel von Sankt Peter. Das wars. An mehr kann ich mich von dieser ganzen langen Woche nicht erinnern. Ich glaube nicht, dass ich schon damals gespürt habe, dass mich Rom nie wieder loslassen wird.

Doch kaum zu Hause, kreisten meine Gedanken um Rom. Ich reiste bald darauf mit Freunden dorthin. Verbrachte ein Semester während des Studiums und eines während der Referendarzeit dort. Kam auf unzähligen Reisen allein, mit Freunden, mit Antonia, mit unseren

Kindern für eine kurze Visite vorbei. Rom wurde meine Leidenschaft. Nicht der einzige, aber ein entscheidender Grund, warum ich Journalist wurde, war die Hoffnung, einmal als Korrespondent nach Rom gehen zu können, was viele meiner Freunde als Spleen ansahen. Dass das tatsächlich klappte, habe ich meiner Beharrlichkeit zu verdanken – und meinem damaligen Chefredakteur Hans Werner Kilz, der wahrscheinlich nicht weiß, wie dankbar ich ihm dafür bin. Die Jahre in Rom als Korrespondent, gemeinsam mit Antonia und unseren damals noch ziemlich kleinen Kindern, waren nicht immer einfach. Denn Rom ist keine leichte Stadt für Menschen, die dort dauerhaft leben. Aber wenn ich eine Etappe meines Lebens wiederholen dürfte, würde ich diese vier Jahre wählen.

Danach war es wieder wie davor. Immer wieder Rom, doch nur für kurze Besuche. Fast mit etwas Scheu. Weil ich nun wusste, was ich verloren hatte. Würde es jetzt anders werden? Kann ich nun in Phase Drei eintreten, die der reifen Liebe?

Wenn ich nur kurz in Rom bin, miete ich mich am liebsten auf dem Aventin ein. Der Hügel, der zu den sieben klassischen gehört, liegt mitten in der Stadt und zugleich über ihr. Er ist wie das Auge des Taifuns, ruhig, grün, friedlich. Gewundene Straßen ziehen sich zwischen Gründerzeitvillen in matten Gelb- und Rottönen und zwischen üppig bepflanzten Gärten auf die flache Hügelkuppe hinauf. Oben liegen auf der Seite, an der der Fels steil zum Tiber abbricht, drei uralte Kirchen, ein malerischer Orangengarten mit Ausblick über die Stadt sowie der Hauptsitz des Malteserordens.

Hier auf dem Aventin habe ich ein Zimmer in einem

schönen pastellfarbenen Haus mit grünen Fensterläden gefunden, das in einer lauschigen Seitenstraße liegt. Ich parke das Auto auf einer nahen Piazza, auf der die Parkplätze blau umrandet sind. Das bedeutet, sie sind kostenpflichtig. Die Parkuhr nimmt nur Münzen oder Kredit- und EC-Karte. Da ich kein Kleingeld bei mir habe, probiere ich es mit meinen Karten. Sie werden verweigert. Ich drehe nochmal eine Runde mit dem Auto in der Umgebung, doch alle freien Parkplätze, die ich finde, sind blau markiert. Leicht beunruhigt ziehe ich meinen Rollkoffer zu meiner Unterkunft. Als ich noch in Rom lebte, hätte mich illegales Parken überhaupt nicht besorgt. Aber ich bin eben kein Römer mehr. Der Wirt, den ich über meine späte Ankunft verständigt habe, beruhigt mich. Wo ich geparkt habe? Auf der Südseite der Piazza? Dann sei alles prima. Ein Gericht habe vor einigen Jahren entschieden, die Hälfte der Parkplätze auf der Piazza müsse kostenfrei sein. Die Stadtverwaltung habe es nur noch nicht geschafft, die Markierung und Beschilderung zu ändern. Ach Rom!

Im Zimmer fühle ich mich sofort zu Hause. Es hat einen gefliesten Boden, dunkle, schwere Holzmöbel und ein kleines Bad, das schon frischere Zeiten gesehen hat. Durch die angelehnten Fensterläden dringt schwach das Straßenlicht, durch die Tür umso stärker das Fernsehplärren aus der Wohnung. Wie oft habe ich in Rom schon in solchen Zimmern gewohnt. Einmal, als Referendar, für vier Monate. Damals ging das Zimmer im Stadtteil Prati auf eine laute Straße und ein Hotel hinaus, sodass die ganze Nacht Lärm war. Die Wohnung gehörte Signora C., der Witwe eines hohen Richters, die nahezu taub war. Deswegen lief der Fernseher noch lauter als in anderen römischen Wohnungen. Und da die Signora allabendlich in ihrem Sessel im Wohnzimmer mit offenem Mund einschlief, lärmte der Fernseher die ganze Nacht. Ich habe mich nie getraut, ihn auszuschalten, denn Signora C. war äußerst energisch. Auch meine beiden Mitbewohnerinnen, Andrea und Ritchy, trauten sich das nicht. So litten wir bald alle drei an Schlaflosigkeit. Hier habe ich es besser. Der Wirt schaltet den Fernseher freiwillig gegen Mitternacht aus. Draußen auf der Straße ist es vollkommen ruhig. Ich öffne die Fenster und lasse den Geruch der Pinien herein. Wie schön es ist, wieder in Rom zu sein.

Am nächsten Morgen komme ich beim *caffè* mit Marco, dem Wirt, ins Gespräch. Er erzählt mir, er stamme aus einer richtigen römischen *borgata*[2], »wie bei Pasolini«. Der 1975 ermordete Regisseur und Schriftsteller Pier Paolo Pasolini hat einen erheblichen Teil seiner Werke in den *borgate* spielen lassen, die zu seiner Zeit oft bettelarm waren, aber voller Vitalität, bewohnt von einem Subproletariat, dessen vorchristliche »Barbarei«, wie er es nannte, ihn unwiderstehlich anzog, auch sexuell. Marco erzählt nicht, wie er aus den *borgate* herauskam, nur so viel, er sei ein Büchernarr und habe in einer Buchhandlung beim Vatikan gearbeitet. Da diese nicht mehr so gut lief, sei er entlassen worden. Nun betreibt Marco, ein kleiner Mann mit Schnurr- und Kinnbart und Ringen in beiden Ohrläppchen, diese Minipension, in einer Wohnung, die seine geschiedene Frau ihm zur Verfügung stelle. Sein Lebensraum ist die Küche. Immer, wenn ich Marco in den kommenden Tagen sehe, sitzt er darin und bereitet eine Mahlzeit zu. Heute probiert er *polpette*[3] mit Joghurt aus, das Rezept hat er sich ausgedacht. Im Fernsehen läuft eine Kochsendung. Marco trägt ein weißes T-Shirt mit einem aufgedruckten Emblem der *Cesarine*, einer Vereinigung von Hobbyköchen und -köchinnen, die es in vielen italienischen Städten gibt. Sie empfangen ihre Gäste, oft Reisende, bei sich zu Hause, um dann mit ihnen lokale Gerichte zuzubereiten und zu genießen. Falls seine Joghurtbuletten gelingen, wird Marco sie bald gemeinsam mit seinen Gästen kochen. In aller Ruhe knetet er Kloß um Kloß. Er hat für sich die Langsamkeit entdeckt, als »Widerstand gegen die globale Internet-Kultur«. Und vielleicht auch als Protest gegen seine Entlassung als Buchhändler. Im Internet bestelle er nie etwas, sagt er. Stattdessen gehe er in den kleinen Geschäften einkaufen. »So komme ich mit den Leuten ins Gespräch.« Auch habe er sein Auto verkauft und spaziere zu Fuß durch Rom, sooft er könne.

»Allerdings würde ich mir nie erlauben, zu behaupten, ich kenne Rom«, sagt Marco. Dafür sei die Stadt zu vielschichtig, eine Welt für sich. Wobei »kennen« für ihn nicht bedeutet, die Sehenswürdigkeiten besucht zu haben, sondern Rom zu verstehen, seine Seele zu erfassen. Umso verblüffender sind für ihn manche Begegnungen mit Touristen. »Einmal war eine amerikanische Familie bei mir. Sie hatten für eine Woche gebucht. Nach zwei Tagen kamen sie und sagten, sie wollten abreisen, weil sie Rom nun kennen würden.«

Dann gibt er mir einen Rat: »Reisen beginnt, wenn man nichts mehr besichtigen will, wenn man sich treiben lässt.«

Das tue ich in diesen Tagen. Kein Museum, keine Ausgrabungsstätte. Ich laufe einfach durch Rom. Gehe und schaue. Manchmal betrete ich eine Kirche, aber nicht, um sie zu besichtigen, sondern weil mich die Klänge und Lichter eines abendlichen Gottesdienstes anziehen. Um nicht falsch verstanden zu werden: Ich besichtige leidenschaftlich gern fremde Städte. Ich bekenne mich dazu, mit dem Reiseführer in der Hand Schlösser und Kunstsammlungen zu durchstreifen, mir Wissen und Bildung anzueignen, und auch dazu, manchmal zu Hause damit zu prahlen. Ja, ich bin ein Bildungsbürger, und es ist völlig ok, sich darüber lustig zu machen. Aber in Rom bin ich etwas anderes. Ich habe die Stadt so oft und intensiv besichtigt, dass ich mich darin nun völlig frei aller eingebildeten Bildungs- und Wissensverpflichtungen fühle. Mir bleibt hier nichts mehr zu tun als gehen, sehen, staunen. Ein Schwebezustand. Das Schönste am Reisen.

Rom also. Das ist Hitze. Der Lärm der Autos und Zikaden. Pinien auf den sieben Hügeln (in Wahrheit sind es mehr). Triumphbögen auf Trümmerfeldern. Und all die Farben. Ochsenblutrote Palazzi. Ziegelrote Mauern. Weißer Carrara-Marmor. Honiggelber Travertin. Lavaschwarzes Pflaster aus *San Pietrini*, den kleinen Steinen von Sankt Peter, wie hier die Kopfsteine heißen. Der muffige Tiber, auf dem einst Romulus und Remus in einem Weidenkörbchen angetrieben wurden, woraufhin alles begann. Gravitätische Brücken. Frauen und Männer, die wie Zentauren mit ihren *motorini* verwachsen sind. Barockkirchen mit ihren prallen Kuppeln. Die aufjaulenden Alfas der Carabinieri. Schweiß und schwere Beine. Priester in Schwarz und schwarze Nonnen. Eine drückende Dunstkappe über der Stadt. Elfenbeinfarbene Taxis, aus deren Radios Fußballsender plärren. Touristengruppen, eng um ihre Führerinnen gedrängt. Der Geruch von Staub und Hundekot. Überquellende Müllcontainer. Eine *Gelateria Corona*. Marmorbrunnen und gusseiserne Wasserspender, an denen *ragazzi* ihre *ragazze* nass spritzen. Die Katzen im Ausgrabungsgelände der Piazza Argentina, deren Urahninnen ich schon kannte. Auf die

Straßen haben sie jetzt Radwege aufgemalt, die zugeparkt sind. Die meisten Zeitungskioske, dunkelgrüne Presseoasen, die die Stadt früher prägten, sind verschwunden, aufgefressen vom Internet und dessen Online-Medien. Dafür gibt es jetzt Doppeldeckerbusse. *Rome in one day, pope included.* Die Stadt, also ihr Zentrum, droht zur Kulisse zu degenerieren, zum Fotomotiv, zur Darstellerin ihrer selbst. Immer weniger Römerinnen und Römer können es sich leisten, im *Centro Storico* zu leben. Dafür wachsen die Trabantenstädte. Sechs Millionen Menschen leben heute in der Metropolregion Rom, also in der Stadt und den mit ihr zusammengewachsenen Vorstädten. Zu Zeiten des Kaisers Augustus waren es ungefähr eine Million.

Auf dem Platz vor der Kirche Santa Maria in Trastevere, der römischsten Piazza Roms, steht ein Leichenwagen. Silberfarben. So viele Blumen. Die Männer in schwarzen Anzügen tragen weiße Masken. Eine bizarre Szene, die wirkt, als entstamme sie dem Film *La Grande Bellezza* von Paolo Sorrentino. Ein paar Gehminuten weiter liegt ein Anstreicher auf seiner Vespa, hält Siesta und hört Rap.

Wenn mir Rom zu viel wird, ziehe ich mich in den Orangengarten auf dem Aventin zurück. Ich schlendere über Kieswege, betrachte Paare auf Bänken, blicke von der Balustrade hinüber nach Sankt Peter, lege mich ins Gras, im Schatten der Pinien. Was hat sich verändert an Rom? Es ist noch schöner geworden. Im ganzen *Centro Storico* sind die Fassaden der Palazzi grandios restauriert. Sie erstrahlen wie neu, ohne ihre Aura zu verlieren. Rom sollte den Fassadenpreis des globalen Dorfes zugesprochen bekommen. Marco hat mir erzählt, wie das hier funktioniert. Es gibt ein Gesetz, durch das die Hausbesitzer im Zentrum gezwungen werden können, ihre

Gebäude zu renovieren. So hätten die Miteigentümer in seinem Palazzo einen Kredit aufnehmen müssen, um das Haus in den schönen Zustand zu versetzen, in dem es sich heute befindet.

Angesichts all dieser Pracht über Straßenniveau sticht die Misere auf den Straßen, Plätzen und in den Grünanlagen umso mehr ins Auge. Ich kenne Rom seit mehr als vierzig Jahren und habe es noch nie derart schmutzig erlebt. Übervolle Müllcontainer gab es immer. Aber nun haben sich um sie herum ganze Inseln aus Unrat gebildet. Die Straßenränder sind gesäumt von Plastiktüten, Getränkedosen, Anti-Corona-Masken. Die Ufer des Tibers starren vor Dreck. In den römischen Zeitungen steht, dass die Wildschweine in die Innenstadt vordringen, um im Unrat nach Nahrung zu wühlen. Die Möwen tun das schon längst. Und die Ratten. »Wir haben hier inzwischen ein ganzes Bestiarium«, sagt Marco mit Galgenhumor.

Die Römer sind die allerersten, die darunter leiden und das anprangern. Höre ich ihnen zu, bekomme ich den Eindruck, dass alles immer schlimmer wird. Aber das ist nicht richtig. Die Gebäude, wie gesagt, werden immer schöner. Wenn ich die alten Dias von meiner Klassenfahrt nach Rom anschaue, sehe ich Palazzi und Barockkirchen, deren Fassaden schwarz von Abgasen sind. Heute erstrahlen sie, als hätten sie Gian Lorenzo Bernini und Francesco Borromini gerade erbaut. Verstaubte Museen sind zu attraktiven, modern gestalteten Sammlungen geworden, die ihre Schätze den Besuchern didaktisch geschickt nahebringen, etwa das exzellente Etruskermuseum der Villa Giulia. Doch zugleich verfällt der öffentliche Raum. Die Wurzeln der Pinien stemmen den Belag der Straßen hoch und machen manche Bus-

zur Achterbahnfahrt. Bei starken Regenfällen tun sich riesige Löcher auf den Straßen auf, manchmal verschlucken sie ganze Autos. Parks werden gesperrt, weil ihre Verwahrlosung gesundheitsgefährdend ist. Banden von Kleinkriminellen beklauen die Menschen in Trambahnen, Bussen und der Metro. *Roma fa schifo*[4] heißt eine professionell gemachte Internet-Seite, die die Verkommenheit Roms beeindruckend anprangert.

Dann, harter Schnitt, wieder das zauberhafte Rom. Dieses Übermaß an Schönheit und greller Lebenslust, das mich schier umhaut, wenn ich auf die Straße trete. Und immer wieder überrascht. Ich bildete mir ein, die Gegend um das Kapitol herum gut zu kennen. Nun biege ich um eine Ecke und stehe auf der Piazza Margana, die ich bewusst noch nie wahrgenommen habe. Ich fühle mich auf dem Platz, als sei ich in eine Zeitmaschine geraten und aus der italienischen Metropole des 21. Jahrhunderts in eine mittelalterliche Kleinstadt katapultiert worden. Um einen gekappten Turm herum scharen sich vor- und zurückspringende Gebäude, die zusammen wie eine Trutzburg wirken. Schräg gegenüber steht ein dreistöckiger, blass-orangefarbener Palazzo mit dunkelbraunen Fensterläden, der zu Goethes Zeit kaum anders ausgesehen haben dürfte. Gegenüber befinden sich weitere Palazzi, in einem warmen Gelb getüncht, die Erdgeschossfenster mit schweren Eisengittern gesichert. Wilder Wein klettert Terrassen empor, Efeuranken kriechen über die Fenster, und unten, auf der Piazza, decken die Kellner die Tische ein. Wo könnte ich römischer zu Abend essen?

Warum ist Rom so schön? Und warum so anstrengend? Womöglich hängt beides zusammen. Die Stadt quillt derart über an Schönem, dass sie den Besucher damit fast erschlägt. »Man müsste mit tausend Griffeln schreiben, was soll hier eine Feder!«, schreibt Goethe. »Und dann ist man abends müde und erschöpft vom Schauen und Staunen.«[5] Das gilt, wie so vieles bei Goethe, bis auf den heutigen Tag.

Andere deutsche Schriftsteller hat Rom regelrecht abgestoßen, zumindest phasenweise. »Ich werfe keine Münze in den Brunnen, ich will nicht wiederkommen. Zu viel Abendland, verdächtig«, dichtet Günter Eich[6]. Rolf Dieter Brinkmann, ein einstiger Stipendiat der deutschen Künstler-Akademie Villa Massimo, nimmt die Stadt in seinem autobiografischen Buch »Rom, Blicke«[7] vor allem als verrottet wahr, als Stein gewordenen Abgesang auf die Zivilisation voller obszöner Dekadenz. »Rom ist, das habe ich schnell begriffen, eine Toten-Stadt: vollgestopft mit Särgen und Zerfall und Gräbern.« Joachim Blüher, der frühere Leiter der Villa Massimo, sagte mir einmal: »Die Schriftsteller sind die Einzigen, die von vornherein wissen, dass Italien das komplette Gegenteil Deutschlands ist.« Genau das suchten sie in Rom. Dabei seien sie der Wucht dieser Stadt wehrlos ausgesetzt. Der Schriftsteller Friedrich Christian Delius urteilte vielleicht genau deshalb, ihre schlechtesten Texte schrieben deutsche Schriftsteller in Rom. Joachim Blüher unterstrich dagegen den kreativen Nutzen eines Rom-Aufenthalts: »Deutsche Künstler lernen hier, monumental zu denken.« Sie müssten die »protestantische Selbstbesoffenheit« des Nordens und ihre Gegenwehr gegen den Süden aufgeben.

Rom braucht Zeit, viel Zeit, um all seine sinnliche Schönheit aufzunehmen, ohne darunter begraben zu werden.

Allmählich werden die Kuppelkirchen vertraut, die Gassen in Trastevere, die Ausblicke vom Gianicolo hinüber zu den Abruzzen, das nächtliche Treiben am Monte Testaccio, die eleganten Restaurants in Prati, die Riesenpinien in der Villa Doria Pamphili, der Moses des Michelangelo in der Kirche San Pietro in Vincoli, Raffaels Gemälde *La Fornarina* im Palazzo Barberini, der Trevi-Brunnen bei Nacht, ein Tartuffo-Eis auf der Piazza Navona, das romblaue Himmelszelt über dem Petersplatz, die shoppenden Römerinnen, Araberinnen und Amerikanerinnen in der Via Condotti. Ein Bild von Rom entsteht, in das der Reisende nun immer mehr Details einordnen kann. Doch dann reist man ab, kommt zwei, drei Jahre später zurück und ist wieder überwältigt. So geht es jedenfalls mir, und daran ändert auch nichts, dass ich jahrelang hier gelebt habe. »Schade, dass man hier nicht dauernd leben kann. Von diesen kurzen Besuchen hat man nichts als ungestillte Sehnsucht«, klagt der Rom-Enthusiast Sigmund Freud[8]. Hinzufügen möchte ich nur: Auch vier Jahre sind für Rom nur ein kurzer Besuch.

Rom ist keine Stadt, die man einfach so besichtigen und abhaken kann, wie das die amerikanische Familie versucht hat, von der mir mein Wirt erzählte. Wer das dennoch tut, ist mit Rom nicht wirklich in Berührung gekommen. Denn Rom ist wie ein Spinnennetz oder, um ein freundlicheres Bild zu benutzen, wie ein Honigtopf: Ist man erst einmal hineingeraten, kommt man nicht wieder heraus. Gerade deutschsprachige Reisende haben diese Erfahrung immer wieder gemacht. Rom umgarnt sie, fesselt sie, und auch wenn sie wieder abreisen, bleibt ihre Seele mit der Stadt verstrickt.

Warum das so ist? Zwei so unterschiedliche Reisende wie Johann Wolfgang Goethe und Sigmund Freud geben ähnliche Antworten darauf. Da ist einmal die enorme Anziehungskraft Roms. Für Goethe ist es der »Mittelpunkt«, die »Hauptstadt der Welt«, zu der ihn ein »unwiderstehliches Bedürfnis« hinzieht. Es ist so groß, dass es Goethe als »eine Art von Krankheit« bezeichnet, wie er am 1. November 1786 in sein Tagebuch schreibt, gerade in der Stadt angekommen. Für Freud, der am 2. September 1901 erstmals Rom betritt, ist das die Erfüllung eines »lange gehegten Wunsches«, ein »Höhepunkt des Lebens«. Seinen Traum von Rom deutet er sogar als »tief neurotisch«. Erst einmal angekommen, stellt sich bei beiden Reisenden dann ein tiefes Glücksgefühl ein. »Ich war noch nie so wohl«, schreibt Freud. Und später: »So bin ich wieder in Rom und merke, es wird mir wohltun.« Goethe befindet: »Nun bin ich hier und ruhig und, wie es scheint, auf mein ganzes Leben beruhigt.« Und: »Überall findet sich etwas zum Freuen, Lernen und Tun.«

Goethe und Freud erleben in Rom ihre Selbstfindung und Neugeburt zugleich. Goethe: »Ob ich gleich noch immer derselbe bin, so mein' ich, bis aufs innerste Knochenmark verändert zu sein.« Er »zähle einen zweiten Geburtstag, eine wahre Wiedergeburt, von dem Tage, da ich Rom betrat«. Freud: »Ich … möchte jetzt wieder zu mir selbst kommen und etwas aus mir herausholen. Dafür ist die unvergleichliche Stadt der richtige Ort.«

Im Land der Träume – Mit Sigmund Freud in Italien lautet der Titel eines ebenso unterhaltsamen wie klugen Buches des Journalisten Jörg-Dieter Kogel[9]. Darin schreibt er: »Sigmund Freud war verrückt nach Italien.« Das gelte insbesondere für Rom. Je mehr ich in seinem Freud-Buch stöbere und in Goethes *Italienischer Reise* suche, desto stärker kristallisieren sich, neben dem intellektuell-ästhetischen Genuss römischer Bauten, Kunstwerke und Ruinen, zwei Hauptmotive dafür heraus: eine neue, frische Art der Wahrnehmung; und eine intensive Sinnlichkeit.

»Mir wenigstens ist es, als wenn ich die Dinge dieser Welt nie so richtig geschätzt hätte als hier«, schreibt Goethe und freut sich: »Wie moralisch heilsam ist mir es dann auch, unter einem ganz sinnlichen Volke zu leben.« Bis heute erörtern Goethe-Forscher, ob der Dichter in Rom seine ersten sexuellen Erfahrungen gemacht hat. Unstreitig ist, wie sehr er das – im Vergleich zum Hof in Weimar – so sinnenfreie römische Leben genossen hat. Der italienische Historiker Roberto Zapperi gibt darin in seinem Buch *Das Inkognito – Goethes ganz andere Existenz in Rom*[10] amüsante Einblicke.

Wieder sehen zu lernen und der Sinnlichkeit des Lebens zu begegnen, deswegen machen sich viele Menschen so gern auf die Reise. Wobei die Reisenden aus dem Norden, das weiß ich von mir selbst, in Italien, in Rom Gefahr laufen, nur das zu sehen, was sie ersehnen, und das zu übersehen, was ihnen nicht sehenswert erscheint. Viele Reisebücher über Italien blenden daher problematische Seiten aus, Armut, soziale Verwahrlosung, Misswirtschaft, Korruption, Mafia und Umweltzerstörung. Auch in diesem Buch kommen sie nur am Rande vor, was sich in einem Werk über die Italien-Sehnsucht schwer vermeiden lässt.

Einen scharfen Blick für die Schattenseiten Roms hat Maria Gazzetti. Die ebenso vergnügte wie eloquente Signora lebt seit langem in Rom. Sie leitet die Casa di

Goethe in der Stadt, ein Museum und Kulturzentrum in dem Haus in der Via del Corso Nummer 18, in dem Goethe einst bei seinem Malerfreund Johann Heinrich Tischbein gelebt hat. Heute, an diesem warmen römischen Spätsommermorgen, möchte sie sich jedoch draußen treffen, in ihrem Lieblingscafé, dem *VyTa Farnese*. Es ist eine italienische Bar im umfassenden Sinne, das heißt, die Gäste können hier frühstücken, zu Mittag essen, Kaffee trinken, den Aperitif einnehmen, Abend essen und einen Schlummertrunk zu sich nehmen.

Es gibt eigentlich keinen guten Grund, sich von hier wegzubewegen. Zumal bei der Lage. Buchstäblich um die Ecke liegt einer der turbulentesten Plätze Roms, der Campo de' Fiori. Vormittags wird hier, rund um die Statue des von der Kirche wegen Ketzerei verbrannten Philosophen Giordano Bruno, der berühmteste Markt Roms abgehalten, an dessen Ständen neben Blumen auch Gemüse, Kräuter, Obst, Fleisch, Fisch und inzwischen auch Imbisse feilgeboten werden. Hier prallen Römer und Touristen aufeinander, hier herrscht ein Tohuwabohu von Farben, Gerüchen und Geschrei, das zahllose Maler, Regisseure und Schriftsteller inspiriert hat. Am Abend wird der Platz mit seinen Kneipen zu einem Hotspot der römischen Movida, des Nachtlebens. Wer sich gern auf engem Raum unter vielen Betrunkenen aus aller Welt aufhält, ist hier genau richtig.

Umso überraschender ist es, dass sich wenige Schritte weiter die ruhige, elegante, autofreie Piazza Farnese auftut, an der die Bar liegt, vor der mich Maria Gazzetti an einem der Tischchen erwartet. Während wir plaudern, blicken wir auf die beiden antiken ägyptischen Granitwannen, die im Barock zu Brunnen umgestaltet wurden, sowie auf die Fassade des Renaissancepalastes der Familie Farnese, in der sich die französische Botschaft befindet. Wenige Passanten schlendern vorbei, eine alte Frau versucht, sich auf dem Kopfsteinpflaster auf ihrem Fahrrad zu halten, ein Polizeiwagen gleitet fast lautlos über die Piazza.

Während ich diese römische Vormittagsidylle genieße, gießt Maria Gazzetti Wasser in meinen Espresso, symbolisch gesehen. »Im historischen Zentrum von Rom herrscht die reine Spekulation«, sagt sie. Alles werde dem Geschäft mit den Touristen untergeordnet. »Die Mieten sind so hoch, dass sie sich immer weniger Römer leisten können. Die normalen kleinen Geschäfte, Zeitungsstände, Bäckereien, Handwerksbetriebe werden geschlossen. So macht sich Rom sein eigenes Bild kaputt.« Selbst traditionsreiche Läden müssten dicht machen, etwa ein Miederwaren-Geschäft nahe der Spanischen Treppe, in dem einst Sophia Loren und Audrey Hepburn eingekauft hätten. Auch Friseure seien heute im Zentrum rar. »Aber kann eine Stadt überleben, die sich nur noch auf Bed and Breakfast und schnell hochgezogene Restaurants stützt?«

Das eigentliche Leben der Römer verlagere sich aus dem *Centro Storico* in andere Viertel, nach Pigneto hinter dem Hauptbahnhof oder nach Torpignattara. Wer den Zauber Roms suche, dem Reisende wie Goethe erlegen seien, der solle sich einmal da umsehen. Maria Gazzetti erzählt, wie sie unlängst in der *Trattoria Accattone* im Pigneto-Viertel gegessen habe, benannt nach einem Film Pasolinis. »Wir saßen draußen auf der Terrasse, der Mond schien auf Palmen, Oliven und die Mauerbögen eines antiken Aquädukts. Das war voll Grand Tour!« Und noch eine Gegenbewegung zur Überkommerzialisierung des Zentrums gebe es: »Viele junge Leute wollen raus aus der Stadt. Sie entdecken die Landwirtschaft, kultivieren ursprüngliche Obst- und Getreidesorten. Dadurch werden alte Orte belebt, die am Aussterben waren.« Die Pandemie habe diesen Trend verstärkt.

»Aber hier an der Piazza Farnese wohnen zum Glück noch Römer«, sagt die Leiterin der Casa di Goethe. Sie deutet auf einen Palazzo. »Da oben lebt eine Freundin von mir.« Sie bemerkt meinen bewundernden Blick auf die herrliche Fassade. »Wir Italiener leben von der Substanz. Aber Schönheit und Eleganz – das können wir noch.« Das sei die Erklärung für die Wirkung Italiens auf viele Deutsche. »Wer hierher reist, fühlt sich selbst schöner und eleganter.« Goethe habe sich in Verona komplett neu eingekleidet. »Dieses Gefühl der Verwandlung, dieses Sich-anders-Erleben, das bekommst du in Italien. Daher bleibt es ein einmaliges Land. Selbst die Politik und Corona können daran nichts ändern.«

»Aber was ist mit der Entfremdung zwischen Deutschland und Italien, die seit langem beklagt wird?«

»Die Deutschen können ohne Italien nicht leben. Daher waren sie die Ersten, die nach den Reiseverboten in der Pandemie wieder hierhergereist sind.« Die Liebe sei nicht erkaltet. Im Gegenteil. Durch Corona erlebten viele Deutsche Italien so, wie sie es sich wünschten. Intimer. Der von Goethe geprägte Mythos vom Land, in dem die Zitronen blühen, sei im kollektiven Unterbewusstsein der Deutschen verankert. »Diese Sehnsucht, das Land der Zitronen einmal selbst zu erleben. Der Nebel im Norden – und dann reist man über die Alpen in dieses Licht und diese sanfte Luft. Danach sehnen sich die Deutschen.« Leider lebten sie diese Sehnsucht nicht im eigenen Land aus. »Ein Italiener spart nicht an der Schönheit«, sagt Maria Gazzetti. »In Deutschland dagegen spart man das Schöne für das Praktische ein. Damit macht sich das Land unglücklich.«

Noch etwas ist dieser Mittlerin zwischen beiden Welten aufgefallen. »Wir leben in einer Zeit, in der der Zufall ausgeschaltet wird. In Italien aber wirkt der Zufall noch. Jeden Morgen gehe ich auf die Straße und weiß nicht, was gleich passieren wird – im Guten wie im Schlechten. Denn in Rom passiert alles, was möglich ist. Und das ist das Leben.«

18

Unter Freunden

Antonia, Bernadette, Nicolas und ich haben in Rom in einem Palazzo gelebt, dessen andere Appartements von Mitgliedern eines alten römischen Familienclans bewohnt wurden. In dieser Zeit, die ich in meinen Büchern *Quattro Stagioni*[1] und *Arrivederci, Roma!*[2] beschrieben habe, freundeten wir uns mit der Hausmeisterfamilie an. Filippo und Federica trugen dazu bei, dass unsere Jahre in Rom so erfüllend wurden, wie sie waren. Sie stammen aus dem Hinterland von Salerno und gehören zu den großherzigsten Menschen, die ich kennenlernen durfte. Und sie sind bis heute unsere Freunde geblieben, auch wenn wir uns nur noch selten sehen.

Vor einigen Jahren haben sie uns einmal in München besucht. Es war die erste Auslandsreise der Hausmeisterfamilie, und so war ich überrascht, wie gut sie zurechtkamen. »Wir haben überall Italiener gefunden, die uns weiterhalfen«, sagte Filippo, wenn sie abends nach einem Stadttag in München zurückkamen. »Bei euch ist ja jedes zweite Lokal italienisch«, wunderte sich Federica fast ein bisschen stolz. Besonders gefielen den beiden die Dinge, die man als typisch münchnerisch oder bayerisch bezeichnen könnte. Insbesondere das Essen, bei dem sie reichlich Mut zeigten. Wenn wir in ein bayerisches Restaurant gingen, wählten sie Blut- und Leberwürste, Schweinshaxe und Obazden. Wenn wir sie bei uns bewirteten, wünschten sie sich Weißwürste, Leberkäse und Brezn. Filippo hatte einen Heidenspaß mit den Maßkrügen. »*Brosssit*«, rief er mir immer wieder zu und ließ seinen Krug gegen den meinen knallen.

Eine Sache verblüffte die zwei besonders: dass die Bayern im Süßwasser schwimmen. »Das ist ja gruselig«, sagte Filippo. »Bei uns zu Hause würde das niemand tun. Wegen all der Schlingpflanzen, der Aale und was weiß ich noch alles, was im Süßwasser lauert. Und wegen des schlammigen Bodens. *Che schifo!*[3]« Unsere Freunde lieben das Meer. In einem See oder Fluss hätten sie dagegen noch nie gebadet, versichern sie schaudernd. Wir versuchten, sie dazu zu überreden. Vergeblich. Es war Hochsommer, und da kann es auch in München heiß werden. Daher willigten unsere Freunde aus Rom zumindest ein, uns an die Isar zu begleiten und beim Schwimmen zuzuschauen. Wir fuhren zur Großhesseloher Brücke und suchten am Fluss einen guten Einstieg. Das Wasser war klar, saukalt – pardon – und schnell strömend. Aber die Luft hatte 35 Grad. Es war ein herrlicher Sommertag. Langsam stiegen Antonia, Bernadette, Nicolas und ich ins Wasser, arbeiteten uns zur Flussmitte vor, tauchten hinein und ließen uns treiben, bevor wir wieder ans Ufer schwammen und triefend nass und barfuß zurückliefen. Das machten wir ein paar Mal. Plötzlich sah ich, wie Filippo mit den Zehen das Wasser prüfte. Sein Gesicht war angespannt, als fürchte er, jeden Moment im Flussbett zu versinken oder von einem Ungeheuer in die Tiefe gerissen zu werden. Da nichts dergleichen geschah, wagte er sich weiter vor. Eine Viertelstunde später lagen Filippo und Federica kreischend vor

Vergnügen auf dem Rücken im Wasser und ließen sich hinabtreiben. »*Venite!*«[4], riefen sie uns zu und animierten uns immer wieder zu einer neuen Schwimmrunde. Irgendwann sanken wir erschöpft ins Gras, während Filippo weiterplanschte.

Tags darauf, nach einer Bergtour, war es für unsere Freunde schon Ehrensache, in den ebenfalls kalten Tegernsee zu steigen und hinauszuschwimmen. Danach flüsterte mir Filippo zu, sie hätten von diesen *Giardini di birra*[5] gehört. So einen würden sie gerne kennenlernen. Also legten wir auf der Heimfahrt einen Stopp in Aying ein. Es wurde ein voller Erfolg unter weißblauem Himmel, mit Weißbier und Presssack, Radler und Radi, Spezi und Auszognen. Die Stimmung war ausgelassen, manche Gäste trugen Tracht. Fasziniert betrachtete Filippo sie. Dirndl und Lederhosen kamen ihm exotisch vor. »Stefano, kannst du mich mit den Leuten in diesen *costumi*[6] fotografieren?«, fragte er. Ich suchte mir ein Ehepaar in Tracht aus und bat es leicht verlegen um ein Foto mit der Familie aus Italien. »Gern«, antwortete der Mann auf Englisch. »Wenn es sie nicht stört, dass wir New Yorker sind.« Das Foto soll in den sozialen Netzwerken des Hinterlandes von Salerno ein großer Erfolg geworden sein.

Nachdem wir uns einige Jahre nicht mehr gesehen haben, melde ich mich jetzt bei Filippo und seiner Familie zu Besuch an. Es ist ein seltsames Gefühl, wieder mit dem Bus in die Straße zu fahren, in der ich einmal zuhause war. Alles ist gleich geblieben. Friseur, Obstladen, Metzgerei, Bar, das Café in einem kleinen Park. Die Müllcontainer am Straßenrand. Nur die Straße selbst ist noch schmutziger. Der vierstöckige Palazzo aus rotem

Backstein mit seinen Betonbalkonen steht dagegen sauber da, zwischen Zypressen, Pinien und Zedern. Das Fenster unserer einstigen Wohnung im ersten Stock steht auf Kipp.

Ich höre Kinderstimmen. Einen Moment ist mir, als könnte ich gleich in die Wohnung eintreten und Bernadette und Nicolas würden mir als Kinder an der Tür entgegenlaufen. Ich klingele am Eisentor vor dem Hof des Palazzo an dem Schild mit der Aufschrift »*Portinaio*«[7], höre ein Surren und dann ein Klicken, als sich das Schloss öffnet. Geräusche, die eine Kaskade von Erinnerungen in mir auslösen. Ein kleiner Mann mit schwarzen Knopfaugen kommt mir mit ausgebreiteten Armen entgegen, ruft: »*Benvenuto a Roma!*« Filippo. Hinter ihm eilt Federica aus der Hausmeisterwohnung, in schwarz-weiß karierter enger Hose und hellem Top. Sie hat es immer verstanden, sich ohne viel Geld gut und modisch zu kleiden. Sie führen mich in die kleine, in Gelb- und Brauntönen gehaltene Hausmeisterwohnung. Die beiden haben es nicht immer leicht. Hier die großbürgerliche römische Eigentümerfamilie im stattlichen Palazzo, einer Art Familienburg. Dort die Hausmeister aus einer armen Gegend Süditaliens in einem bescheidenen Bau, der zum Teil ein Souterrain ist. Doch Filippo und Federica sind immer souverän, pragmatisch und mit überlegener Würde mit dieser Situation umgegangen. Dafür schuften sie bis heute, Filippo, der neben seinem Hausmeisterjob als Kellner bei Empfängen arbeitet, Federica, die Krankenschwester in einem benachbarten Hospital ist. Sie arbeiten sehr viel für einen bescheidenen Wohlstand. Und wirken zufrieden, auch wenn sie erschöpft sind. *arrangiarsi*, sich arrangieren, das lehren sie auf beeindruckende Weise. Für diese

Lebensklugheit bewundere ich sie. Und für ihre Großzügigkeit, die keine Frage des Besitzes ist, sondern eine des Herzens.

Der Kanarienvogel in seinem Käfig im Flur ist noch der gleiche, wenn auch nicht derselbe. Der Hamster hat Reißaus genommen und wurde Monate später entdeckt, als er sich durchs Sofa genagt hatte. Eine Katze ist dazugekommen.

Filippo schenkt den Spumante aus und hält eine Willkommensrede. »Wir sehen uns nicht oft«, sagt er. »Wir schreiben uns nicht viel. Aber wir sind Freunde. Wir mögen uns. Uns und unsere Familien.« Dann tischen sie auf. »Salami von einem Metzger meines Vertrauens«, erklärt Federica. Mit Ragout und mit Zucchini gefüllte, herausgebackene Teigbällchen. Gebackene Oliven. Mit frischer Ricotta gefüllte Feigen. Filippo entkorkt den Morellino di Scansano, weil er sich gemerkt hat, wie gern ich ihn trinke. Federica bringt *Spaghetti alla Carbonara* herein. Dann gibt es *Saltimbocca* und Hähnchenkeulen in Kräuterkruste. Schließlich, als ich mich kaum mehr zu bewegen vermag, *Babà*, in Rum getränkten Hefeteigkuchen, zu dem Filippo Limoncello reicht.

Mamma mia! Wie kann man solche Gastfreundschaft erwidern? Ich habe noch keine Antwort auf diese Frage gefunden. Vielleicht bis auf eine: mit Freude und Dankbarkeit. Wir sprechen über unsere Familien, die Kinder, die Jobs, den Palazzo mit all seinen Geschichten, die einen Roman füllen können, auch ein wenig über Politik. Und wir machen Pläne für eine neue Reise nach München, vielleicht zum Oktoberfest. Dann geht es schon an die Abschiedsgeschenke. Ich habe einen Fresskorb aus München mitgebracht. Filippo revanchiert sich mit den selbst gemachten Würsten seines Schwiegervaters, die ich von früher zu schätzen weiß. Und mit zwei Kilogramm Tagliatelle, die, so versichert er, die besten Italiens, ach was, der Welt seien. Und mit zwei Dutzend Dosen mit verschiedenen Sorten eingelegter Tomaten aus seiner Heimat.

»Filippo, ich danke dir von Herzen, das ist alles ganz wundervoll«, sage ich beschämt. »Aber ich kann unmöglich die zwei Dutzend Tomatendosen drei Wochen lang durch Italien fahren und dann im Flugzeug mit nach Deutschland nehmen.«

»Natürlich kannst du das«, sagt Filippo vergnügt, »und ich kann dir gern noch weitere aus dem Keller holen. Das sind die besten eingemachten Tomaten, die du je gegessen hast. Sie kommen aus unserer Heimat, aus Salerno. Kannst du dir vorstellen, wie viel Geschmack sie haben?«

Ich schaue auf die Etiketten. Runde und eierförmige Tomaten, kleine und große, passierte, gestückelte und ganze. Ich mag Tomaten. Und wir kochen zu Hause in München gern Pastagerichte. Aber wie soll ich dieses Warenlager heimschleppen? »Höchstens drei Dosen«, sage ich.

»24«, erwidert Filippo. »Ich kann noch mehr holen.«

»Also gut, vier, aber nur, weil die Tomaten aus Salerno die besten der Welt sind.«

»Nimm 20«, sagt Filippo. »Denk an Antonia, Nicolas und Bernadette. Die sollen auch mal was Vernünftiges essen.«

»Ok, fünf«, lenke ich ein.

Am Ende ziehe ich mit neun Tomatendosen ab, neben den Würsten, den Tagliatelle und Schmuck, den mir Federica für Antonia mitgegeben hat. Filippo fährt mich auf den Aventin. »*Ci vogliamo bene*«, sagt er zum Ab-

217

schied. »Wir haben uns lieb. Uns und unsere Familien.«
Ich hoffe, dass er kommendes Jahr zum Oktoberfest
nach München kommt. Dann werde ich ihm zwei Dutzend Maßkrüge für den Heimflug schenken.

19
Nach Süden

Südlich von Rom beginnt wirklich der Süden. Ich fahre hinauf in die Albaner Berge, zu ihren Vulkanseen, dem Lago Albano und dem Lago di Nemi. Als idyllische Märchenlandschaft habe ich sie in Erinnerung. Walderdbeeren gedeihen an den Ufern der Seen, antike Schiffswracks ruhten in ihrem Grund. Die Gegenwart ist ernüchternd. Müll säumt die Straßen so lückenlos, als sei er als eine Art Randbegrenzung dort ausgelegt worden. Abgeschmackte Imbissbuden stehen an den Aussichtspunkten. Ungeduldige Autofahrer schieben sich auf den windungsreichen Straßen fast bis in den eigenen Kofferraum. Ich bin enttäuscht und froh, die Gegend schnell zu verlassen. Rasch fahre ich hinab in die Pontinische Ebene und hinauf nach Norma am Rand der Lepinischen Berge. Schlagartig ändert sich alles. Kaum mehr Verkehr, kaum mehr Verbauung, kaum mehr Tourismus. Stattdessen stille, bewaldete Berge und immer wieder Vogelflug-Blicke über die Ebene und das Meer.

Ich beziehe ein Zimmer in einem der uralten Häuser am Ende einer Treppengasse, zu dem man nur zu Fuß gelangen kann, und bin, nach so viel Rom, glücklich über die reizarme Stille. Einen Tag lang wandere ich um Norma herum. Und denke an einen deutschen Italienreisenden, der das Land um Rom intensiver erfasst hat als alle anderen, Goethe eingeschlossen: Ferdinand Gregorovius.

Ich bin dem 1821 geborenen und 1891 gestorbenen deutschen Historiker, Schriftsteller und brillanten Italien-Kenner das erste Mal während eines Sprachkurses in Rom zu meiner Studienzeit begegnet. Damals wohnte ich in einem winzigen Zimmer bei einer Familie in einem modernen Wohnblock in Trastevere unweit der Porta Portese. Der halbwüchsige Sohn war kaum zu sehen, die Mutter arbeitete im Krankenhaus, der Vater, ein depressiver Frührentner, putzte entweder die Wohnung, in der alles vor Sauberkeit spiegelte, oder er saß auf dem Sofa und starrte auf den Fußboden, stundenlang. Wenn die drei zu Abend aßen, sprachen sie nicht miteinander, sondern schauten fern. Es war eine bedrückende Atmosphäre. Unter der Woche machte mir das nichts aus, da war ich in der Sprachschule und erforschte danach Rom. Am Wochenende aber fiel mir die Decke auf den Kopf.

Da traf es sich gut, dass mir irgendjemand vor meiner Abreise nach Rom ein 900 Seiten starkes Buch geschenkt hatte. *Wanderjahre in Italien* von Ferdinand Gregorovius[1]. Ich blätterte darin, begann in einem Kapitel über die Umgebung Roms zu lesen und war gefesselt. Denn Gregorovius schreibt überaus anschaulich über praktisch alle Aspekte der Gegenden, die er während seiner Zeit in Italien von 1852 bis 1874 durchwandert oder durchritten hat. Er schildert die Menschen und die Landschaften, die Orte und deren Geschichte und auch die Kunstwerke, aber nicht im Stil eines Reiseführers, sondern einer persönlichen Erzählung, lebhaft, farbig und voller interessanter Gedanken, die nichts von ihrer Frische verloren haben. Zwei aufs Geratewohl herausgegriffene Sätze mögen als Beispiele genügen: In dem Kapitel über die Benediktinerabtei Subiaco schildert er das Elend der Menschen in den umliegenden Bergorten und fasst es dann zusammen: »In ihren Lumpen und auf den fieberblassen Gesichtern liest man die Geschichte des Feudalismus der Mönche und der Barone sicherlich besser und deutlicher, als sie der Geschichtsschreiber aus den Chroniken dürftig zusammenschreiben kann.« Und am Kap der Circe beobachtet er: »Manchmal fliegt aus dem Myrtendickicht am Ufer ein Falk auf, einen hellen Jagdruf ausstoßend, dann zieht er seine geisterhaften Kreise weiter über Sumpf und See.«

Wenn ich in meiner römischen Kammer in den *Wanderjahren* las, bekam ich sofort Lust loszufahren. Das tat ich auch. Jeden Freitag nach der Sprachschule packte ich ein paar Kleidungsstücke, Waschzeug und den Gregorovius in meine Jutetasche und fuhr los, um erst am Sonntagabend zurückzukommen. Mit altersschwachen Lokalzügen und scheppernden Bussen reiste ich in möglichst abgelegene Winkel Latiums, Gregorovius auf der Spur. Dank ihm habe ich erfahren, wie viel es in Italien auch jenseits der großen Kunststädte und Sehenswürdigkeiten zu entdecken gibt und wie viel Spaß es macht, sich von spontaner Neugierde treiben zu lassen.

Durch Gregorovius stieß ich auch auf die Gegend rund um Norma in den Bergen der Volsker, etwa 70 Kilometer südöstlich von Rom. Sie hat mich so begeistert, dass ich sie mir nun nochmals anschauen möchte. Norma wirkt wie das Urbild eines mittelalterlichen Bergortes. Seine altersschiefen Häuser, oft aus grauem, unverputztem Naturstein, drängen sich auf einem Felssporn hoch über der Ebene zusammen wie eine Elefantenherde bei Gefahr. Grob gepflasterte Gassen und Treppenwege führen zu Kirchen und Oratorien und auf kleine Plätze mit großer Aussicht. Überall stehen Töpfe oder alte Ölfässer, in die die Menschen Hortensien, Rosen und Ziergräser gepflanzt haben. An den Fassaden bilden die über Putz geführten Leitungen groteske Knäuel. Vor den Fenstern hängt schwarze Wäsche. In den Hauseingängen sitzen am Abend alte Frauen auf Plastikstühlen und mustern den Fremden neugierig-misstrauisch. Norma wirkt fast zu typisch, um wahr zu sein. Aber so viele Besucher kommen nicht hierher, dass es sich lohnen würde, das zu inszenieren.

Immer wieder stoße ich auf Marienbilder an den Häusern, Blumen oder Kerzen davor, der Glaube wirkt hier oben in den Bergen sehr lebendig. Gleich am ersten Abend, als ich zum Essen gehe, kommt mir eine Prozession entgegen. Priester, Ministrantinnen und die Mitglieder von Laienbruderschaften ziehen in zeremoniellen Gewändern vorbei. Sie tragen weiße und blaugrüne Alben und Messhemden, über die sie himmel-, knall- und dunkelblaue sowie scharlachrote Mozetten[2] und Pelerinen[3] angelegt haben. Einige halten Fackeln in der Hand, andere tragen Laternen, Kirchenfahnen, Monstranzen und den Gekreuzigten vor sich her. Eine Kapelle spielt einen getragenen Marsch. Als die Dämmerung hereinbricht, wird das von elektrischen Kerzen beleuchtete Gnadenbild *Madonna, Zuflucht der Sünder* in einem goldfarbenen, mit weißen Rosen geschmückten Barockschrein durch die Straße getragen. Es ist so schwer, dass es die Träger nur schwankend voranbringen. »*Evviva Maria*«, rufen die Zuschauer. Sämtliche Frauen, Männer und Kinder Normas scheinen sich am Straßenrand und auf den Balkonen versammelt zu haben. »Das ist das größte Ereignis unseres Ortes«, erklärt mir der Kellner

in der *Locanda da Valentino*, während er mir ein über-
bordendes Brett mit Antipasti auftischt. Roher Schinken,
Capocollo[4], Salami, verschiedene Gemüse-Tartes, Zie-
genkäse, Ricotta mit gedünsteten roten Zwiebeln, Hefe-
teigbällchen und Salate aus Reis und Gemüse. Wenn ich
das geahnt hätte, hätte ich mir die *Tagliata di Manzo*[5]
auf angebratenen Auberginen und Zucchini gespart.
Doch das wäre nun auch wieder schade gewesen.

Um Norma herum lässt sich so viel entdecken, dass
man einen ganzen Urlaub hier verbringen könnte, ohne
sich zu langweilen. Außerhalb des Ortes liegt auf einem
Hochplateau, das fast senkrecht zur Pontinischen Ebene
abbricht, die Ruine des antiken Norba. Es wurde vor
2500 Jahren als Festung vom Volk der Volsker errichtet
und später von den Römern eingenommen und ausgebaut. Die Mauern aus gewaltigen, perfekt ineinander
gefügten Bruchsteinen lassen erahnen, warum man sie
Zyklopenmauern nennt. Nicht von Menschen, sondern
von Riesen scheinen sie erbaut zu sein. Genauso im-
posant sind die rechtwinklig angelegten Straßen von
Norba, ebenfalls aus riesigen Steinen erbaut und teilweise sogar mit Gehsteigen auf beiden Seiten.

Ich setze mich auf eine Mauer und blicke über die antiken Straßen und Tempelreste. Was für eine Kraft muss
gewütet haben, um diese wehrhafte Stadt zu vernichten.
Zum Verhängnis wurde ihr ein Bürgerkrieg im Römischen Reich. Auf der einen Seite stand Gaius Marius, der
sich für Agrarreformen und bessere Lebensbedingungen
des Volkes einsetzte. Auf der anderen Seite war Lucius
Cornelius Sulla, der für den konservativen Adel focht.
Norba schlug sich auf die Seite des Marius und wurde 81
vor Christus von den Truppen Sullas durch Verrat
eingenommen. Der antike Geschichtsschreiber Appian

berichtet, die verzweifelten Bürger hätten ihre Stadt angezündet und sich gegenseitig erschlagen oder in die Flammen gestürzt, um dem Feind nicht in die Hände zu fallen. An jenem Tag wehte der Wind so stark, dass alles verbrannte und der Feind keine Beute machte.

Direkt unterhalb dieses gewaltigen und gewalttätigen Ortes liegt, am Fuß der Lepinischen Berge und durch diese geschützt, der romantischste Garten Italiens: Ninfa. Nymphen, diese frei umherschweifenden Naturgeister, finden hier ein ideales Habitat. Durch die Ruinen einer mittelalterlichen Stadt mit ihren Mauern, Türmen und Palästen rinnen glasklare Bäche, durch die Forellen flitzen, vorbei an Pinien, Zypressen und Granatapfelbäumen, Bananenstauden, Avocado, Blumenwiesen und Bambusdickicht. Hier beugen sich die metergroßen Blätter des Mammutblatts zum Wasser, als wollten sie trinken, dort stürzen sich Blauregenblüten in Kaskaden von höheren Bäumen herab. Efeu und wilder Wein klettern an einem Ruinenturm hoch, und Rosen überranken die Reste der Stadtmauern, als hätten sie sich von Grimms Märchen inspirieren lassen. Hier gedeihen die delikaten Kamelien, der duftende Lavendel, Magnolien, Wasserlilien und Tulpenbäume. Doch nicht geordnet, wie in einem botanischen Garten, sondern wie frei hineingestreut zwischen die Ruinen. Der Schutz der schroffen Felswände, die den Garten nach Norden abschließen, und das reichliche Quellwasser sorgen für ein Mikroklima, das ideal für die Pflanzen ist. Wer durch diese Oase spaziert, spürt, wie sie gedeihen. Die hohe Luftfeuchtigkeit bewirkt, dass das Sonnenlicht die Landschaft in einen verträumten Glanz kleidet. Tauchten Adam und Eva, nur mit Blättern bedeckt, hier auf, während sich eine Schlange in einem Apfelbaum windet, es würde einen kaum wundern. »Dieses entzückende Nympha ist das reizendste Märchen der Geschichte und Natur, das ich irgend in der Welt gesehen habe«, schwärmt Gregorovius[6].

Der Legende nach sollen einst Najaden hier gelebt haben, Nymphen, die Bäche und Quellen bewachen. Die Römer errichteten einen Tempel, Bauern siedelten sich an, und im Hochmittelalter ist daraus eine Stadt geworden. Papst Bonifaz VIII. schanzte Ninfa einem Neffen zu. Nepotismus eben. So gelangte der Ort in den Besitz der Adelsfamilie Caetani. Später war es die Malaria in den umliegenden Sümpfen, die zum Niedergang Ninfas führte. Im 20. Jahrhundert verwandelte die Familie Caetani den Ort in einen Landschaftsgarten. Die letzte Besitzerin, Lelia Caetani, vermachte ihn einer Stiftung, die heute darüber wacht, dass die Besucher diesen Zaubergarten nicht beschädigen. »Der Wanderer, der hier umhergeht, ruft die Geister herbei und glaubt sich umschwärmt von Wassernixen und Feen«, schreibt Gregorovius.

Was tun nach so einem Ausflug, der für einen Gartenliebhaber nicht mehr zu überbieten ist? In der Umgebung locken noch viele andere Ziele, die auch Gregorovius bereist hat. Cori etwa, eine der ältesten Städte Italiens, die mit Hannibal gegen Rom kämpfte. Oder Sermoneta, das Alexander VI., der berüchtigte Borgia-Papst, konfiszierte und seiner nicht weniger verrufenen Tochter Lucrezia schenkte. Beim Blick auf die Landkarte sehe ich, dass sich ganz in der Nähe das Kloster Fossanova befindet. Bei diesem Namen ploppt eine Erinnerung in mir auf: ein kalter, dunkler Winterabend in meiner Studentenzeit in Rom. Ich bin mit dem Bus hierhergefahren und habe mir ein Quartier gesucht. Damals, Mitte der Achtzigerjahre, konnte man hier außerhalb der Saison sehr günstige Zimmer finden. Müde und ausgefroren trat ich in die Abteikirche und fand mich umfangen von Klarheit, Reinheit und Licht. Fossanova, das ist reine gotische Zisterzienser-Architektur, Spitzbögen und Pfeiler, die zum Himmel streben, ohne ihre Erdverbundenheit zu leugnen, aus einem warmen, hellen Stein gebaut. Keinerlei Fresken, Altäre, Heiligenbilder, Kandelaber, Mosaike, Gebetsfahnen, Statuen oder bunte Kirchenfenster lenken von der kristallklaren Architektur ab. Der in Frankreich entstandene Reformorden der Zisterzienser begehrte gegen Pomp und Reichtum in der Kirche auf und wollte zurück zur Reinheit des frühen Mönchtums. Seine Kirchen wirken allein durch Stein und Licht und haben in ihrer Radikalität etwas Modernes. Ein größerer Kontrast zum barocken Rom lässt sich kaum vorstellen. An jenem Winterabend sangen die Mönche in der Apsis gregorianische Choräle. Ich saß allein im Mittelschiff, hörte und staunte.

Nun bin ich wieder in Fossanova, unter ganz anderen Bedingungen. Es ist ein heißer Sommersonntagnachmittag, und viele italienische Touristen besichtigen die Abtei, in der Thomas von Aquin, der größte Theologe des Mittelalters, 1274 starb. Ich gehe in die Kirche, die vom Sonnenlicht durchflutet ist. Sie strahlt eine gelassene Heiterkeit aus, eine Ruhe des Geistes, ein Vertrauen in einen Schöpfer, der alles richten wird. Durch diese Atmosphäre ähnelt Fossanova dem Garten von Ninfa. Vor der Kirche fährt eine Hochzeitsgesellschaft vor. In Grüppchen stehen die Gäste vor dem Portal. Die Alten sind klassisch gekleidet, dunkle Anzüge, dunkle Kostüme. Die jungen Frauen tragen bodenlange, schmal geschnittene, schlichte Kleider in Türkisgrün, Mintfarben, Altrosa, Himmelblau. Flamboyant und zurückhaltend zugleich, ein gekonnter Balanceakt. Etliche junge Männer dagegen haben sich in zu eng sitzende Anzüge aus glitzernden Stoffen gezwängt und viel Pomade ins schwarze Haar geschmiert. Ich überlege, ob es stimmt, dass Italiener prinzipiell besser gekleidet sind als Bewohner nördlicher Länder, etwa die Deutschen. Immer mehr Gäste treffen ein. Wie würde sich eine deutsche Hochzeitsgesellschaft an einem Ort wie Fossanova ausmachen?

Je länger ich darüber nachdenke, desto mehr bin ich überzeugt, dass die sprichwörtliche Eleganz der Italiener gar nicht so sehr an der Kleidung hängt, jedenfalls nicht mehr. Denn auch in Deutschland trägt man längst italienische Mode und in Italien deutsche Marken wie Boss und Adidas. Die Jungen laufen in München wie in Marsala in Jeans und weißen Turnschuhen herum, selbe Marken, selbe Schnitte. Und doch kann auch ich mich beim Betrachten der Italiener hier in Fossanova oder anderswo, morgens in der Bar oder abends auf dem Corso, nicht des Klischees erwehren, dass Italiener eleganter sind als andere Europäer. Doch wenn es nicht mehr primär an der Kleidung liegt, woran dann? An Figuren, Haaren, Gesichtern? Das überzeugt mich alles nicht. Es muss etwas anderes sein. Die Bewegung?

Eine Hochzeitsgesellschaft in Deutschland hat vor der Messe etwas Gespannt-Feierliches. Den einen Gästen ist anzusehen, dass sie sich in ihrer Festtagskleidung so fremd, ja befangen fühlen, dass sie erstarren. Die anderen prüfen immer wieder nervös, ob Einstecktuch, Krawatte, Jäckchen oder Rock richtig sitzen. Viele wirken, als fühlten sie sich auf einem Prüfstand. Die Bewegungen sind eher steif als fließend, was sich erst ändert, wenn Champagner und Wein geflossen sind.

Dieser italienischen Hochzeitsgesellschaf in Fossanova sieht man dagegen schon vor der Kirche an, dass sie sich wohlfühlt. Die Leute, von den Alten bis hin zu den Brautjungfern, genießen es, sich zu präsentieren, gesehen zu werden und zu sehen. Die Bewegungen sind entspannt, fließend. Die Leute, ob schön oder hässlich, wirken zuhause in ihren Körpern. *Fare bella figura*[7] ist in Italien nicht Arbeit, sondern Vergnügen. Daraus entsteht Sinnlichkeit. Und die macht das Leben schöner als anderswo. »*Ma come siete belle*[8]«, ruft ein Vater seinen beiden Töchtern zu. Die beiden reagieren nicht verlegen, sondern animiert. Ihr Gang wird noch elastischer, die Kopfhaltung aufrechter. Und ihr Blick drückt aus: »Wie recht Papa doch hat!«

Natürlich ist das problematische Völkerpsychologie, und es gibt Gegenbeispiele, wo Deutsche *bella figura* machen und Italiener verklemmt wirken. Dennoch glaube ich, dass in den Verallgemeinerungen etwas Richtiges steckt. Irgendwoher müssen die Klischees kommen, aus irgendwelchen Gründen entstanden sein. Aber wenn es stimmen sollte, dass sich Italienerinnen und Italiener wohler in ihren Körpern fühlen als Angehörige nordischer Nationen, dass sie sich unbefangener präsentieren, dann stellt sich als Nächstes die Frage: Warum? Eine Antwort lautet: Weil in Italien Kinder vergöttert werden. Die *maschi*, die Jungs, werden von ihren Familien behandelt wie junge Fürsten. Die *femmine*, die Mädels, wie Prinzessinnen. In einer Zeit der Ein- oder allenfalls Zwei-Kind-Familien hat sich diese Tendenz dramatisch verstärkt. Kein Wunder also, wenn schon die kleinen Italiener lernen, dass sie schön und begehrenswert sind, und sich selbstbewusst auf der Bühne des Lebens bewegen können. Dieses Urvertrauen, nicht nur ok, sondern auserwählt zu sein, wirkt ein Leben lang fort. Es gibt dem italienischen Alltag seine Leichtigkeit des Seins. Doch es hat auch einen Nachteil. Ein Volk von Fürsten und Prinzessinnen tut sich schwer, sich dem Allgemeinwohl unterzuordnen. Und es hat seine Probleme in einer Zeit, in der kommerzielle Leistungskraft bis hin zur Selbstzerstörung mehr zählt als Charme und Sinnlichkeit.

20

Die bayerische Adlerin

Südlich von Rom stoße ich, neben Goethe und Gregorovius, auf einen weiteren faszinierenden Italien-Rei-
senden: Odysseus[1]. Wer aus den Bergen hinab in die
Pontinische Ebene fährt, sieht das Kap der Circe aus der
brettflachen, von intensiver Landwirtschaft und im Faschismus gegründeten Reißbrett-Städten geprägten Landschaft herausragen wie eine Fata Morgana. Es ist ein
Gebirgsstock aus Kalk, der eine Insel im Meer war und
nun durch Verlandung mit dem Festland verbunden ist.
Den Inselcharakter aber hat das Kap nicht verloren, fast
hochmütig schaut es auf die flache ehemalige Sumpf-
ebene herab. Hier herrschte Circe, die Tochter des Son-
nengottes Helios. Sie war eine Verführerin, Zauberin,
die Reisende, die auf ihre Insel gerieten, in Tiere verwandelte, in Wölfe, Löwen oder, wie im Falle der Gefährten
des Odysseus, in Schweine. Doch Odysseus bezwang
Circe mit Hilfe des Götterboten Hermes. Sie verwandelte die Schweine in Menschen zurück und ermöglichte
Odysseus und dessen Gefährten ein einjähriges Lotter-
leben auf ihrer Insel.

Das Capo Circeo ist ein herrlicher Ort, vor allem im
Frühjahr, das hier besonders zeitig anbricht. Deswegen
sind wir von Rom aus gern während der Ostertage hier-

hergefahren, um in der Sonne zu Mittag zu essen und dann barfuß durchs noch kühle Meer zu waten. Heute lasse ich Circes Welt schweren Herzens seitlich liegen. Es zieht mich ein Stück weiter an der Küste entlang, nach Gaeta, um einer Nachbarin aus meiner alten Heimat auf die Spur zu kommen. Gaeta gehört noch zu Latium, liegt aber bereits näher an Neapel als an Rom. Es ist auf eine hügelige Landzunge hinausgebaut, von drei Seiten vom Meer umgeben, hat schöne Jachthäfen, eine pittoreske, blitzsaubere Altstadt, viel Grün und eine mächtige Festung, die wohl auf das 6. Jahrhundert zurückgeht und im 13. Jahrhundert von dem Stauferkaiser Friedrich II. ausgebaut wurde. Hierhin zieht es mich hinauf. Denn dort oben hat die besagte Nachbarin aus meiner Heimat am Starnberger See einen heldenhaften Abwehrkampf gegen die Truppen Giuseppe Garibaldis geführt.

Wobei Nachbarin etwas großzügig formuliert ist. Ich komme aus Tutzing, die besagte Dame stammt aus Possenhofen, das sieben Kilometer weiter nördlich ebenfalls am Ufer des Starnberger Sees liegt. Dort steht, in einem lichten Park, der sich zum Ufer hinunterzieht, Schloss Possenhofen, auch das »Sisi-Schloss« genannt. In der Renaissance mit vier zinnenbewehrten Ecktürmen erbaut, ging es 1834 an den Wittelsbacher-Herzog Max in Bayern über, den Schwiegersohn des bayerischen Königs Maximilian I. Der volksnahe Herzog Max hatte mit seiner Gattin Ludovika zehn Kinder. Die mit weitem Abstand bekannteste ist Elisabeth Amalie Eugenie, genannt Sisi, die 1854 den österreichischen Kaiser Franz Joseph I. heiratete. Der Rest ist Geschichte beziehungsweise Fernsehgeschichte.

Sisis Leben begann glücklich und unbeschwert als bayerische Prinzessin in »Possi«, wie sie das Lustschloss in Possenhofen nannte. Dort spielte die »Zopf-Liesl«, wie sie damals gerufen wurde, in den Sommermonaten mit den Bauern- und Fischerkindern der Nachbarschaft, badete im See, lernte Reiten. Eine ihrer Spielkameradinnen war ihre jüngere Schwester Marie Sophie Amalie. Wenn ich als Kind mit meinen Großeltern am Seeufer unterhalb des Schlosses vorbeiging, erzählten sie mir von Sisi und ihren Schwestern, und ich stellte mir vor, wie die Prinzessinnen mit wehendem Haar unter Buchen und Erlen hindurchgaloppierten.

Damals dürfte ich auch von Prinzessin Marie gehört haben. Viel später, vor ein paar Jahren, fiel mir ein Buch in die Hände, das mich auf diese Schwester Sisis neugierig machte. Es heißt *Die Heldin von Gaeta*[2] und stammt von dem italienischen Schriftsteller Arrigo Petacco. Das Buch ist als biographisches Sachbuch ausgewiesen, liest sich aber so abenteuerlich, als stamme es von Karl May. Es zeichnet den Lebensweg einer königlichen Rebellin nach, die als Jugendliche auf den Thron von Neapel kam, diesen mit unerhörtem Schneid gegen Giuseppe Garibaldi und die italienische Einigungsbewegung zu verteidigen suchte und später, im Exil, sogar Räuber und Anarchisten unterstützt haben soll, um den Einheitsstaat zu bekämpfen. Wenn nicht alles, was Petacco schreibt, der historischen Wahrheit entsprechen sollte, so wäre es doch gut erfunden. In Gaeta möchte ich herausfinden, was wirklich geschah. Also setze ich mich auf eine kleine Piazza unterhalb des Kastells in den Schatten eines Zitronenbaumes, packe ein *panino* und eine *spremuta*[3] aus, genieße den Ausblick zwischen den von Trompetenblumen überwucherten Häusern hindurch aufs Meer und lese mich in die Unterlagen ein, die ich über Marie gefunden habe.

Nach ihrer freien, von höfischer Etikette verschonten Jugend in Possenhofen erfuhr Maries Leben am 8. Januar 1859 eine dramatische Wende. Denn da wurde sie, gerade 17 Jahre alt, in der Allerheiligenhofkirche in München mit einem Mann verheiratet, den sie nie zuvor getroffen hatte und der bei der Trauung gar nicht anwesend war: mit Francesco Maria Leopoldo, dem Kronprinzen des Königreichs beider Sizilien, das ganz Süditalien umfasste. Die Informationen, die Marie und deren Eltern über den künftigen Ehegatten erhalten hatten, waren nicht schmeichelhaft. Lang und hager sollte er sein, mit unschönem Gesicht. Die Neapolitaner und auch sein eigener Vater nannten ihn *Lasagna*. Weil er so gern Lasagne aß, deuten das die einen, weil er so weichlich war, die anderen. Aus den Staatsgeschäften wurde er völlig rausgehalten. Außerdem soll er ein Frömmler gewesen sein. Dennoch willigten Maries Eltern in die Ehe ein. Der Thron von Neapel erschien wohl allzu verlockend. Nachdem sie Sisi zur Kaiserin von Österreich gemacht hatten, konnte nun Marie Königin werden. Dem neapolitanischen Königshaus wiederum erschien eine Verbindung mit den Wittelsbachern strategisch von Vorteil. Denn durch das *Risorgimento*, der mit Waffengewalt vorangetriebenen Einigung Italiens unter Führung des Königs von Piemont-Sardinien und des Freiheitskämpfers Giuseppe Garibaldi, geriet das Königreich beider Sizilien in Überlebensgefahr. Da war es nützlich, wenn die künftige Königin eine Schwägerin des Kaisers von Österreich war.

Marie war unglücklich darüber, dass sie ihren künftigen Gatten vor der Ehe nicht kennenlernen durfte. Die Informationen, die über ihn im Umlauf waren, müssen sie beunruhigt haben. Als sie mit dem Schiff in Bari ankam und ihren Gatten sah, soll sie fast in Ohnmacht gefallen sein. Marie war eine Schönheit, groß, schlank, mit dichtem schwarzbraunem Haar, dunkelblauen Augen, vollen Wangen, fein gezeichnetem Mund und einem energischen Kinn. Sie war temperamentvoll, lebenslustig und eine geübte Sportlerin. Der Prinz aber, der sie im Hafen empfing, entsprach leider den Beschreibungen. Dünn und lang, ungelenk, uncharmant, phlegmatisch. Als er seiner frisch angetrauten Gattin in der ersten Nacht zugeführt wurde, soll er niedergekniet sein, um zu beten.

Prinzessin Marie tröstete sich im Schloss von Caserta mit Ausritten und der Geselligkeit der weit verzweigten Königsfamilie. Auch soll sie, wenn man einem alten Bericht Glauben schenken darf, Katzen gejagt, in der Öffentlichkeit geraucht und den Hofpapageien italienische und deutsche Schimpfwörter beigebracht haben. Verbürgt ist, dass sich Marie mit Papageien, Kanarienvögeln und Hunden umgab und mit ihrer unbekümmertdirekten bayerischen Art am konservativen Hof aneckte.

Schon im Mai 1859 starb ihr Schwiegervater, Franceso wurde König und Marie Königin von Neapel. Nun begann das Verhängnis. Denn Francesco erwies sich als reformscheuer Zauderer. Marie hingegen drängte ihn zu einer Liberalisierung und zur Errichtung einer konstitutionellen Monarchie, um die Unzufriedenheit im Volk zu dämpfen. Ihre Rettungsversuche kamen zu spät. Im Mai 1860 landete Garibaldi mit seinen »Rothemden«, einer gut tausend Mann starken Freiwilligentruppe, bei Marsala auf Sizilien und rollte das Königreich beider Sizilien von unten auf. Wenige Monate später standen die Garibaldianer vor Neapel. König Francesco schlug seiner Gattin vor, sich in deren bayerische Heimat zu flüchten, doch Marie lehnte eine solche Kapitulation ab. Stattdessen schiffte sich das Königspaar nach Gaeta ein, dessen Festung als uneinnehmbar galt. Unmittelbar danach marschierte Garibaldi in Neapel ein.

Aus der Festungsstadt schrieb Marie in einem Brief: »Gaeta ist der langweiligste, abscheulichste Aufenthalt, so kalt und feucht, dass ich schon meine Winterkleidung anziehe und alle Sommersachen eingepackt habe.«[4] Doch es sollte nicht langweilig bleiben. Bald befahl Viktor Emanuel, der König von Sardinien-Piemont, Gaeta zu belagern. Die Festung wurde zur Falle und zur Kriegshölle. Die Piemontesen beschossen sie ununterbrochen mit den damals modernsten Kanonen mit gezogenen Rohren. Hunderte von Soldaten und Zivilisten in Gaeta starben bei den Angriffen. Proviant wurde knapp, Typhus brach aus, die Toten konnten kaum mehr beerdigt werden. Doch während sich der König aufs Beten verlegte, wurde die Königin zur Heldin von Gaeta. Sie verpflegte die Verwundeten und tröstete die Sterbenden, sie kümmerte sich um den Nachschub und feuerte mitten im Kugelhagel ihre Männer zum Weiterkämpfen an. Als die Feinde ihr anboten, ihren Aufenthaltsort in der Festung mit einer Flagge zu markieren, damit man sie schonen könne, lehnte sie brüsk ab. Und als eine Haubitzenkugel neben ihr einschlug und sie mit Sand bespritzte, soll sie ausgerufen haben: »Jungs, habt Mut, das ist die Feuertaufe, hoffen wir, dass nicht auch die Ölung sofort kommt.« Zum Schluss, so wird berichtet, kämpfte die 19-Jährige in Männerkleidung und mit einer Waffe in der Hand auf den Zinnen der Festung mit.

Das Bild der todesmutigen, blutjungen und wunderschönen Soldatenkönigin im Kugelhagel auf den Mauern der Festung Gaeta ging durch Europa. Auch ihre Feinde bewunderten Maries Tapferkeit und ihre Haltung, für den konservativen Hochadel wurde sie zum Idol. Viele Poeten besangen sie, und der neapolitanische Philosoph und Politiker Benedetto Croce schrieb später über sie: »Unerschrocken im Pulverdampf der Granaten, Krankenschwester und Amazone in einem, beschwor sie die größten Heldinnengestalten der Geschichte herauf, fromm und kriegerisch wie die Jungfrau von Orléans.« Der Dichter Gabriele D'Annunzio nannte sie »die bayerische Adlerin«.

Doch es half alles nichts. Die Übermacht der Feinde war zu groß, und ihre Mission, das Königreich Neapel zu erhalten, stand konträr zu den Strömungen der Zeit, die erst in Italien und dann auch in Deutschland zur Nationalstaatsbildung führten. Am 13. Februar 1861 gaben Marie und Francesco Gaeta auf und gingen ins Exil zum Papst in Rom. Danach verlief die Lebensgeschichte der Wittelsbacher-Prinzessin turbulent weiter. In Rom und später im Exil in Paris unterstützte sie alles, was sich gegen das neue Königreich Italien richtete. Ob Briganten in Süditalien oder Anarchisten in Norditalien, in allen konnte sie Verbündete sehen, Hauptsache, sie kämpften gegen das ihr verhasste Königshaus der Savoyer. Ihr Leben lang kämpfte sie dafür, ihren Thron zurückzubekommen.

Durch ihre exzentrische Art löste sie immer wieder Skandale aus, sei es echte, sei es ihr angedichtete. So soll sie von ihrem Exil im päpstlichen Quirinalspalast aus die Katzen Roms beschossen, bei Ostia nackt im Meer gebadet und von einem Liebhaber ein Kind bekommen haben. Ihre Eskapaden und ihre politischen Aktivitäten gegen das Königshaus Italien brachten ihre Gastgeber in Nöte, Spionage und Sabotage, gar Nähe zum Terrorismus wurden ihr vorgeworfen. Erst musste sie Rom verlassen, dann ihren Zufluchtsort Neuilly bei Paris. Zwischendrin residierte sie mit ihrem Mann Francesco im Schloss Garatshausen am Starnberger See, was sie nun wirklich, wenn schon nicht zeitlich, so doch räumlich, zu meiner Nachbarin machte. Denn von meinem Elternhaus bis nach Garatshausen sind es nur knapp zwei Kilometer. Das hätte die junge Marie, fit wie sie war, sogar schwimmend in gut einer Dreiviertelstunde geschafft.

Nach dem Ersten Weltkrieg kehrte die Entthronte nach München zurück. Obwohl sie nichts mehr ersehnte als eine italienische Niederlage, weil die ihr womöglich ihr Reich zurückgebracht hätte, kümmerte sie sich als alte Dame in bayerischen Lagern um italienische Kriegsgefangene. Besonders der Neapolitaner nahm sie sich an, gab ihnen Bonbons und Zigarren. Die Soldatenkönigin von Gaeta, hier war sie noch einmal gefragt. Dann wurde es ruhiger um die vulkanische Prinzessin. Sie bewohnte eine kleine Wohnung in München, doch auch im Alter von 80 Jahren ritt sie morgens noch aus. In einem Zeitungsbericht der *Münchner Neuesten Nachrichten* aus jener Zeit heißt es: »Bis ins hohe Alter hatte die Königin …, eine in Münchens Straßen bekannte stattliche Erscheinung, sich eine ungewöhnliche Rüstigkeit und Leichtigkeit der Bewegung bewahrt.« Da ist sie wieder, die Leichtigkeit Italiens, die Marie in ihrer Jugend übernommen hatte.

Im Januar 1925 starb sie in München. 1984 wurde ihr Leichnam nach Neapel überführt und in der Basilika Santa Chiara beigesetzt, der Grablege der neapolitanischen Könige. Das dürfte in ihrem Sinne sein. Denn die Prinzessin aus Possenhofen hat wohl nie ihren Mann geliebt. Aber sehr wohl ihre neue Heimat Neapel.

Während ich im Schatten des Zitronenbaumes sitze und über das Gelesene nachdenke, fällt mir ein Widerspruch in mir auf. Ideologisch verbindet mich nichts mit Marie, wenn ich sie so nennen darf, einer erzkonservativen, ja reaktionären, fundamentalistisch katholischen Frau des Hochadels. Ihr Kampf für das Gottesgnadentum, für ein Herrschaftsrecht qua Geburt und Abstammung widerspricht allen meinen Überzeugungen. Menschlich aber habe ich größten Respekt vor ihr. Vor ihrem Mut und ihrer Unangepasstheit, ihrer Fantasie und ihrer Lebenslust, ihrem Aufbegehren gegen Konventionen, ihrer Selbstverständlichkeit, als Frau dasselbe zu tun wie die Männer ihrer Zeit: kämpfen, schießen, reiten, rauchen, Bogenschießen, nackt im Meer schwimmen, lieben, nach der Macht streben. Marie in Bayern, wie ihr korrekter Name lautet, war eine ultrakonservative und ultraemanzipierte Frau zugleich. Das macht sie so spannend und so berührend.

Was ist hier in Gaeta von ihr geblieben? Ein paar Schritte von meinem Platz unter dem Zitronenbaum führt die Via Regina Maria Sofia den Hang zum Kastell hinauf. Eine Straße also haben sie nach ihr benannt. Angebracht ist dort eine Marmortafel, die an den Sieg der italienischen Einheitsbewegung erinnert. Dort wird auch Francescos und Maries gedacht, die »die militärische Ehre des ältesten Königreichs Europas bewahrt haben«. Deswegen werde diese Straße der Erinnerung an jene »junge und mutige Königin« geweiht. Das Kastell von Gaeta selbst, das bis 1990 ein Kerker war, in dem der deutsche Kriegsverbrecher Herbert Kappler eingesperrt war, kann heute zu bestimmten Zeiten besichtigt werden. Streng genommen handelt es sich nicht um ein Kastell, sondern um zwei verbundene Festungen. Das ältere wurde unter der Herrschaft der Anjou in Neapel erbaut, das andere unter der Herrschaft der Aragonesen. Das Koppel-Kastell auf einem mit Feigenkakteen bewachsenen Felsen über dem Meer galt zeitweise als eine der mächtigsten Festungen Europas. Ein Besuch lohnt sich schon wegen der Aussicht, die bei klarem Wetter bis zu den Pontinischen Inseln reicht. Seinen besonderen Glanz aber bekommt die Festung durch die Geschichte von Marie, dem Mädchen aus Possenhofen, das zur Heldin von Gaeta wurde.

21

Den Molise gibt es doch

In den vier Jahren, in denen wir in Rom lebten, hatte ich es mir zum Ziel gesetzt, alle 20 Regionen Italiens zu bereisen. Das ist mir auch gelungen, mit einer Ausnahme: dem Molise. Es war wie verhext. Journalistisch fand ich einfach kein Thema, das es gerechtfertigt hätte, eine Dienstreise in diese abgelegene Gegend südlich der Abruzzen zu unternehmen. Und jedes Mal, wenn ich für ein verlängertes Wochenende in den Molise aufbrechen wollte, kam etwas dazwischen. Ein Unwetter, eine Regierungskrise, Besucher, die sich kurzfristig ankündigten. So blieb der Molise, als wir Rom verließen, der weiße Fleck auf meiner Italien-Karte.

Ich habe also noch eine Rechnung mit dem Molise offen. So verlasse ich Gaeta und nehme eine wenig befahrene Landstraße Richtung Cassino. Entlang eines Bewässerungskanals fahre ich durch eine Gegend mit wenigen Häusern, aber viel Landwirtschaft. Bäume voller Äpfel, Weingärten. Ab und an ein Bauernhof abseits der Straße. Es ist sehr heiß, und meine Gedanken kreisen träge um mein eigentümliches Ziel. Zu fast jeder italienischen Region fällt einem sofort etwas ein, und sei es noch so klischeehaft. Venetien? Markusplatz. Piemont? Barolo. Umbrien? Der Heilige Franziskus. Abruzzen?

Wölfe. Sizilien? Mafia. Oder Zitronen. Aber zum Molise? In meinem Kopf taucht nichts auf. Wobei es auch den meisten Italienern so geht. *»Il Molise? Boh!«* Entweder fällt den Leuten gar nichts dazu ein, oder sie sprechen vage von Bergen und Wäldern. Eine bekannte Stadt? Eine Sehenswürdigkeit? Schweigen.

Derart unbekannt ist diese Region, dass ich ein bisschen aufgeregt bin, als ich bei Cassino in die Berge hineinfahre. Ich nehme mir vor, das Grenzschild zu fotografieren, zum Beweis, dass ich im Molise war. In Italien werden die Regionsgrenzen auf Schildern mit weißer Schrift auf blauem Grund angezeigt. Doch als ich die Stelle vor einem Tunnel erreiche, an der meiner Karte nach die Regionsgrenze verläuft, steht da nur ein Schild mit der Aufschrift: *»Benvenuti nella Provincia di Isernia«*[1]. Die Provinzen Isernia und Campobasso bilden die Region Molise. Doch von Molise steht da nichts geschrieben. Als ob es die Region nicht gäbe. Tatsächlich habe ich schon von einem Slogan gehört, der lautet: *»Il Molise non esiste.«*[2] Neugierig geworden, fahre ich raus auf einen Feldweg. Ich klappe mein Tabloid auf und gebe in das Suchfeld ein: *»Il Molise non esiste.«* 17 000 Treffer werden angezeigt. Ich bin gespannt.

Dann eröffnet sich mir eine ganze Welt, die auf der Nichtexistenz des Molise aufbaut. Es gibt einen Popsong dazu, ein Fachbuch, Videos, Artikel und eine Landkarte, die anstelle des Molise einen Meerbusen zeigt. Die Seite *Il Molise non esiste* hat auf Facebook mehr als hunderttausend Follower. Das ist viel, wenn man bedenkt, dass die angebliche Region, falls sie existierte, nur 300 000 Einwohner hätte. Auf Instagram gibt es einen Hashtag *#ilmolisenonesiste*, der allerdings auch verwirrende Einträge enthält. So schreibt ein Nutzer: »Ich habe einen Jungen aus dem Molise getroffen, der ein Erasmus-Semester in Italien machte.« Um solchen Gerüchten entgegenzuwirken, werden im Netz T-Shirts mit der Aufschrift verkauft: *Molisn't*. Natürlich gibt es auch eine Gegenbewegung, die behauptet, der Molise existiere, und als Beweis anführt, die Urgroßeltern Roberto de Niros stammten von dort. *Ma dai!*[3] Die Urgroßeltern de Niros! Aus dem Molise! Manche glauben auch an den Weihnachtsmann.

Je mehr ich mich einlese, desto mehr wird mir suggeriert, dass es sich beim Molise um ein Hirngespinst handele, eine Verschwörung. Internationale Experten bestätigen das. So schreibt ein Dr. Gregory Donald Johnson im Internet: »Ich habe lange die Geografie Italiens studiert und bin zu dem Ergebnis gekommen, dass die Tatsache, dass niemand die Hauptstadt des Molise, das typische Gericht des Molise, ein Volkslied des Molise oder den Dialekt dieser Region kennt, folgende Erklärung hat: Der Molise existiert nicht.« Hat er nicht recht? Oder kennen Sie jemanden, der im Molise Urlaub gemacht hätte? Können Sie auch nur ein einziges Volkslied des Molise fehlerfrei singen? Eben! Ein anderer Experte im Internet führt einen weiteren Beweis der Nichtexistenz an: Gehen Sie im Molise in eine Pizzeria und bestellen Sie eine Pizza, ein Bier, ein Dessert und einen Espresso. Dann bitten Sie um die Rechnung. 8 Euro! In jeder realen Region Italiens würden Sie mindestens 15 Euro bezahlen.

Es ist die eine Sache, zum Mittelpunkt der Erde zu reisen wie Professor Otto Lidenbrock[4]. Oder zum Mond zu fliegen wie der Maikäfer Herr Sumsemann und die Kinder Peter und Anneliese[5]. Oder in die Unterwelt hinab-

zusteigen wie Aeneas. Oder in den Himmel hinauf wie
Dante. Aber eine ganz andere Sache ist es, ins Nichts zu
reisen. Und das tue ich jetzt.

Klopfenden Herzens durchfahre ich den Tunnel. Dahinter steigen schroffe Berge auf, teils mit Buschwald
bedeckt. Sie schimmern grau- und blaugrün im Mittagslicht. Gipfel, Geröllfelder, schorfige Felshänge und
immer wieder verbrannte Wälder. Ab und an eine Bar
oder Pizzeria in der Einsamkeit, wie als Attrappen von
jenen aufgestellt, die an die Existenz des Molise glauben. Auf einer Anhöhe liegt Isernia. Das Zentrum ist
kleinstädtisch-altmodisch, voller Palazzi mit hübschen
Steinportalen und intimen Plätzen, an deren Brunnen
Tische aufgestellt sind. Ich esse für 10 Euro festlich zu
Mittag, ein weiterer Beweis dafür, dass es den Molise
nicht geben kann. Der Wind weht vom Tal herauf durch
die Gassen. Hier ist noch Zeit für die Siesta. Entschleu-
nigung.

Es ist herzerwärmend, morgens in einer der alten Berg-
städte Italiens aufzuwachen. Man liegt in einem historischen Palazzo in einem Zimmer voller uralter Möbel in
einem schweren Holzbett. An der Wand hängt, in ver-
blasstem Goldrahmen, ein fleckiger Spiegel. Durchs
Fenster dringen gedämpftes Licht und erste Geräusche
des Morgens herein. Absätze klacken draußen auf dem
Pflaster. Zwei Leute unterhalten sich auf Italienisch, die
Worte ergeben im Halbschlaf noch keinen Sinn. Dann
wieder Stille. Man ist ganz für sich und zugleich im
Kontakt mit der erwachenden Welt. Und kein einziges
Auto. Irgendwo rauscht eine Wasserleitung im Haus.
Dann dringt ein hefig-süßer Duft herein. Im Café nebenan
wird fürs Frühstück gebacken. Der Gedanke an ein hei-

ßes Cornetto und einen Cappuccino mit weißer Schaumhaube lässt einen die Augen aufschlagen, aufstehen, zum Fenster gehen und aus den Ritzen des Holzladens spähen. Ein großer, athletischer Afrikaner läuft lautlos in Gedanken vorbei.

Ich gehe in die Bar nebenan, bin erst mal der einzige Gast. Die *barista* ist eine junge Frau. Sie ist in Schwarz gekleidet, hat den Kopf zur Hälfte rasiert, und ist, soweit man das sehen kann, am ganzen Körper tätowiert. Sie erzählt mir, dass in ihrer Abschlussklasse in der Schule hier in Isernia 30 Mädchen und Jungen waren. »20 sind weggegangen. Die meisten nach Norditalien. Sie machen dort drei Jobs, um zu überleben. Aber sie sagen, drei Jobs in Mailand seien besser als kein Job in Isernia.« Vor ein paar Jahren habe eine große Kleiderfabrik hier zugemacht, seitdem gebe es keine Arbeit mehr. Die einzige Chance für junge Leute wie sie sei ein dezentralisierter Tourismus, wo die Gäste in den alten Palazzi unterkommen. Erst seit ein paar Jahren kämen Fremde hierher, um durch die Hügellandschaften zu reisen und die Dörfer zu erkunden. »Wir müssen hart arbeiten, um aus dem Tourismus was zu machen. Aber die Leute in den Ämtern sind engstirnig und begreifen das kaum.« Ich spreche sie auf den Slogan an, dass der Molise nicht existiere. Sie lacht: »Der ist vor ein paar Jahren aufgekommen. Seitdem geht es aufwärts.« Sie unterstreicht mit der Hand die Aufwärtsbewegung. »Dieser Slogan ist wie eine Rebellion gewesen, um Italien und der Welt zu zeigen, dass es uns sehr wohl gibt.«

Weiter geht es in den Molise hinein, dessen Täler quer zur Adriaküste verlaufen. Weil die Region weder die ganz großen landschaftlichen Attraktionen wie die Abruzzen hat noch an Kunstschätzen mit Nachbarregionen wie Apulien wetteifern kann und verkehrstechnisch abgelegen ist, hat sich im Molise ein Italien erhalten, wie es einmal war. Bergig, bäuerlich, mit wenig Industrie, unverdorbenen Landschaften und markanten Orten, in denen die Zeit zwar nicht stehen geblieben ist, aber eindeutig langsamer verläuft.

Civitacampomarano ist so ein Landstädtchen. Schwalben zwitschern, Bienen summen, Tauben gurren, nur Menschen – 400 von ihnen sollen hier leben – höre ich keine in den Gassen, die sich um das Kastell der Anjou mit seinen pummelig-massigen Rundtürmen erstrecken. Aber es müssen welche hier leben. Vor den Häusern stehen Töpfe mit Blumen, weiß blühenden Hostas zum Beispiel. Die Häuser sind geschmackvoll restauriert, doch für wen? Plötzlich sehe ich eine Frau durch einen Vorhang aus Perlenschnüren hineinhuschen. Aus dem Palazzo gegenüber ist das Klappern von Töpfen zu vernehmen. Die Ohren werden immer hellhöriger. Da läuft eine Nachrichtensendung in einem Fernseher, dort fächert sich eine Alte Luft zu, die von Grünpflanzen versteckt auf einem Balkon sitzt.

Während ich durch die Gassen streife, frage ich mich, was in den jungen Menschen vorgeht, die diesen Ort verlassen und in Turin, Genf oder Hamburg landen. Sind sie froh, weg zu sein? Und zugleich traurig, diese stille, langsame Welt verloren zu haben? Was geht in denen vor, die bleiben? Fühlen sie sich abgehängt, zornig, wählen sie radikale Parteien? Sind sie zufrieden oder resigniert? Ich sehe niemanden, dem ich diese Fragen stellen könnte. Auch die Katze, die auf einer Steinbank im Schatten döst, wirkt nicht auskunftsfreudig. Dafür erinnert sie mich an eine kleine Geschichte, die mir Mario Fortunato erzählt hat. Sie sollte seine These untermauern, im Süden

Italiens sei das magische Denken noch lebendig. Also ein Denken, das neben den naturwissenschaftlichen Erklärungen noch andere Deutungen heranzieht: geheimnisvolle Kräfte, Götter, Feen, Nixen und Faune, Hexen oder Zauberer, die die Naturgesetze durcheinanderbringen und das Leben der Menschen beeinflussen. Es geht also um übernatürliche Kräfte, die sich zwar nicht an die Regeln der Physik oder das Prinzip von Ursache und Wirkung halten, die aber durch sorgfältig durchgeführte Riten und achtsame Verhaltensweisen beeinflusst werden können.

Mario erzählte mir, wie er einmal mit süditalienischen Freunden, allesamt Intellektuelle, abends unterwegs war. Auf dem Nachhauseweg trafen sie auf eine Katze, die am Wegrand saß. Fragen Sie mich jetzt bitte nicht nach der Farbe der Katze und der Seite des Weges, das habe ich vergessen, weil ich für derartige Bedeutungsebenen zu unsensibel bin. Mario und seine Freunde blieben jedenfalls stehen, scherzten und lachten über den Aberglauben. Aber keiner machte den ersten Schritt, um an der Katze vorbeizugehen. Erst nachdem ein argloser Passant vorbeigegangen war und so den Bann gebrochen hatte, gingen sie weiter. Mich hat diese Geschichte sehr beeindruckt, weil ich Mario für einen der aufgeklärtesten Menschen halte, die ich kenne.

Würde ich in Civitacampomarano leben, hätte ich womöglich mehr Gefühl für diese Dinge. So betrachte ich lieber die *Murales*[6], für die der Ort bekannt ist. *Street Art* soll ihn vor dem Aussterben bewahren, ein paar Besucher anlocken und so den Nährboden für Bars, Bed and Breakfasts oder Boutiquen bereiten. Da prangt an einer Wand das Bild eines kleinen Mädchens, dessen Kleid aus einer Ansicht des Ortes besteht. Dort leuchten rote Granatapfelblüten von der Fassade eines Hauses, eine Pflanze, die der Osten hergebracht hat. Mich interessieren besonders die *Murales*, die das Leben der Bauern im Molise darstellen. Und eine riesige Schrift auf einer fleckigen Mauer: »*Il Molise non esiste*« steht in schwarzen Blockbuchstaben darauf. Das »*non esiste*« ist mit roter Farbe durchgestrichen. Darunter steht, ebenfalls in Rot: »*resiste*«. Der Molise hält stand.

Ich fahre weiter, über Hügel, die von der Sonne gelbbraun gebacken sind wie Weizenbrot und sanft zum Meer hin auslaufen. In Termoli weht ein starker Wind von der Adria und beschenkt mich mit Farben in allen Blautönen. Unter einem weiß-blauen Hitzehimmel leuchtet das Meer türkisblau in Ufernähe, knallblau weiter draußen, bevor es ins Dunkelblau übergeht und am Horizont zu Schwarzblau wird. Weiße Schaumkämme halten sich wie Reiter auf den Wellen. Stundenlang sitze ich am Strand und schaue diesem Spektakel zu. Dann fahre ich wieder hinauf in die Hügel, zur *Masseria Grande*, einem stattlichen Landgut, in dem ich übernachten will. Nach einem guten ländlichen Abendessen setze ich mich mit einem Glas Falanghina, einem Weißwein, der griechischen Ursprungs sein soll, ans offene Fenster und lausche in die Nacht hinaus.

Die Grillen weben ihren Klangteppich und versetzen mich in eine Art Trance. Schemenhaft sehe ich rundherum die Hügel einer uralten Kulturlandschaft, die sich wilde Ecken bewahrt hat. Vipern und Stachelschweine lauern dort draußen im Gebüsch. Und weiter oben in den Bergen streifen Wölfe durch die Wälder. Beim Frühstück erzählen mir Marco und Marina, die Besitzer der *Masseria*[7], dass es hier vor Kurzem gebrannt habe. Jetzt bemerke ich auch die verkohlten Felder und einen niedergebrannten Schuppen. »Vor zwei Wochen flogen die Löschflugzeuge über unseren Köpfen«, sagt Marina. »Es war wie ein Inferno.«

Erdbeben, Überschwemmungen, Flächenbrände – der Molise erleidet die Naturkatastrophen wie ganz Süditalien. Nur die Kriege, die früher diese Landstriche heimsuchten, sind in letzter Zeit ausgeblieben. Dafür kam Geld aus Rom und Brüssel. Wo ist es geblieben? Der Boden hier ist einerseits noch zu hart und trocken, um all das Geld aufzunehmen. Und andererseits tückisch wie Karst, durch den das Geld in unterirdische Kanäle abfließt. Diese Gedankenbilder werden sich mir auf der Fahrt durch den Süden immer wieder aufdrängen.

Nun geht es nach Campobasso, in die Hauptstadt des Molise. Anders als der Name – »niedriges Feld« – vermuten lässt, liegt die 50 000-Einwohner-Stadt auf einem Höhenrücken 700 Meter über dem Meer. Um eine winzige mittelalterliche Altstadt unterhalb der Burg und eine im 19. Jahrhundert und im Faschismus angelegte repräsentative Neustadt liegen wild in die Landschaft geklotzte Hochhaus-Konglomerate. Ein planerischer Gestaltungswille ist da kaum zu erkennen. Das verbindet Campobasso mit anderen historischen süditalienischen Städten wie dem sizilianischen Agrigent. Campobasso wurde im Zweiten Weltkrieg stark zerstört. Im Herbst 1943 kämpften deutsche und kanadische Truppen um die Stadt.

Heute wirkt die Neustadt mit ihren leeren, großen Plätzen und den breiten Repräsentationsstraßen überdimensioniert für die relativ wenigen Bürger. Im klaren, harten Licht nach einem Regenguss fühle ich mich beim Bummeln durch Campobasso unbehaust, als sei ich in eines der metaphysischen Gemälde Giorgio de Chiricos geraten. Viel öffentlicher Raum für wenig Leute, das ist eher ungewöhnlich für italienische Innenstädte. Um etwas zu tun zu haben, versuche ich mich so zu benehmen, dass man mich nicht sofort als ausländischen Touristen erkennt. Also kein Stechschritt, kein Rumfotografieren, keine Sehenswürdigkeiten auf dem Handy-Stadtplan orten, dafür eine lokale Zeitung unter dem Arm. Nur, wer läuft heute in Italien noch mit einer Zeitung unter dem Arm herum? Richtig, ein Tourist, der nicht als solcher erkannt werden möchte.

An den Häusern hängen Käfige mit Wellensittichen oder Kanarienvögeln. Von drinnen klingen Stimmen auf die Straße. »Stell dir vor, was Lisa zu mir gesagt hat …«, erregt sich eine Frau. »*Amore, amore,* ich bitte dich, hör mir zu …«, beschwichtigt ein Mann. Ein Kellner singt hingebungsvoll, während er die Tische auf einer Piazza deckt: »Küsse mich nicht vor allen auf der Straße …« Ich gehe in einen Andenkenladen und kaufe einen Kühlschrankmagneten mit der Aufschrift *»I love Molise«.* Als Beweis für meine Familie, dass ich wirklich hier war. Über dem Eingang zu einem Lokal hängt ein schmiedeeisernes Schild. Zwei Löwen halten ein Wappen mit weiß-blauem Rautenmuster. »König Ludwig Dunkel – Bier-Keller« steht darunter.

Wie aus den anderen Gegenden Süditaliens sind auch aus dem Molise sehr viele Menschen ausgewandert, nach Norditalien, Deutschland oder in die beiden Amerikas, wobei die größte Abwanderung bald nach der Gründung des Königreichs Italien in der Zeit zwischen 1870 und 1915 erfolgte und dann nochmals nach dem Zweiten Weltkrieg bis Anfang der 1970er-Jahre. Der Molise spielte eine Vorreiterrolle bei der süditalienischen

Emigration, da die Molisianer ohnehin sehr mobil waren. Das liegt an ihrer traditionellen Weidewirtschaft, *transumanza* genannt. Dabei ziehen die Hirten mit Schafen und Rindern im Frühjahr auf die Hochweiden in den Bergen und kehren im Herbst in die Ebenen zurück. Viele Dörfer im Molise und in den Abruzzen lebten von dieser Wirtschaftsweise, die Familien waren es gewohnt, dass die Männer einen Großteil des Jahres abwesend waren. Nach der italienischen Einigung bekamen viele Bauern die Nutzung der Weiden in den Tieflagen zugesprochen, was für die Hirten eine Katastrophe war. Um nicht zu verhungern, wanderten sie aus. Wieder gingen oft die Männer, während Frauen, Kinder und Alte zurückblieben oder später nachkamen. So entstand eine riesige molisische Diaspora. Der Ort Agnone zum Beispiel hat heute nur noch 5000 Einwohner. Hinzu kommen jedoch mehr als 20 000 Agnoneser, die in der ganzen Welt verstreut leben.

Derzeit erleidet Süditalien eine weitere Auswanderungswelle. Diesmal sind es überwiegend junge, gut ausgebildete Frauen und Männer, die in ihrer Heimat keine Zukunft für sich sehen. Dabei überweisen der italienische Staat und die EU seit langer Zeit Abermilliarden in den *mezzogiorno*, nach Süditalien, um ihn wirtschaftlich zu fördern und die Menschen zum Bleiben zu motivieren. Es gibt viele Gründe, warum das zu wenig bewirkt, Korruption, Mafia, schlechte Infrastruktur, schwerfällige Bürokratie und Mangel an Unternehmensgeist.

Um zu sehen, wie es um die Popularität des Molise steht, hilft ein Blick in die Schaufenster der Immobilienhändler. »Appartement in Zentrumsnähe mit Flur, Küche, Wohnzimmer, drei Schlafzimmern, Bad, Abstellkammer, Balkon und Keller: 85 000 Euro.« Oder: »Hübsche Dachgeschosswohnung mit Diele, Küche, zwei Zimmern, Bad, Abstellraum und Balkon: 27 000 Euro.« Beim Frühstück im Bed and Breakfast treffe ich ein Paar aus Irland, das gleich weiterfahren möchte, um sein Ferienhaus in Besitz zu nehmen. »Ein geräumiges Haus mit großem Garten draußen auf dem Land«, erzählen mir die beiden. »Wir haben es auf Instagram gefunden.«

»Aber Sie haben es sich vorher in natura angeschaut?«, frage ich.

Die beiden lachen verlegen. »Nein. Nur auf Instagram. Es sieht so schön aus. Und es ist so billig. 21 000 Euro.«

»Eine Ruine?«

»Überhaupt nicht. Es ist sofort bewohnbar.«

Ich schicke meiner Familie eine Textnachricht in unseren Familien-Chat: »Habe uns in Campobasso eine Ferienwohnung gekauft.« Zurück kommen Smileys, die sich kranklachen. Ich werde in dieser Familie einfach nicht ernst genommen. Aber die werden sich noch wundern.

Wobei die Wohnung, in der mein Bed and Breakfast eingerichtet ist, sicher nicht zum Preis des Ferienhauses der beiden Iren zu haben wäre. Es ist eine unglaublich geschmackvolle Wohnung. Eichenparkett, hohe Decken mit Stuck, elegante, nicht überladene Kronleuchter, Flügeltüren, alte Spiegel, Ölgemälde, eine Chaiselongue im Rokoko-Stil mit veilchenblauem Bezug, weiß blühende Orchideen, Kristallvasen mit weißen Rosen und Bäder, die modernen Komfort mit dem klassischen Charme der Wohnung verbinden. Im Wohnzimmer gedeiht eine riesige, bis zur Decke reichende Strelitzie. Davor sitzt eine junge Frau, der anzusehen ist, dass sie die Schöpferin dieses wunderschönen Ensembles ist. Giulia Marroni.

»Das Haus ist der Spiegel der Seele«, sagt die 27 Jahre alte Besitzerin. »Es zeigt, wer wir sind. Deshalb geben die Menschen in Campobasso sehr viel Geld für die Inneneinrichtung aus.«

Auch Giulia hätte, wie so viele junge Moliserinnen und Moliser, woanders ihr Glück machen können. Sie ist gut ausgebildet, kultiviert, eloquent und hat einen phänomenalen Sinn für Schönheit und guten Geschmack. Tatsächlich ist sie nach dem Abitur zum Architekturstudium nach Florenz gegangen, das vom Molise aus betrachtet eine nordische Stadt ist. Die Unterschiede bekam die Tochter aus einer Unternehmerfamilie in Campobasso gleich zu spüren. »In Norditalien gibt es gewisse Vorurteile gegenüber uns *meridionali*[8]. Für die Florentiner beginnt unterhalb von Rom Afrika. In Florenz kannte niemand Campobasso. Es dauerte Jahre, bis ich erstmals in das Haus eines Florentiners eingeladen wurde.«

Wer als Deutscher findet, Florenz sei der leichte, sinnliche Süden, dem hält Giulia entgegen: »Die Charakterunterschiede sind enorm. Wir Süditaliener sind offen, herzlich und gastfreundlich, die Norditaliener zurückhaltend und kompliziert.« Das sehe man schon daran, dass die Häuser im Süden viel mehr Balkone hätten, um im Kontakt mit der Außenwelt zu bleiben. »Und die Wäsche hängst du im Süden, in Neapel etwa, zur Straße hin auf. In Florenz dagegen Richtung Innenhof. Aber der Norden hat eine florierende Industrie, und wir haben das nicht. Deshalb gehen die Studierten aus dem Süden weg. Die fähigsten Ärzte Norditaliens kommen aus Kalabrien, die fähigsten Juristen aus Sizilien.«

Auch Giulia, die Innenarchitektin wurde, wollte weiter nach Norden, nach Mailand, in die Hauptstadt des italienischen Designs. »Doch dann stellte ich fest, dass das Leben in Mailand viel kostet und dass wir hier im Molise besser leben können.« Also kaufte sie sich mit ihrem Freund, einem Florentiner, dieses Appartement. Giulia machte es zum Showroom ihres Talents als Innenarchitektin. »Wir bewohnen ein Zimmer und vermieten die anderen. Das läuft ganz gut. Immer mehr Italiener reisen in den Molise, um die kleinen Orte und deren Geschichte zu erforschen. Und wegen unserer Küche.« Giulia nennt den *Caciocavallo* aus Agnone, einen milden Käse aus Kuhmilch in Form eines Beutels, der etwa als Bratkäse mit Salat und frischen Feigen serviert wird; und sie nennt die *Fusilli*[9], die aus dem Molise stammen und gern mit einem Sugo aus Lamm, Kalb und Wurst vom Schwein gegessen werden.

»Doch geht euch Florenz nicht auch ab? Mit all der Kultur, den Geschäften, den Möglichkeiten auszugehen?«

»Nicht so sehr«, sagt Giulia. »Denn dafür haben wir hier viel mehr menschliche Nähe. Campobasso ist wie ein Dorf. Wir sind hier fast alle Freunde. Aber klar, für uns Junge fehlen Unterhaltungsmöglichkeiten, es gibt zum Beispiel nur eine einzige Disco.« Sie reise mit ihrem Freund viel in Italien herum. »Aber wenn wir dann nach der Rückkehr hier aus dem Auto steigen, sind wir begeistert von der sauberen Luft, der Ruhe, der entspannten Atmosphäre.« Auch gebe es in Campobasso praktisch keine Kriminalität. »Neulich hat ein Freund von uns aus Versehen über Nacht den Kofferraum seines Autos offen stehen gelassen, mit lauter Gepäck drin. Es wurde nicht ein einziges Stück geklaut.«

Natürlich stelle ich auch Giulia meine Gretchenfrage: »Was fasziniert die Deutschen so an Italien?«

Die Antwort kommt sofort und in ihrem Fall besonders überzeugend: »Der Sinn für Schönheit. Der liegt einfach in der DNA der Italiener.«

Dann fragt sie mich, wo ich jetzt hinreisen werde. »An den Golf von Neapel.«

»Und du machst keinen Abstecher nach Saepinum?«

Ich hatte davon gehört. Die Ruinen einer antiken Stadt. Da habe ich schon so viele gesehen. »Das hatte ich eigentlich nicht vor«, sage ich.

Giulias Pupillen weiten sich: »Du fährst durch den Molise und willst Saepinum nicht anschauen? Das kannst du nicht machen! Saepinum ist unser einziges Symbol, die einzige wirklich große Sehenswürdigkeit, die wir haben.«

Also verspreche ich ihr, Saepinum anzusehen. Schließlich ist das der Reiz so einer Reise, dass ich meine Pläne ändern und mich auf Umwege begeben kann.

Ich bereue es nicht. Ein so romantisches Ruinengelände habe ich selten gesehen. Saepinum wirkt wie der Prototyp eines Ausgrabungsgeländes. Unter einem hellblauen Himmel mit weißen Wolkenschlieren liegen die dunkel bewaldeten Berge des Molise, davor heben sich die Ruinen aus hellem Kalkstein ab. Ich kann zwischen den Resten der antiken römischen Stadt herumstreifen, unter Eichen hindurch und über gepflegten Rasen, mir einen reifen Apfel oder eine Feige pflücken. In der Nachbarschaft stehen Bauernhöfe, Hühner picken unter einem Kirschbaum. Es duftet nach getrocknetem Gras. Ich lasse mir Zeit, wegen dieser zeitlosen Atmosphäre, aber auch, weil sich in Saepinum so gut die Anlage einer römischen Stadt studieren lässt: die beiden gekreuzten Hauptstraßen, der *Cardo* und der *Decumanus*, die öffentlichen Gebäude wie die Thermen, das Forum und die Basilika sowie das Theater, das im Mittelalter von Häusern überbaut wurde und so sehr gut erhalten geblieben ist. Einen Teil der mittelalterlichen Häuser hat man stehen gelassen, um so mehrere Zeit- und Kulturebenen am selben Ort zu zeigen. Auch von der Stadtmauer und den Toren aus riesigen Quadern ist noch viel erhalten. Ich setze mich auf eine sonnenwarme Steinmauer und sehe Arbeitern zu, die den antiken Abwasserkanal unter dem *Decumanus* freilegen. Ein paar Schritte weiter sitzt eine voll tätowierte junge Archäologin an einem Plastiktischchen in der Mittagshitze auf dem *Decumanus* und gibt Daten in ihr Laptop ein. Es gibt noch so viel zu erforschen in Italien.

22

Una notte a Napoli

Bald darauf fahre ich hinaus aus dem Molise, dessen Existenz ich mir nun sicher bin, und hinein nach Kampanien. Auf den Bergen drehen sich viele Windräder, auch Italien steht vor einer Energiewende. Bei Benevent geht es durch eine Bilderbuchlandschaft mit säuberlich voneinander abgegrenzten Rebhängen, Olivenhainen und hellen Getreidefeldern, in die einzelne dunkle Steineichen hineingetupft sind. Eine Landschaft, wie gemalt von Cézanne. Die letzten 30 Kilometer bis zum Tyrrhenischen Meer begleitet mich ödes Flachland mit abgeernteten Feldern, Brombeerranken, Schilf und jede Menge Müll am Straßenrand. In Castel Volturno stoße ich aufs Meer.

Castel Volturno. Die Stadt hat in Italien einen Ruf wie Höllenhall. Sie gilt als Biotop aller Übel des Landes: Bauspekulation, Verfall, Umweltzerstörung, illegale Einwanderung, Ghettobildung, Mafia, Menschenhandel, Zwangsprostitution, Kokainhandel, Ausbeutung in der Landwirtschaft, soziale Verwahrlosung. Viele Italiener betrachten Castel Volturno als No-go-Area, beherrscht von Banden aus Nigeria und dem Benin, der man sich nicht einmal nähern sollte. Zudem gilt der Ort als Hauptstadt der *Terra dei Fuochi*, des Feuerlandes. So wird die Gegend zwischen den Städten Caserta und Neapel genannt, in der in den vergangenen Jahrzehnten Hunderttausende Tonnen giftigen Mülls verbrannt oder vergraben wurden, mit furchtbaren Folgen für die dort lebenden Menschen und die Umwelt. Der neapolitanische Schriftsteller und Mafia-Experte Roberto Saviano hat für die Region Kampanien vorgerechnet: »Wenn man alle Abfälle, die von den Clans illegal beseitigt wurden, aufeinanderschichten würde, entstünde ein 14 600 Meter hoher Berg mit einer Basis von drei Hektar.« Das war 2007. Wie hoch der Berg heute wohl wäre? Und welchen Anteil das Gemeindegebiet Castel Volturnos daran hätte, der Hauptstadt von Feuerland?

Dieses Szenario ist umso krasser, als Castel Volturno ganz in der Nähe einer der schönsten und reichhaltigsten Kulturlandschaften der Welt liegt: des Golfs von Neapel. Hier paradiesische Gegenden wie die Insel Ischia, das neapolitanische Küstenviertel Posillipo oder Sorrent, dort die infernalischen Zustände in Castel Volturno. Die Gemeinde, die sich über einen langen Küstenstreifen erstreckt, hat 27 000 registrierte Einwohner, darunter 4000 Ausländer. Hinzu kommen ungefähr 20 000 illegal hier lebende Menschen, nicht anerkannte Flüchtlinge und Arbeitsmigranten, die vom italienischen Staat sich selbst überlassen wurden und hier untergetaucht sind. Diese *invisibili*[1], wie die Italiener sie nennen, überfordern die Stadt, weil sie natürlich auch Verkehrsmittel benutzen, Trinkwasser und Strom verbrauchen, Ämter besuchen und täglich große Mengen Abfall verursachen. Dieser landet oft am Straßenrand oder in großen Haufen in der Landschaft, wo er vielfach auch noch angezündet wird.

Dabei war der *Litorale Domizio*, ein knapp 70 Kilometer langer Küstenstreifen, in dessen Mitte Castel Volturno liegt, einst ein gesegnetes Land, dank seiner feinsandigen Strände, der herrlichen Pineta und der Blicke auf die Insel Ischia. Der römische Kaiser Domitian ließ hier eine große Straße bauen, die Via Domiziana. Castel Volturno wurde schon unter den Etruskern besiedelt und von den Römern als Handelsplatz ausgebaut. Die Langobarden errichteten hier ein Kastell. Später wurde aus dem Festungs- ein Bauernort, der sich nach dem Zweiten Weltkrieg touristisch entwickelte. Vor allem die Bürger Neapels und Casertas verbrachten hier ihre Ferien und sorgten in den 1960er- und 1970er-Jahren für einen Bauboom an der Küste. Damit begann das Verhängnis.

Viele Hotels und Ferienhäuser wurden ohne Genehmigung wild an den Strand gebaut. Sie waren oft nicht an die Wasser- und Abwasserversorgung angeschlossen, was dazu führte, dass die Besitzer illegale Brunnen bohrten und die Abwässer ebenso illegal im Gelände versickern ließen oder ins Meer leiteten. Außerdem entstanden riesige Feriendörfer in Form hässlicher Beton-Agglomerate.

1980 wurde Kampanien von einem gewaltigen Erdbeben erschüttert, bei dem mehr als 2700 Menschen starben und fast 400 000 obdachlos wurden. Die Behörden quartierten viele Obdachlose in den Hotels und Ferienhäusern von Castel Volturno ein. Damit begann der Niedergang als Urlaubsgegend. Als die Obdachlosen auszogen, nutzten Camorra-Mitglieder und illegal ins Land gekommene Menschen die Schwarzbauten der Stadt als Unterschlupf. Verbrecherbanden aus Westafrika verdrängten allmählich die Camorra-Clans. Dies geschah unter den Augen der Politiker und Behörden, die die Probleme verdrängten oder folgenlos Besserung gelobten. Die lokalen Kräfte aber waren mit den Problemen überfordert. Heute stehen 15 000 Gebäude im Gemeindegebiet von Castel Volturno leer, viele zerfallen total. *Case di nessuno*[2] werden sie genannt.

Das geht mir durch den Kopf, während ich nach Castel Volturno hineinfahre. Ich war noch nie zuvor hier und bin zunächst positiv überrascht. Neben den Krisenzeichen – Sperrmüllhaufen auf den Gehsteigen, verkohlte Müllcontainer, zerbröselnde Betonbauten und Gruppen herumlungernder Männer – sind auch durchaus hübsche Ecken zu sehen. An dem mit Palmen und Laubbäumen bepflanzten Hauptplatz steht die schneeweiße barocke Kirche und gibt dem Ortszentrum einen heiteren Anschein.

Auch aus der Ruine des alten Kastells, am Ufer des Flusses Volturno gelegen, ließe sich etwas machen. Wenn man sich damit jedoch nicht beeilt, wird es bald ganz zusammensacken. Dann wäre da noch das eine oder andere Strandbad, das an bessere Zeiten erinnert. Ich nehme eine Stichstraße zum Meer und schaue mir eines dieser *bagni*[3] an, den *Lido Cristall* mit seinem dunklen, blitzsauber gerechten Sandstrand, den dunkelblauen Liegen und weißen Sonnenschirmen, dem großen Schwimmbecken, Restaurant und Bar, eine heile Ferienwelt mit exklusiver Aura. Doch nur ein paar Hundert Meter entfernt regiert oben an der Via Domiziana der völlige Niedergang. Verfallene Häuser oder solche aus unverputzten Ziegelsteinen, von denen man nicht weiß, ob sie noch nicht fertig gebaut sind oder schon aufgegeben werden. Die kerzengerade Straße liegt menschenleer in der Gluthitze unter einem von Staub und Rauch weißbräunlich gefärbten Himmel. Nur ab und an fährt ein Auto in hohem Tempo hindurch.

Knapp eine halbe Stunde später bin ich in meiner Unterkunft am Kap von Miseno angekommen, am Eingang zum Golf von Neapel. Ich beziehe mein Zimmer, setze mich mit einer *spremuta* auf den Balkon und lasse mich von der Aussicht überwältigen. Auf den ersten Blick wähne ich mich in der Karibik angekommen. Ein absurd blaues Wasser umschlingt die mit immergrüner Vegetation überwachsenen Kaps und Halbinseln, Vorgebirge und Landzungen. Aus dem Grün leuchten kalkweiße, flach bedachte Häuser, aus dem Blau ebenso weiße Segel- und Motorjachten. Der Windhauch vom Wasser ist gerade stark genug, um den Schweiß auf der Stirn zu trocknen. Im fernen Dunst scheint der gewaltige Krater des Vesuvs wie ein Fischmaul nach Luft zu schnappen. Stimmen klingen von tief unter meinem Balkon herauf. Eine Familie sitzt beim Abendessen in einem Garten, der dem Garten Eden zu ähneln scheint. Geschwungene Plattenwege führen durch einen Hain aus Olivenbäumen, Bananenstauden, Orangen, Feigen, Aprikosen und Palmen. Eine steile, mit Terrakottafliesen gedeckte Außentreppe führt von dem höher gelegenen, mit Trompetenblumen überwachsenen Haupthaus in diesen Garten hinab. An den Balkonen trocknet Wäsche im Abendwind. Wilder Wein hat den Telefonmasten auf der Grundstücksmauer überwuchert, auf dem Kabel sitzen zwei Tauben und schnäbeln. Nur das sanfte Grollen der Dieselmotore der Fischerboote ist zu hören.

Castel Volturno. Capo Miseno. Ein Katzensprung. Und doch zwei Welten, die nicht auf dieselbe Erde zu passen scheinen und schon gar nicht in ein einziges Land. Doch Italien, diese schmale, lange Halbinsel mit ihren vielen Bergen und der 7600 Kilometer langen zerklüfteten Küste bietet nicht nur extreme Vielfalt auf engstem

Raum, sondern auch einen extremen Kontrast zwischen Schönem und Hässlichem, Himmel und Hölle.

»Vielleicht ist das das Einmalige, Unvergleichliche an der neapolitanischen Landschaft, überhaupt an Kampanien, dass man sagen kann: hier fängt Griechenland an und Italien hört nicht auf«, hat Eckart Peterich so treffend beobachtet.[4] Die Welt um Neapel ist daher auch das große Mythenreich Italiens. Überall springen einem hier die Sagen der Griechen und der Römer entgegen. Das Kap von Misenum ist nach Misenos benannt, einem Gefährten des Odysseus, der hier ums Leben kam. Gleich um die Ecke liegt Cuma, wo die im Altertum berühmte Priesterin Sibylle in einer Grotte als Orakel wirkte. Sie begleitete Aeneas, der aus dem zerstörten Troja geflohen war, in die Unterwelt, wo er bestätigt bekam, dass er der Stammvater eines neuen Reiches werden sollte, des römischen.

Praktischerweise lag der Eingang zum Hades, zur Unterwelt, ganz in der Nähe von Cuma, nämlich im Averner See. Der Odem der Unterwelt – beziehungsweise, wie prosaische Geister glauben, der Schwefeldampf der Vulkane – machte den Ort so lebensfeindlich, dass sich nicht einmal Vögel dort blicken ließen. Hier ging es hinab ins Totenreich, hier traf Odysseus den Seher Teiresias, Äneas sprach mit seinem Vater Anchises, Orpheus scheiterte daran, Eurydike zurückzuholen. Unter der nahen Insel Ischia begrub der griechische Göttervater Zeus einen Titanen. Typhon, ein unansehnlicher Bursche mit mehreren Drachenköpfen und Schlangenleibern anstelle von Beinen, war in den Olymp empor gestiegen und hatte Zeus die Herrschaft über den Kosmos streitig gemacht. In einem epischen Ringen mit wechselndem

Schlachtenglück besiegte Zeus den Typhon mit seinen Donnerkeilen und begrub ihn unter Ischia. Seine Tränen bilden heute das heilende Thermalwasser, das so viele Menschen hierher lockt.

Dann wären da noch Li Galli, drei kleine Inseln vor der Amalfiküste, auf denen einst die Sirenen hausten, liederliche Hybridwesen aus Vogel und Mensch, die so schön sangen, dass sie die Schiffer anlockten und an den Klippen der Inseln zerschellen ließen. Odysseus stopfte seinen Gefährten Wachs in die Ohren und ließ sich selbst an den Schiffsmast binden, um den Sirenen lauschen zu können, ohne ihnen ins Verderben zu folgen.

Auch Neapel selbst quillt über von Mythen. Da wäre die Geschichte von Posillipo und Nisida. Der umgängliche Posillipo verknallte sich in die wunderschöne, aber berechnende Nisida. Sie liebte es, die Männer zappeln zu lassen. Das brachte Posillipo so zur Verzweiflung, dass er sich im Meer ertränkte. Kann man das Nisida zum Vorwurf machen? Ich finde eher nein. Die Götter aber verwandelten Nisida in eine Insel und Posillipo in einen Hügel, der heute zu den schönsten Wohnvierteln Neapels gehört. Die beiden sehen sich ständig, können sich aber nicht mehr näher kommen.

Dann wäre da noch Baia, ein Ort in einer Bucht unterhalb des Kaps von Miseno. Sein Name soll von Baios stammen, dem Steuermann des Odysseus. Wegen seiner heißen Quellen und der herrlichen Lage in einer geschützten Bucht kamen betuchte Römer in der Antike gern zur Erholung hierher. In heutigen Begriffen würde man von einem exklusiven Kurort sprechen. Caesar und Cicero bauten sich in der Umgebung Villen, auch Caligula und Nero schauten gerne vorbei. Strengere Geister wie Seneca sahen in Baia dagegen ein »Rasthaus der Laster«, eine Art Ibiza der Antike. Heute gehört das antike Baia zur Gemeinde Bacoli. Die Prunk- und Lastervillen der Römer sind zu einem guten Teil im Meer versunken. Denn durch Erdbeben und Vulkanausbrüche ist ein Teil der Küste ins Meer abgesackt. Im kristallklaren Wasser liegen heute diese versunkenen römischen Ruinen. Italien hat hier einen Unterwasser-Archäologie-Park eingerichtet. Mehrere Unternehmen begleiten Besucher hinaus aufs Meer, um die versunkenen Stätten zu ertauchen oder zu erschnorcheln.

Ich buche eine Tauchexkursion im Internet und finde mich mit einer Gruppe junger Schweizer am Sitz eines Tauchunternehmens in Bacoli ein. Wir erhalten eine multimediale Einweisung in die Zeit, als hier die High Society des antiken Roms urlaubte, der Handelshafen Porto Julius florierte und am Kap von Miseno die römische Kriegsmarine stationiert war. Dann bekommen wir unsere Taucherausrüstung, werden auf ein Hartgummiboot verfrachtet und hinaus in die Bucht gefahren.

In kleinen Gruppen mit jeweils einem Tauchlehrer geht es ins fünf bis zwölf Meter tiefe Wasser. Es ist eine für mich neue Art des Tauchens. Hier geht es nicht um Fische und Korallen, sondern um Säulen, römische Hafenanlagen, Marmorfragmente und Mosaiken, die Delphine darstellen oder Ringkämpfer. Wir schwimmen über römische Straßen und die Reste kleiner Geschäfte. Unser Führer, Alex, 24 Jahre alt und aus Neapel stammend, sagt, er tauche, seit er acht Jahre alt sei. »Ich bin ein Fisch.«

Immer wieder schwimmt er hinunter, holt ein Stück einer Amphore herauf oder wedelt mit den Händen den Schlick von den Mosaiken aus weißen und schwarzen Steinchen. Das lockt sofort Fische an, die sich den einen oder anderen Happen versprechen. Ich deute auf eine Muräne, einen schlangenartigen Knochenfisch, aus dessen Maul die Zähne wie Dolche hervorblitzen. Ich mache eine fragende Handbewegung, denn unter Wasser ist die Kommunikation schwierig. Wir tauchen auf, und ich frage unseren Führer, ob die Muräne giftig sei. »*Ma no, è buona*«, antwortet er. Ich verstehe ihn so, dass sie gut sei, also schmackhaft zubereitet werden könne, und sage es ihm. Unser Tauchlehrer prustet vor Lachen. »Aber nein! *È buona* bedeutet doch nicht, dass die Muräne gut schmeckt. Sondern, dass sie gutartig ist. Nicht giftig. Aber geschützt. Doch nicht zum Essen!« Auf dem weiteren Tauchgang konzentriere ich mich auf die römischen Säulenstrünke. An ihnen würde ich mir ohnehin die Zähne ausbeißen.

Alex will wissen, wohin ich jetzt fahre. Nach Neapel, sage ich.

»Dann musst du Pizza essen gehen.«

»Ach, italienische Pizza gibt es bei mir zuhause in München genug.«

Alex lacht sich schief: »Aber die Pizza in München ist nicht so wie in Neapel. Du darfst nur nicht in die Touristenlokale gehen. Geh in die *Quartieri Spagnoli*[5]. Da ist die Pizza überall gut.«

Eigentlich sollte man auf so einer Reise Neapel umgehen. Denn Neapel ist, wie Rom, Florenz, Venedig, eine Welt an sich, die sich nicht in einem Kapitel abhandeln lässt. Ich mache den Fehler, dennoch nach Neapel zu fahren, und das haben wir jetzt davon. Ich muss auf wenigen Seiten versuchen, die Seele Neapels zu ergründen, und Sie, als Leser, müssen sich damit zufriedengeben. Also hinein ins Vergnügen.

Neapel hat in meiner Familie einen guten Klang. Meine Großeltern haben dort ihre Flitterwochen verbracht, es war die weiteste Reise, die sie jemals machen sollten. Als ich ein Kind war, erzählte mein Großvater, wie er mit seiner frisch angetrauten Frau im Hotel in Neapel eintraf. Das war Mitte der 1920er-Jahre. Sie wollten in den Speisesaal gehen, doch ein Kellner im Frack hielt sie zurück. Ein Scheich aus Ägypten habe das ganze Restaurant für seine Entourage belegt. Neapel war damals für ein junges Paar aus München äußerst exotisch. Und dann noch ein ägyptischer Scheich! Als meine Großeltern halb fasziniert, halb enttäuscht umdrehen wollten, um sich ein anderes Restaurant zu suchen, bemerkte sie der Scheich und winkte den Kellner herbei. Die Fremden sollten sich ruhig zu ihnen in den Speisesaal setzen. So kamen meine Großeltern zu einem opulenten Mahl inmitten einer ägyptischen Großfamilie. Als sie zahlen wollten, winkte der Kellner ab. Der Scheich habe das längst erledigt.

Ich war oft in Neapel, als Tourist und Journalist, habe mir aber nie ein rechtes Bild der Stadt machen können. Ich erlebte sie als diffus-konfusen Strudel aus Schönem und Scheußlichem, aus Himmel und Hölle. Nie wurde sie mir so vertraut wie Rom oder auch Palermo. Nie fühlte ich mich sicher dort und nie gelangweilt. Immer hatte ich das Gefühl, noch ganz viel lernen zu müssen. Jetzt habe ich mir ein Zimmer in der gutbürgerlichen Wohnung einer Familie auf dem Vomero genommen, einem Hügel westlich des Zentrums. Es ist eine riesige, verwinkelte, marmorgeflieste Wohnung in einer noblen Mietskaserne aus den 1920er-Jahren. In den großen, dunklen Räumen lümmeln junge Burschen, Söhne der Besitzer mit ihren Freunden, essen Pizzas aus Kartons

265

und schauen in einem überdimensionierten Fernseher Fußball, während ein alter Schäferhund durch die Wohnung trottet. Zwischendurch ist, scheu, eine dunkelhäutige junge Frau zu sehen, die den Service macht, das heißt putzt und bedient und in einem Verschlag unterhalb der Wohnung haust. Die Hausherrin, die von ihrem Mann, einem Chefarzt, geschieden ist, erklärt mir, die junge Frau sei eine brasilianische Medizinstudentin, die einer ihrer Söhne kennengelernt habe. Sie dürfe hier bei ihnen wohnen. Womöglich sind dies hier also herzensgute Menschen, die einer armen Studentin aus Lateinamerika unter die Arme greifen. Womöglich.

Warum ich überhaupt hier draußen auf dem Vomero wohne? Aus Feigheit, um offen zu sein. Denn ich erinnere mich mit Grausen einer Recherche vor einigen Jahren, als ich mit dem Mietauto meine Unterkunft in der Altstadt von Neapel ansteuerte. Ich habe in meinem Leben noch nie so geschwitzt und gezittert. Und ich war mit dem Auto schon zur Rushhour in Harlem, in Los Angeles, Istanbul, Paris oder Palermo unterwegs. Aber Neapel … Als kleines Bündel Elend hinter dem Steuer fuhr ich schließlich in den Schlund einer Innenstadt-Tiefgarage und übergab den Autoschlüssel einem Mann, dem ich unter normalen Umständen nicht einmal einen Rollator anvertraut hätte, geschweige denn ein Skateboard. Das wollte ich nicht noch einmal erleben.

Daher der Vomero, außerhalb der Altstadt, wo ich mein Auto an einer breiten Straße abstellen kann. Frohgemut marschiere ich zur Metrostation Salvator Rosa. Der eine Eingang ist geschlossen und wird als Müllkippe genutzt. Ich nehme den anderen Eingang und will eine Fahrkarte am Automaten lösen. Wie naiv ich doch immer noch bin. »Außer Dienst«, steht darauf. Das passiert in München auch. Also gehe ich wieder hoch zum Zeitungshändler am Eingang zur Metro. »Wir verkaufen keine Fahrkarten«, sagt er. »Da müssen Sie zum *tabaccaio*[6] gehen.«

Praktischerweise befindet sich der nächste *tabaccaio* 500 Meter weiter unten an der Straße. Der Verkäufer gibt sich zerknirscht. »Ich habe keine Fahrkarten und bekomme auch so schnell keine. Aber ich kann nichts dafür, das müssen Sie mir glauben. Das ist ein Problem der U-Bahn.«

»Was soll ich denn dann machen?«

»Am besten sprechen Sie direkt mit den Kontrolleuren an den Drehkreuzen zur U-Bahn.«

»Sitzen denn da Kontrolleure?«

»Bestimmt!«

Verdrossen trotte ich zurück und hinunter zum U-Bahn-Zugang. Zwischen den Drehkreuzen steht ein Glaskasten, in dem die Kontrolleure sitzen müssten. Tun sie aber nicht. Ratlos blicke ich mich um. Vor dem defekten Automaten stehen drei Schülerinnen. Sie fragen mich, wo man Fahrkarten kaufen könne. »Nirgends«, antworte ich und erzähle von meinen vergeblichen Versuchen. Sie schauen sich an, gehen auf die Drehkreuze zu und schwingen sich darüber. Ich zögere kurz. Dann tue ich es ihnen nach. Was die Schülerinnen aus dieser Episode lernen? Positiv gesehen, dass man kreative Auswege aus scheinbar unlösbaren Situationen finden muss. Negativ, dass der Staat unfähig ist und betrogen werden will. Diese Haltung ist, wegen vieler solcher Erfahrungen, verbreitet und führt seitens des Staates wiederum dazu, dass er seinen Bürgern misstraut. Ich steige an der *Stazione Municipio* aus, also am Rathaus. Auch hier sind die Automaten defekt.

Aber jetzt zum Guten: Die Stadt wird immer schöner. Jedenfalls die Innenstadt. Als ich im Januar 2008, auf dem Höhepunkt der damaligen Müllkrise, zur Recherche nach Neapel kam, konnte ich meine Altstadt-Pension kaum betreten, weil die ganze barocke *Piazzetta* meterhoch mit Müllsäcken aufgefüllt war. Weiße, blaue, gelbe und schwarze Müllbeutel schienen überall aus dem Inneren der Stadt hervorzuquellen und sich wie stinkende Tropfen auf ihre Haut zu legen, als schwitze Neapel eine böse Krankheit aus. Die einen Säcke waren verschnürt und gärungsprall, die anderen ergossen sich auf Bürgersteige und Fahrbahnen. Fisch- und Fleischreste, verfaultes Gemüse, verrottende Pizzaschnitten, zerfetzte Unterhosen und Tampons quollen heraus. Autos zermanschten den Müll zu Brei, *motorini*[7] schlängelten sich zwischen den Abfallbergen hindurch. Die Neapolitaner waren beschämt und angeekelt von ihrer eigenen Stadt. Sie erklärten mir, die Camorra verdiene an der Krise besser als an einer geregelten Müllentsorgung, weil im Ausnahmezustand mehr Geld aus Rom fließe und dessen Verwendung weniger streng kontrolliert werde.

Die Müllsituation hat sich zum Besseren gewendet, jedenfalls soweit ich das bei diesem Besuch beurteilen kann. Neapel ist noch immer kein Ausbund an Sauberkeit, und das wird es auch nicht werden. Aber die meterdicke Müllschicht ist verschwunden. Und es kokelt auch nicht mehr an jeder zweiten Ecke ein Abfallhaufen vor sich hin. In der Altstadt zwischen dem Dom und der Via Toledo mit den engen Gassen und grandios-theatralischen Barockplätzen sind viele Kirchen, Palazzi und Brunnen restauriert. Überall werben Restaurants, Bars und Geschäfte bis tief in die Nacht um Kunden, die sich heute hier viel sicherer bewegen als vor fünfzehn, zwanzig Jahren. Das wohlhabende Chiaia-Viertel unten am Wasser ist eine Schönheit voller Grün, einladenden Boutiquen, Fußgängerstraßen und exzellenten Fischlokalen. Die *Quartieri Spagnoli*, die so heißen, weil sie im 16. Jahrhundert vom damals in Neapel regierenden spanischen Vizekönig für seine Soldaten errichtet wurden, galten vor nicht allzu langer Zeit als von der Camorra verseucht. Besuchern wurde abgeraten, sich in dieses lichtarme Geflecht schmaler, schachbrettartig angelegter Straßen mit ihren hohen, überbelegten Wohnhäusern zu begeben, schon gar nicht bei Nacht. Heute gibt es die Camorra immer noch hier, aber sie erstickt das Leben des Viertels nicht mehr. Es ist aufgeblüht und zum Ausgehviertel geworden.

Ähnliches geschehe gerade mit dem Sanità-Viertel, höre ich in Neapel. Es streife seinen Ruf als verkommenes Verbrecherviertel ab, bringe seine schönen Seiten zur Geltung und öffne sich dem Tourismus und Nachtleben. Das macht mich neugierig, und ich laufe in den Rione[8] Sanità hinein. Einst war das ein Viertel der frühchristlichen Katakomben, später der Reichen und Adeligen, wovon noch viele verfallene Palazzi und Barockkirchen zeugen. Später wurde es eines der volkstümlichsten, buntesten und vitalsten Viertel der Stadt, dicht besiedelt und quirlig wie ein einziger riesiger Markt. Doch es wurde auch ein Viertel der Armut und so ein Nährboden der Camorra.

Hier lebten die Menschen teils dicht gedrängt in den heruntergewohnten einstigen Adelspalästen, teils in Souterrain-Behausungen, die tief in den Tuffstein gegraben wurden. Eine Art menschliches Korallenriff. Seit einigen Jahren besinnen sich nun kirchliche Gruppen, Kulturvereine und Bürgerkomitees auf das historische Erbe des Viertels und sein touristisches Potential. Sie bilden junge Leute aus und geben ihnen Alternativen zur Auswanderung oder der Camorra.

Dennoch bin ich überwältigt, wie schrill, abgründig, zerfallen und lebensprall der *rione* auch heute noch ist. Ein mich immer mehr verwirrendes Chaos aus *motorini*, aufgerissenem Asphalt, zerbröckelnden Mauern, wäscheumflorten Balkonen, winzigen Geschäften, Wohnhöhlen, Graffiti, schreienden und lachenden Menschen, Spinnweben aus elektrischen Leitungen, Außenkästen von Klimaanlagen, süßlichem Geruch von fauligem Gemüse, Bratenduft, Soldaten mit Maschinenpistolen, Kleinlastern, die als Obststände dienen, Schweißgeruch, Blumenständen mit stinkenden Lilien, Bars voller Croissantdüfte, Müllcontainern, Bettlerinnen mit kleinen Kindern auf dem Asphalt und feiernden Alt- oder Neureichen auf einer Dachterrasse hoch darüber. So viel Leben. Und immer wieder dieser Eindruck, dass hier um jeden Zentimeter Raum gekämpft wird. Dazwischen prangen unzählige Heilgenbilder, Marientabernakel und Kreuzigungsszenen an den räudigen Wänden, liebevoll mit Kunstblumen und Kerzen geschmückt. Wer hier lebt, setzt besonders auf die Erlösung.

Ein Haufen Dreck verrottet vor einem hell erleuchteten Schaufenster voller opulenter Torten. Schick gekleidete Frauen entschweben verlotterten Häusern. Am Straßenrand wollen Polizisten ein Auto abschleppen lassen. Ein halbes Dutzend korpulenter Frauen in kurzen Shorts und löchrigen T-Shirts umkreischen die Beamten, recken ihnen ihre wutverzerrten Gesichter wie Waffen entgegen, stampfen mit den Füßen, raufen sich die Haare, als führe hier ein experimentelles Straßentheater die Walpurgisnacht auf. Darum herum entsteht ein Volksauflauf. Die Leute kommentieren den Kampf zwischen Polizisten und Frauen wie ein Fußballspiel. Eine operettenhafte Gewalttätigkeit liegt in der Luft. Die Frauen trommeln mit den Fäusten auf das Auto, das dennoch abgeschleppt wird. Was die Polizisten wohl denken, die, schlecht bezahlt und noch schlechter ausgestattet, ständig in solche Einsätze geschickt werden, um sich beschimpfen und bespucken zu lassen? Und was die Frauen denken, die in ihren Familien im Sanità-Viertel von klein auf gelernt haben, dass der Staat eine fremde Macht sei, der nur ihre Bemühungen zu überleben störe?

Ein paar Hundert Meter weiter umkurven zwei vielleicht vierzehn Jahre alte Burschen auf einem Moped zwei ungefähr zwölfjährige Mädchen. Die Mädchen gehen rasch davon, die Burschen setzen nach, lassen nicht von ihnen ab. Es wirkt bedrohlich, und ich will einschreiten. Dann merke ich, dass es ein raues Spiel ist. Die Mädchen kichern, die Jungen feixen und stieben davon. Auf den Balkonen stehen stämmige Männer mit nacktem Oberkörper, trinken Bier und starren ins Leere. An den Hauswänden wird immer wieder Diego Maradona gefeiert, der von 1984 bis 1991 beim SSC Neapel spielte und den Verein zum ersten italienischen Meistertitel seiner Geschichte führte. Seither wird er, und das ist nicht symbolisch gemeint, in der Stadt am Vesuv als Heiliger verehrt, oder als ein antiker Gott. Dank ihm konnte Neapel Revanche üben an einem italienischen Norden, von dem es sich seit der nationalen Einigung überrumpelt, ausgebeutet und verachtet fühlt.

Während ich vom *Sanità*-Viertel zurück in die Altstadt laufe, wird es dunkel. Es ist Sonntagabend, und auch in Neapel sind die Gottesdienste leer und die Straßen voll.

Ich laufe in die *Quartieri Spagnoli* hinein, vorbei an einem Taubenschlag voller trister Vögel, die auf Augenhöhe an der Wand eines Palazzo angebracht sind und aufflattern, wenn ein Moped zu dicht an ihnen vorbeirast; und an Wandmalereien, die Michael Schumacher feiern, der mit Ferrari fünf Mal Formel-1-Weltmeister wurde. Ferrari kommt aus dem Norden Italiens, aus der Gegend von Modena? Stimmt, aber wer hat gesagt, dass Neapel widerspruchsfrei sei?

Auf einem Marmorschild an einer Hauswand unterhalb der Spanischen Viertel steht: »Hier wurde vor 100 Jahren die Pizza Margherita geboren. 1889 1989. Brandi.« Grün, weiß, rot sind die Farben der italienischen Nationalflagge seit der Gründung des Königreichs Italien im Jahr 1861. Die Flagge lehnt sich an die französische Trikolore an, wobei das Blau durch Grün ersetzt wurde. Raffaele Esposito, ein Bäcker der neapolitanischen *Pizzeria Brandi*, wollte 1889 zu Ehren der italienischen Königin Margherita ein Gericht kreieren und orientierte sich dabei an der Nationalflagge: Er belegte ein Fladenbrot aus Hefeteig mit grünem Basilikum, weißer Mozzarella und roten Tomaten. So schuf er die heute bekannte Form der Pizza und zugleich eine ihrer populärsten Varianten. Bis heute kennt die Pizza Margherita jedes Kind, im Gegensatz zu ihrem Schöpfer. Und bis heute gilt Neapel als Heimat und Hochburg der mit verschiedenen Zutaten belegten und dann gebackenen Hefeteigstücke.

Leider ist diese Geschichte zu schön, um wahr zu sein. Internationale Pizzaforscher haben herausgefunden, dass sich Königin Margherita schon viele Jahre vorher Pizzen verschiedener Bäcker an den Hof kommen ließ und dabei aus einer Liste von drei Dutzend Zutaten auswählte. Wer sich heute seine Pizza beim Lieferdienst bestellt, sollte sich bewusst sein, was für ein königliches Vergnügen das ist. Fraglich ist auch, ob die Pizza wirklich aus Neapel stammt. Pizzaähnliche Gerichte waren jedenfalls auch anderswo in Süditalien verbreitet. Doch das ist alles graue Geschichte. 2017 hat die Weltkulturorganisation UNESCO die neapolitanische Pizza samt deren Bäckern zum »immateriellen Kulturerbe der Menschheit« erklärt. Wer sich in einer Gasse Neapels einen der sättigenden Fladen einverleibt, mag sich fragen: wieso immateriell? Aber wir wollen nicht kleinlich sein. Die *Pizza Napoletana* ist nun weltoffiziell das Original der Pizza an sich. Sie entsprich somit, um sich ihrer dann doch immateriellen Seite zuzuwenden, der Idee einer Pizza im platonischen Sinne. Wobei zweifelhaft ist, ob Platon die Pizza kannte. Ach, es ist alles so kompliziert.

Ich verzichte auf eine Eigenrecherche nach der besten Pizzeria Neapels – die würde Jahre dauern – und gehe einfach in ein Lokal in den *Quartieri Spagnoli*, in dem schon viele Neapolitaner sitzen: die *Pizzeria Laezza* in der Via Speranzella, der Straße der kleinen Hoffnung. Ich bekomme ein winziges Tischchen an der Straßenecke zugewiesen und eine Karte mit so vielen Pizzen vorgelegt, dass ich mich fühle wie die Königin Margherita. Die Auswahl reicht von einer klassischen *Pizza Olio e Pomodoro* für 3,50 Euro bis zu einer *Pizza Speciale Cappello di Totò*[9] für 10 Euro, die mit Ricotta, Mozzarella, Basilikumcreme, Tomaten und rohem Schinken gebacken wird. Statt nun in Worten zu schwelgen, genügt es zu sagen, dass ich auch an den folgenden Tagen in die *Pizzeria Laezza* gehe. Schon am zweiten Abend werde ich von den beiden vollbärtigen, kräftigen jungen Besitzern Marco und Freddy wie ein Stammgast begrüßt, und das, obwohl die Hölle los ist. Ich bekomme wieder mein Tischchen an der Straßenkreuzung. So verpasse ich nichts. Im Drei-Sekunden-Takt rattern Vespas über das dunkelgraue Pflaster aus Lavasteinen. Mal sitzen zwei junge Frauen in kurzen Stretchkleidern und mit wehenden Locken unter dem nicht vorhandenen Helm darauf, die Fahrerin mit dem Handy telefonierend, ihre Co-Pilotin eine Zigarette rauchend, mal drei junge Burschen, mal eine ganze Familie, Kleinkind, Vater, Mutter, größeres Kind, in den Händen Tüten mit den Einkäufen. Dazwischen laufen die Nachtschwärmer herum, die auf der Suche nach der besten Pizzeria sind. Da die Lokale viele Tische und Stühle auf den engen Straßen postiert haben und daneben noch Reklameschilder, Autos, Mofas und Müllcontainer herumstehen, gerät jede Motorradfahrt zum Hindernislauf. Während ich mein Bier trinke und die Pizza *Maradonna* verzehre, zucke ich immer wieder zusammen, wenn ein Moped unmittelbar vor mir abbremst, weil ein anderes Moped von links ungebremst in die Kreuzung rast. Dann wird geflucht – »*Ma che testa di merda!*«, was jetzt unübersetzt bleibt, schließlich sind wir beim Essen – und sofort wieder das Gaspedal durchgedrückt. Ab und an fährt ein Auto vor, hält mitten auf der Straße vor der Pizzeria, und der Fahrer gibt seelenruhig seine Bestellung auf, während vor und hinter seinem Wagen der Tumult losbricht. So müssen Straßenaufstände beginnen.

Nachdem das dritte Moped geschätzte fünf Zentimeter an meiner Tischkante vorbeigeschrammt ist und mir eine der Fahrerinnen beinahe ihren Stiletto ins Schienbein gerammt hätte, überlege ich mir, ins Innere des Lokals zu wechseln. Doch dann blicke ich umher und sehe, wie an den Nachbartischen Pärchen und Familien seelenruhig ihre Pizzen verzehren, als säßen sie an einem Dorfplatz in der tiefsten Maremma. Da will ich kein Weichei sein. Also nehme ich noch einen Schluck Bier, lehne mich zurück und versuche mir den Anschein zu geben, das infernalische Tohuwabohu um mich herum mit gelassener Distanz zu betrachten. Als Vorbild nehme ich mir den Christus an einer Hauswand, der aus einem Gemälde mit schwerem Goldrand stoisch auf die Kreuzung blickt. An der Wand gegenüber der Pizzeria ist eine Videoleinwand angebracht, auf die ein Fußballspiel projiziert wird. Das hat den Vorteil, dass nun noch mehr Menschen vor dem Lokal stehen bleiben, schreien, mit den Armen fuchteln – und dann womöglich eine Pizza bestellen. Die Konkurrenz ist groß in den Spanischen Vierteln. Zum Glück gewinnt Napoli gegen Juve mit 2:1 Toren. Nicht auszudenken, was sonst hier passiert wäre.

Eine fiebrige Erregung bringt die schwüle Luft ins Schwingen. Die Jungs und Mädchen auf ihren Mopeds wirken wie Gestalten aus einem Rockmusical. Carabinieri fahren in einem glänzenden nachtblauen Alfa Romeo vor, scherzen mit den Wirten und bestellen ihre Pizzen. Jetzt traut sich niemand zu hupen. Ein kleinwüchsiger Mann mit einem Strohhut läuft auf der Kreuzung herum, macht Grimassen und ahmt die Passanten nach. Er wird von allen geherzt, von den Frauen auch abgebusselt, womöglich bringt das Glück. Einer der beiden Wirte, Marco, stellt sich mitten auf die Straße. Er sieht aus wie ein Seeräuber, mit seinem schwarzen Bart, in T-Shirt und Shorts, immer ein joviales Lächeln im Gesicht, immer ein »*Ciao tesoro*«[10] auf den Lippen. Er möchte Gäste einsammeln. Alle suchen den Körperkontakt, streichen sich über die Schultern, klopfen sich auf den Rücken. Die *motorini* sind jetzt so laut, dass sie die Rufe der Neapolitaner übertönen, und das will etwas heißen. Mein Handy brummt. Bernadette hat mir einen Song geschickt. Sie habe ihn in der Fernsehserie *Die Sopranos* gehört und an mich gedacht. Ich setze meine Kopfhörer auf. *Una notte a Napoli*, von Pink Martini. Es ist ein heiter-melancholisch-sehnsuchtsvolles Lied.

Ich lausche dem Lied und wende mich dann wieder dem real existierenden Neapel zu. Dabei bemerke ich, wie sich etwas verwandelt. Ich fühle mich nicht mehr irritiert oder gar bedroht von dem tumultuösen Szenario, sondern auf seltsame Weise getragen. So als hätte ich aufgehört, im Meer gegen eine Strömung anzuschwimmen, um mich nun ihr anzuvertrauen. All die Lichter, Geräusche, Farben, Menschen kommen mir jetzt wie eine warme Woge vor, die mich umspült und mitnimmt. Die Mopeds haben ihren Schrecken verloren, denn ich weiß jetzt, dass sie nie näher als fünf Zentimeter an meinem Tisch vorbeigleiten. Die Flüche klingen lustig, neckend, die Frauen auf ihren Vespas mit den wehenden Haaren erscheinen wie Sphinxen, deren Blick besagt: Was kostet die Welt?

Ich spüre, dass ich gerade ein weiteres Stück vom Zauber Italiens erhasche: das Aufgehen im prallen Kosmos des Lebens, das Eintauchen und Mitschwingen in einer Welt, die sich ununterbrochen wandelt wie Proteus. Ein Geheimnis italienischer Lebenskunst scheint es mir zu sein, sich diesem Wirbel der Erscheinungen hinzugeben, ohne darin unterzugehen. All diese Motorradfahrerinnen, Flaneure, Marktschreier, Priester, Camorristi[11], Kellner, Pizzabäckerinnen und Lieferanten verlieren sich keineswegs in der Masse, sondern bleiben in ihr bei sich, folgen ihren Zielen. Es fasziniert mich, dieses Gleichgewicht zwischen nüchternem Individualismus und kollektivem Rausch zu beobachten.

Der Palazzo Sessa ist ein herrlich verwinkelter Barock-palast im alten Neapel nahe des Lungomare, der eine grundlegende Restaurierung verdienen würde. In der zweiten Hälfte des 18. Jahrhunderts residierte hier der britische Gesandte Sir William Hamilton mit seiner skandalumwitterten Geliebten und späteren Ehefrau, der Künstlerin Emma Lady Hamilton. Die Lady, eine Femme fatale, unterhielt die Gäste des Botschafters, indem sie in einem beleuchteten Kasten antike Statuen darstellte. Und antike Statuen sind nun einmal nackt. Heute stehen Soldaten in Tarnfleck mit Maschinenpistolen vor dem Palast, in dem das Goethe-Institut Neapel seinen Sitz hat. Doch nicht das deutsche Kulturinstitut muss geschützt werden, sondern die Jüdische Gemeinde der Stadt, die Tür an Tür mit dem Goethe-Institut arbeitet, eines der vielen Wunder Neapels.

Goethe war gern zu Besuch hier bei den Hamiltons. Neapel hat sein Bild vom Süden geprägt, ja verwandelt. In der ersten Zeit in Rom betrachtete er das italienische Volk zuweilen noch mit dem herablassenden Blick des Nordländers: »Von der Nation wüsste ich nichts weiter zu sagen, als dass es Naturmenschen sind, die unter Pracht und Würde der Religion und der Künste nicht ein Haar anders sind, als sie in Höhlen und Wäldern auch sein würden.« In Neapel ändert sich seine Haltung. Schon zu Goethes Zeit gab es in Deutschland und anderen nördlichen Ländern das Vorurteil vom ignoranten neapolitanischen Tagedieb, der in der Sonne liegt, von der Hand in den Mund lebt und gern einmal zum Messer greift. So bezeichnete der österreichische Staatsmann Fürst von Metternich die Neapolitaner als »halbbarbarisches Volk von absoluter Unwissenheit … dessen letztes Wort der Dolch ist«. Der britische Historiker Edward Gibbon urteilte über die Neapolitaner: »Ihre zügellosen Einwohner scheinen auf der Grenzlinie zwischen Paradies und Höllenfeuer zu leben.«[12] Goethe dagegen schreibt, er habe in Neapel zwar viele arme Menschen gesehen, aber keine Faulenzer. »Je mehr ich mich umsah …, desto weniger konnt' ich … eigentliche Müßiggänger finden.«[13] Diese vorurteilsfreie Sicht wird dem deutschen Dichter bis heute hoch angerechnet.

»Die Menschen arbeiten hier zwölf, dreizehn Stunden am Tag, um zu überleben«, sagt Maria Carmen Morese. »Besonders Leute mit Kindern, die keine vermögenden Eltern oder Großeltern haben, müssen sehr kämpfen, um in Neapel über die Runden zu kommen. Goethe hat kapiert, dass wir keine *fannulloni*[14] sind.« Er sei präsent unter den Neapolitanern. »Für die Leute ist er ein Freund.«

Carmen ist die Direktorin des Goethe-Instituts in Neapel. Sie stammt aus Pompeji und hat einst selbst als Sechzehnjährige hier im Palazzo Sessa Deutsch gelernt. Heute arbeitet sie mit ihrem Team daran, die Brücke zu stärken, die Goethe zwischen Deutschen und Neapolitanern geschlagen hat. Zugleich will sie mit ihren Aktionen dazu beitragen, die krasse Chancenungleichheit der jungen Neapolitaner ein bisschen abzumildern. Viele junge Frauen und Männer der Stadt lernen heute im Palazzo Sessa die Sprache Goethes. Sie lesen seine Reiseeindrücke über ihre Stadt und bemerken, wie sehr er auch die Gegenwart zu beschreiben scheint, das Leben in den Spanischen Vierteln oder das Treiben am Meer, wo Fische und »wunderliche Gestalten« aus den Wellen gezogen werden. Doch warum sollten junge Leute aus Deutschland noch heute nach Neapel fahren? Sind das nicht *tempi passati*?

»Keineswegs«, sagt Carmen und nennt mehrere Gründe. »Vor allem der Liebe wegen. Neapel ist die Stadt dafür. Um mit seiner Liebsten oder seinem Liebsten hierher zu kommen, oder um sich hier zu verlieben, in einen Italiener, eine Deutsche, einen Afrikaner, völlig egal.« Ich solle einmal zur blauen Stunde auf dem Lungomare spazieren gehen, wenn die Sonne unter- und der Mond aufgeht ... Dann werde ich schon sehen. Sodann helfe Neapel den Nordländern, eine andere Seite in sich zu entdecken. »Die Goten, die Normannen, Goethe, sie alle sind hierhergekommen, um einen Teil von sich wiederzufinden. Und ist Leben nicht das Erfahren, was wir selbst sind?« Goethe etwa habe in Italien und besonders in Neapel das »Seherlebnis« gesucht. Seine *Italienische Reise* enthalte auffallend viele Verben des Sehens, der Wahrnehmung. »Er ist drei Mal auf den Vesuv gestiegen, weil der Vulkan bei den ersten beiden Malen zu wolkenverhangen war, um ihn richtig zu sehen.«

Für junge Künstler aus Deutschland sei Neapel besonders interessant. »Sie sollten unbedingt einen Aufenthalt hier einlegen. Weil sie hier so viel Material für ihre Werke finden und die vielen Künstler und Galerien unserer Stadt kennenlernen können. Wo sonst finden sie diese Vielfalt? Hier prallt alles unverfälscht aufeinander.«

Als Beispiel nennt Carmen die Palazzi der Altstadt. In den *bassi*[15] lebe der *popolino*[16]. Wenige Meter darüber, in der zweiten Etage, residierten sehr wohlhabende Leute. Soziale Distanz sei da räumlich kaum möglich.

Das Goethe-Institut versuche, auch die sogenannten kleinen Leute anzusprechen, etwa durch Workshops an sozialen Brennpunkten. Besonders die Frauen hätten es dort schwer, schon gar, wenn sie Künstlerinnen werden wollten. »Ihre Familien glauben oft nicht an sie.« Deswegen organisierte Carmen zum Beispiel ein Videoprojekt mit Frauen in Forcella, einem Altstadtviertel, das lange als Camorra-Hochburg galt. »Es ging darum, was es heißt, Frau in Neapel zu sein.«

»Ist Neapel gefährlich?«, frage ich Carmen.

»Nicht gefährlicher als jede andere Millionenstadt«, antwortet sie. »Neulich waren neapolitanische Freunde von mir in Berlin und erlebten einen Unfall auf der Kastanienallee. Als sie helfen wollten, wurden ihnen die Rucksäcke geklaut.«

23

Ein Haus für einen Euro

Immer mal wieder ist darüber zu lesen: In Italien gebe es Häuser für einen Euro zu kaufen. Aussterbende Orte, vor allem im Süden, versuchten so, ihr Überleben zu sichern. Sie wollten Fremde anlocken, Italiener oder Ausländer. Mich haben solche Geschichten immer misstrauisch gemacht. Ein Haus für einen Euro? Das kann nicht mit rechten Dingen zugehen. Sonst würde da doch jeder zuschlagen. Gut, vielleicht nicht Antonia, Bernadette und Nicolas, die behaupten, nicht den Rest ihres Urlaubslebens in einem abgelegenen Weiler des Mezzogiorno verbringen zu wollen. Aber Leute wie ich, also vernünftige Leute, die würden diese Ein-Euro-Häuser doch im Nu aufkaufen. Wo also ist der Haken?

Um das herauszufinden, fahre ich jetzt tief in die Basilikata hinein. Sie ist, nach dem Molise, die wohl am wenigsten bekannte Region Italiens. Gut, viele haben schon von der Stadt Matera mit ihren *sassi* gehört, den Höhlensiedlungen in steilen Felshängen. Aber sonst? Die Basilikata ist ein im Sommer glühendes, im Winter erstaunlich kaltes Binnenland, das zur Hälfte aus Bergen, zur anderen Hälfte aus Hügeln besteht, mit wenigen Menschen, die in weit auseinanderliegenden weißen Dörfern auf den Hügelkuppen wohnen. Ihre Geschichte gleicht der des übrigen Süditalien: Römer, Byzantiner, Langobarden, wieder Byzantiner, Normannen, Anjou, Aragonesen, Bourbonen, Savoyer und Faschisten, die die Basilikata gern als Verbannungsgebiet für politische Gegner nutzten. Also herrschten praktisch immer Fremde über dieses harte Land, dessen Kleinstädte sich entvölkern.

Mittendrin in dieser Region liegt Laurenzana, ein fast 900 Meter hoch gelegenes Dorf, das nur noch 1600 Einwohner hat und trotzdem, wie oft in Süditalien, wie eine Kleinstadt wirkt. Das liegt daran, dass sich die Häuser in den fast immer unsicheren Zeiten so dicht um Burg und Kirche drängten, dass ein städtischer Eindruck entstand. Auch Laurenzana ist um ein Kastell auf einem steilen Felsen herum gebaut. Unmittelbar gegenüber dem Kastell steht, auf einer weiteren Erhebung, die Kirche. Weltliche und geistliche Macht dominieren Auge in Auge den Ort. Von hier oben aus ziehen sich kleine ziegelgedeckte Häuser hinunter ins Tal des Sturzbaches Camastra. Rundherum erstreckt sich über Hügel und Berge ein karges, dunkelbraun gebranntes Bauernland. In den Gärten aber reifen Walnüsse, Äpfel und Feigen. Der Ort wirkt gepflegt, man sieht ihm sofort an, dass er gut verwaltet wird. Viele der alten Häuser sind bereits restauriert. Der Regionalfonds der Europäischen Union nimmt sich gerade der Burg an. Die Straßen, Treppenwege und Plätze des Borgo sind sorgfältig gepflastert, es gibt Bars, *alimentari*[1], eine *gelateria*, drei Kirchen, eine Apotheke, sogar ein Hotel.

Zwei junge Frauen singen beim Wäscheaufhängen, eine Alte häkelt auf einem Stühlchen vor ihrem Haus, ihre Nachbarin zupft verwelkte Blüten von rosa Geranien auf dem Balkon. Es ist später Vormittag, oben in der Bar an der Umgehungsstraße haben sich die Bauern von den Feldern zu einem Plausch eingefunden. Hätte man hier ein Ferienhaus, könnte man jetzt mit ihnen das erste Gläschen Weißwein des Tages trinken. Stattdessen bestelle ich einen Cappuccino und ein großes Stück Pizza für zusammen 2,80 Euro. Dafür hätte ich fast drei Häuser in Laurenzana kaufen können.

Unten im modernistischen Rathaus aus Beton und Glas empfängt mich die halbe Gemeindeverwaltung zum Gespräch. Der Bürgermeister Michele Ungaro, in verwaschene Jeans, Hemd und dunkelblaues Sakko gekleidet, erzählt mir, Laurenzana habe Ende des 19. Jahrhunderts fast 10 000 Einwohner gehabt. Dann seien viele Bürger nach Amerika ausgewandert und, in einer zweiten Welle nach dem Zweiten Weltkrieg, nach Norditalien, Deutschland und in die Schweiz. »Ihre Häuser aber sind zurückgeblieben. Das ist das Problem. Wir haben viel zu viele Häuser.«

Wenn man aus München kommt, wo Wohnraum so knapp und teuer ist, erscheint einem das wie ein wunderbares Problemchen. Doch der Bürgermeister sagt: »Die Besitzer sind seit langem fort, ihre Häuser verfallen.« Die Gemeinde könne die Eigentümer, die oft sehr weit weg wohnten, zwar zur Instandsetzung der Bauten verpflichten, doch diese wehrten sich dagegen. »Sie kamen zu mir und sagten: ›Warum sollen wir so viel Geld für Häuser unserer Vorfahren ausgeben, die wir gar nicht mehr brauchen? Du musst uns da helfen.‹«

Michele Ungaro suchte nach einer Lösung. Da fiel ihm die Initiative *Case a 1 Euro* ein. In ganz Italien gibt es malerische Dörfer und Kleinstädte, die wegen der Landflucht allmählich aussterben. Die Bürgermeisterinnen und Bürgermeister stehen vor dem Problem, was mit den nicht mehr genutzten, verfallenden Häusern geschehen soll. Sie stören nicht nur das Ortsbild, sondern sind auch ein Sicherheitsrisiko. Wie könnte man diese Häuser renovieren, wiederbeleben und so dem Ort zu einem Aufschwung verhelfen? Die Initiative der Ein-Euro-Häuser setzt hier an. Schon 45 italienische Orte haben sich ihr angeschlossen, zumeist im Süden, aber auch in Ligurien oder der Toskana. Gewinnen sollen so alle. Die Alt-Eigentümer werden eine Bürde los. Junge Architekten und Arbeiter am Ort bekommen Aufträge. Die Gemeinde wird attraktiver. Und die Neu-Eigentümer erhalten quasi umsonst ein Haus in Italien.

Wobei es ganz so billig auch wiederum nicht ist, wie Michele Ungaro erklärt. »Die Käufer müssen uns innerhalb von drei Monaten einen Renovierungsplan vorlegen und binnen drei Jahren nach dessen Genehmigung mit den Arbeiten beginnen.« Die genaue Frist vereinbaren Käufer und Gemeinde miteinander. Außerdem haben die Erwerber Notar- und Umschreibungskosten zu tragen. Da kommt schon eine Summe zusammen.

»Mit wieviel Geld müsste ich insgesamt rechnen, wenn ich mir ein Haus in Ihrem Ort kaufe«, frage ich Ungaro.

»Für 15 000 Euro können Sie schon eines bekommen, das bereits etwas hergerichtet ist, sogar mit einem gebrauchten Auto.«

Einer seiner Mitarbeiter widerspricht. Es komme auf die Immobilie an, aber mit 50 000 bis 100 000 Euro müsse ich rechnen. Auf der Internetseite *casea1euro.it*, einer Plattform für Interessenten, auf der alle teilnehmenden Gemeinden aufgeführt sind, ist von durchschnittlich 70 000 Euro die Rede. 70 000 Euro für ein dann renoviertes Haus klingen für jemanden wie mich, der in München lebt, immer noch unglaublich günstig. Um dem Bürgermeister einen Eindruck zu geben, schaue ich auf meinem Handy im Internet nach und stoße auf folgendes Angebot: »Einzelgarage in München-Sendling. 15 Quadratmeter. 75 000 Euro.« Immerhin provisionsfrei. Aber Laurenzana ist natürlich nicht München. Also frage ich den Bürgermeister, womit er Käufer anlocken will. »Aus welchen Gründen sollten Menschen hierherziehen?«

Sofort beginnt eine lebhafte Diskussion unter den Mitarbeitern. »Die Ruhe!«, sagt einer. »Unsere Geschichte!«, ein anderer. »Die wilden Orchideen in unserem Naturschutzreservat«, ein Dritter.

»Ach was, wilde Orchideen gibt es doch überall«, unterbricht ihn der Bürgermeister. Aber insgesamt sei die Natur schon ein Trumpf. Vor dem Ort beginnt ein 330 Hektar großes Naturschutzgebiet, in dem Wölfe, Wildkatzen und Rotmilane leben und Weißtannen gedeihen, die mehr als 40 Meter hoch und bis zu 500 Jahre alt werden.

Zweiter Trumpf, sagt der Bürgermeister, sei die Schönheit des mittelalterlichen Ortes. Da kann ich ihm nur recht geben. Angesichts des Aderlasses an Menschen, den Laurenzana seit 120 Jahren erleidet, hat die Gemeinde Erstaunliches geleistet. Der Ortskern mit seinen gepflasterten Treppenwegen und rot blühenden Geranien bietet bereits das eine oder andere Postkartenmotiv.

»Und der dritte Trumpf ist unser religiös-kulturelles Erbe«, schaltet sich einer der Mitarbeiter ein.

»Was meinen Sie damit?«

»Unseren Beato Egidio[2], dessen Gebeine in unserer Kirche verehrt werden.« Er geht kurz hinaus und kommt mit einem schweren Buch im DIN-A3-Format zurück, das er mir überreicht. Ich denke an Filippos Tomaten-dosen, die mein Gepäck bereits beschweren, komme aber nicht umhin, das Geschenk anzunehmen. Immerhin lerne ich dadurch, dass der Franziskaner-Bruder Egidio 1443 unter dem schönen Namen Bernardino di Bello in Laurenzana zur Welt kam. Als junger Mann schloss er sich Franziskanern an, die außerhalb des Ortes in Welt-abgeschiedenheit lebten. Dort starb Bruder Egidio 1518. Zuvor tat er sich durch, je nach Sichtweise, wunderbare oder wunderliche Dinge hervor. So heilte er den totkran-ken Sohn eines Grafen aus Potenza und bekämpfte sein Leben lang den Teufel. Die letzte Attacke Satans erfolgte in der Weihnachtsnacht 1517: Der Leibhaftige über-schüttete Egidio in der Kirche mit dem heißen Öl einer Lampe und verletzte ihn tödlich. 1880 sprach Papst Leo XIII. den Franziskaner im Petersdom selig. Das be-deutet, dass er seither in Laurenzana öffentlich verehrt werden darf. Bis heute wird sein Leichnam, in eine braune Kutte gekleidet und das Gesicht mit einer Maske bedeckt, in der Kirche neben dem Kastell ausgestellt.

Voraussetzung einer Seligsprechung sind entweder ein Martyrium oder ein heroischer Grad der Tugend, also eine vorbildliche christliche Lebensführung, sowie der Nachweis eines Wunders. Wobei es nicht um Wunder des Verblichenen geht, sondern um solche, die nach seinem Tod durch seine Fürsprache bei Gott bewirkt wurden.

Egidio hat, den Recherchen der Kirche in Laurenzana zufolge, praktisch ununterbrochen gebetet, vorzugs-weise draußen in der Natur. Dort setzten sich – das kennt man von seinem Ordensgründer, dem Heiligen Franzis-kus – Vögel auf seine Hände und Knie, und er sprach mit ihnen. Manchmal brachte ihn das Beten so in Ekstase, dass sein Körper über dem Boden schwebte, umrahmt von jubilierenden Vögeln.

Nach dem Tod Egidios bemerkten seine Ordensbrüder, dass sein Körper nicht verweste und einen Wohlgeruch verströmte. Sie ließen den Leichnam pflegen. Wenn fromme Frauen ihn entstaubten und reinigten, soll er dankend den Arm gehoben haben. Als der Vatikan nach dem Wunder für eine Seligsprechung suchte, hatte er reiche Auswahl. Auf Vermittlung Egidios bei Gott sollen sich etliche unerklärliche Dinge ereignet haben: Dämonen wurden vertrieben, Blinde konnten wieder sehen und Tote sollen wiederauferstanden sein. Italien ist voll solcher Geschichten von Seligen und Heiligen, die den Menschen beistehen. Je ärmer die Gegend, so mein Eindruck, umso stärker werden die frommen Männer und Frauen verehrt. Nicht, dass jeder buchstäblich an ihre Wunder glaubt. Aber sie um etwas zu bitten, kann ja nichts schaden. Auch atheistische Lastwagenfahrer werden in Süditalien mit großer Wahrscheinlichkeit ein Bild des Padre Pio in ihrem LKW haben.

Nun also setzt Laurenzana darauf, dass sein Seliger bei der Wiederauferstehung des Ortes hilft. Die Anzeichen sind ermutigend. Michele Ungaro deutet auf hohe Stapel bedruckter Blätter auf einem Schreibtisch. »Das sind alles Anfragen an unsere Gemeinde wegen der Häuser. 15000! Aus der ganzen Welt.« Da seien Leute darunter, die ein Ferienhaus oder einen Alterssitz erwerben wollten, aber auch pensionierte Handwerker, die ihre Kenntnisse im Ort einbringen wollten, und Künstler, die Ateliers erwerben wollten. »Es gibt auch viele, die ihr Leben komplett ändern wollen, raus aus der Stadt, um in unserem ruhigen Ort per Internet zu arbeiten.« Nun müssten all die Anträge geprüft werden. Bis zu

40 Immobilien kämen für einen Verkauf in Frage. Wobei es da ein Problem gibt. Einige Alt-Eigentümer möchten nun, da die Nachfrage so groß ist, doch mehr als den einen Euro verlangen. Doch da wird der Bürgermeister sauer. »Die sind zu mir gekommen, damit ich ihnen helfe. Und jetzt so was. Das lasse ich mir nicht bieten.«

Irgendwann werde ich wieder nach Laurenzana fahren und nachsehen, was aus den Plänen geworden ist. Fürs Erste bummele ich noch einmal durch den Ort, mache ein Foto von einer Ruine und schicke es in unseren Familien-Chat mit der Nachricht: »Habe ich gerade für einen Euro gekauft!« Zurück kommen die üblichen Gelächter-Smileys. Die werden sich noch wundern!

24

Im Reich des Kraken

Vorsichtig packe ich den Prachtband über den Seligen Egidio in meinen Koffer, damit er nicht von Filippos Tomatendosen zerquetscht wird. Ich lasse mir in einem *alimentari* ein *panino* mit Käse und Mortadella belegen und eine Flasche Wasser geben. Dann fahre ich los in die stille, heiße Berglandschaft der südlichen Basilikata. Auf einem Feldweg mache ich Rast, setze mich in den Schatten eines Olivenbaums und verzehre mein *panino*. Dann schaue ich mir auf der Karte an, wohin ich nun fahren könnte. Da sehe ich, dass nicht weit entfernt Aliano liegt, ein Ort, den ich schon lange einmal sehen wollte. Genauer gesagt, seitdem ich als Student das Buch *Christus kam nur bis Eboli*[1] von Carlo Levi gelesen habe. Es ist die Geschichte von Levis Verbannungsjahren 1935 und 1936 während des Faschismus. Und es ist ein literarisches Monument des italienischen Südens, wie er bis vor wenigen Jahrzehnten war und in manchen Ecken noch heute ist.

Ob Carlo Levi sein Aliano, das er im Buch Gagliano nennt, wiedererkennen würde? Der berühmte Schriftsteller, der aus Turin stammte, schildert ein Leben in archaischer, brutaler Härte inmitten dieser surreal wirkenden Landschaft aus extrem erodierten, nackten, von einstigen Höhlenwohnungen durchlöcherten Bergen aus Lehm und wilden, kaum zugänglichen Schluchten. Levi hat sich behutsam in diese verschlossene Welt vorgearbeitet, als ausgebildeter Arzt Menschen geholfen, Kontakte geknüpft, Freundschaften geschlossen, am Dorfleben teilgenommen und als teilnehmender Beobachter alles genau erfasst. Gleich am Anfang seines Buches beschreibt er Aliano/Gagliano als »jene andere, in Schmerz und Brauchtum verstrickte, unendlich geduldige Welt, die abseits von Geschichte und Staat liegt«. Es sei ein Land ohne Trost und Sanftheit, in dem die Bauern auf kargem Boden ihre starre Existenz fristen, in ständiger Gegenwart des Todes. Sich selbst würden sie so beschreiben: »Wir sind keine Christenmenschen. Christus ist nur bis Eboli gekommen.«

Eboli, das ist eine Stadt bei Salerno, bei der die Straße von der Küste ins Landesinnere abzweigt. Und – wie die Bewohner Alianos wohl ausdrücken wollten – wo die Zivilisation endet. Christus sei nie bis Aliano gekommen, schreibt Levi. »Ebenso wenig wie die Zeit, die individuelle Seele, die Hoffnung oder das Band zwischen Ursache und Wirkung, wie die Vernunft und die Geschichte.« Auch die Zivilisationen der Römer und der Griechen seien nicht hierher vorgedrungen. »Niemand hat diese Erde berührt, es sei denn als Eroberer oder als Feind oder als verständnisloser Besucher.« Es sei dies ein finsteres Land »ohne Sünde und ohne Erlösung, wo das Übel nicht moralisch, sondern nur irdisches Leid ist, das ewig den Dingen anhaftet«. Diese Atmosphäre resignierter Verhärtung, unveränderlichen Leides und stoischer Hoffnungslosigkeit, die Levi in seinem Buch beschreibt, habe ich auf Recherchereisen in einige Orte des Mezzogiorno auch heute noch erlebt.

Damals, als Student bei der Lektüre von Levis Buch, hat mich eine Szene so beeindruckt, dass sie mir noch heute so plastisch vor Augen steht, als hätte ich sie selbst erlebt: Es ist früher Morgen und noch dunkel, als Carlo Levi in seinem Bett vom Schlag der Eselshufe auf dem Pflaster und vom Meckern der Ziegen geweckt wird. Die Bauern sind längst wach, weil sie ihre Tiere zwei, drei oder vier Stunden weit zu den Weideflächen an fernen Berghängen führen müssen. Levi steht auf, geht nach draußen. Dort erwarten ihn schon die Frauen mit ihren kranken Kindern im Arm, damit er sie heile. Geduldig haben sie ausgeharrt, bis er aufsteht. Die Kinder waren »bleiche, magere Geschöpfe, mit großen schwarzen und traurigen Augen in den wachsbleichen Gesichtchen, mit aufgetriebenen und gedunsenen Bäuchen wie Trommeln auf krummen und dünnen Beinchen. Die Malaria, die hier niemanden verschont, hatte sich bereits in ihren unterernährten und rachitischen Körpern eingenistet«.

Heute sind die gepflasterten Straßen Alianos sauber und von Bäumen beschattet. Viele Häuser sind renoviert, das Internet ist hervorragend, und der Geldautomat bei der Post lässt sich auch auf Deutsch bedienen. Es gibt mehrere Restaurants und Bars, Gästezimmer und ein Museum, das Carlo Levi gewidmet ist. An den Häusern, in denen Levi aus- und einging, hängen Tafeln mit Zitaten aus seinem Buch. Am »Palazzo der Doktoren aus Neapel« steht: »Es war der einzige Bau im Ort, der diesen Namen[2] tragen konnte. Von außen sah er finster aus, mit seinen schwärzlichen Mauern und den Zeichen einer jahrhundertelangen Vernachlässigung.« Heute ist der Palazzo restauriert. Er beherbergt die Carlo-Levi-Pinakothek. Und noch etwas hat sich verändert in Aliano: die Zahl seiner Einwohner. 1936, als Carlo Levi hier lebte, waren es 2000. Heute sind es noch 900. Dafür streifen jetzt Touristen durch den Ort, fast alles Italiener. Anderes aber ist gleich geblieben: die flirrende Mittagshitze; die bizarren Erosionsschluchten, in die die äußeren Häuser Alianos hineinzustürzen drohen; und der leichte Wind, der aus der Tiefe hoch weht, ein wenig Kühle bringt und die Mücken über einem Feigengarten am Steilhang tanzen lässt.

Ich gehe zum Friedhof, auf dem Carlo Levi auf seinen Wunsch hin begraben ist: eine schlichte Platte mit seinem Namen, Geburts- und Sterbedatum. Es ist so still, dass ich das Blut in meinen Ohren rauschen höre. Im Tod sind alle gleich, heißt es. Aber nicht auf dem Friedhof. Italienische Friedhöfe wie derjenige von Aliano kennen eine ausgeprägte Rangordnung. Ganz unten befindet sich der soziale Wohnungsbau für Tote. Wände mit quadratischen Nischen, in die die Urnen oder Särge hineingeschoben werden, um mit kleinen Marmorplatten verschlossen zu werden. Darauf sind ovale Fotografien der Toten angebracht, meist in Schwarz-Weiß. Die Gesichter, insbesondere die der Frauen, wirken durch die bittere Armut frühzeitig vergreist. Dutzende, ja Hunderte Tote passen in eine solche Wand. Komfortabler sind die Erdgräber mit ihren Grabplatten und darüber errichteten Steinkreuzen, Bronzeengeln oder Obelisken. Die reichen Familien aber besitzen eine eigene Kapelle für ihre Toten.

Carlo Levi gehört mit seinem Erdgrab in die Mittelschicht auf dem Friedhof. Ich denke, das ist in seinem Sinne. So kann er mit allen, unten wie oben, Kontakt halten.

Von Aliano aus fahre ich durch extrem erodierte, fast wüstenartige Landschaften, die mich an die *Badlands* in den USA erinnern. In den breiten Schotterbetten der Trockenflüsse befinden sich nur noch ein paar Pfützen Wasser. Selten kommt mal ein Auto entgegen. Die verkarsteten Hänge brechen fast senkrecht in die Flusstäler ab. An den Kanten stehen Bäume, die beim nächsten Starkregen herunterrauschen werden. Dann folgen weit geschwungene Hänge mit abgeernteten Getreidefeldern, nackt, fast ohne Bäume, wie in den *Crete* südlich von Siena.

Je näher Kalabrien rückt, desto schroffer, höher und dichter bewaldet werden die Berge. In den Tälern ist es subtropisch grün, die Flüsse führen Wasser, und im Hintergrund taucht bläulich das Pollino-Massiv mit seinen Zweitausendern auf. Gegen Abend erreiche ich die Küste des Tyrrhenischen Meers und überquere die Grenze von der Basilikata nach Kalabrien. Ich quartiere mich in einem kleinen Badeort ein. Die Luft ist weich und duftig, der Ort wie aus einem Prospekt der Fremdenverkehrswerbung. Wer glaubt, Kalabrien sei nur eine schäbige, rückständige und mafiaverseuchte Region, sollte mal in einem der Orte an der tyrrhenischen Küste Urlaub machen. Ich gehe in eine Pizzeria. Dort erklärt mir die Kellnerin, die Pizza hier sei ganz anders – und natürlich viel besser – als in Neapel. In Neapel habe sie einen dicken Rand und sei innen weich. Hier dagegen werde der Teig mit mehr Hefe gemacht, lange gehen gelassen und dann ganz rösch gebacken. Die Pizzen hätten dadurch einen besonders knusprigen Rand, seien leicht und knackig. Eben viel besser als in Neapel.

Der italienische *campanilismo*[3] ist essenziell, um Italien zu begreifen. Darunter versteht man die starke Identifizierung vieler Italiener mit ihrer Heimatstadt oder

Heimatregion, deren Geschichte und Traditionen, die oft weit über die Verbundenheit mit dem Nationalstaat Italien hinausgeht. Daraus erwächst zugleich eine starke Rivalität zu Nachbarstädten und -regionen. Der über Jahrhunderte währende Kampf zwischen Florenz und Siena ist nur ein Beispiel dafür. Heute wird der *campanilismo* etwa im Fußball ausgelebt, was ihn auch für Ausländer nachvollziehbar macht. Oder eben beim Pizzabacken. Der Blick auf den Lokalpatriotismus hilft auch, die italienische Politik verständlicher zu machen. Italien ist, wie Deutschland, eine verspätete Nation. Und darüber hinaus eine Nation wider Willen. Der *Risorgimento*[4] war im Kern kein revolutionärer Akt der Volksmassen, sondern ein Kabinettstück der piemontesischen Elite rund um das Königshaus der Savoyer.

Am Morgen bringt mir das junge Eigentümerpaar meiner Unterkunft das Frühstück auf die Terrasse. Sie erzählen, als Nächstes wollten sie ein Elektroboot kaufen, um Touristen in den nahen Meeresschutzpark zu fahren. Sie beklagen sich über illegal fischende Kutter, die mit Schleppnetzen den Meeresgrund geradezu abgrasten und so die Laichplätze der Fische zerstörten. Die Küstenwache sei machtlos, da die Raubfischer sich untereinander warnten und ein Katz-und-Maus-Spiel mit den Beamten veranstalteten. Doch alle Versuche, so wie *Paolo il Pescatore* im toskanischen Talamone Betonblöcke mit Eisenhaken im Meer zu versenken, um die Netze zu zerreißen[5], seien am Widerstand der Fischereilobby gescheitert. Ein junges Paar am Nebentisch schaltet sich in unser Gespräch ein. Sie kommen aus dem Molise, und ich kann mir die Bemerkung nicht verkneifen, gerade ebenfalls aus dem Molise zu kommen, was sie sehr überrascht. Wir reden über die Unterschiede zwischen Deutschen und Italienern, und die Moliserin erzählt, sie habe Verwandte in Basel, die sie manchmal besuche. Dort sei alles viel sauberer, geordneter und reicher. Doch jedes Mal, wenn ihre Verwandten im Urlaub in den *mezzogiorno* kämen, blühten sie regelrecht auf. Unsere Gastgeber hören das gerne. Es ist schön zu erleben, wie stolz die Leute auf ihre Gegend, deren Geschichte, Traditionen und Sehenswürdigkeiten sind. Und wie offen sie zugleich die Mängel ansprechen: die 'Ndrangheta, wie die kalabrische Mafia heißt, die erstickende Bürokratie und die chaotische Planung.

Die kleine Frühstücksgesellschaft möchte von mir wissen, worin für mich der Unterschied zwischen Deutschland und Italien liegt. Ich beschränke mich auf einen Punkt: Wir in Deutschland würden, privat wie staatlich, sehr viel langfristiger denken und planen. Darauf antworten mir meine Gastgeber: »Das würden wir auch gerne. Aber wenn wir in Kalabrien Pläne machen, kommt immer etwas dazwischen. Unser Leben ist nicht berechenbar. Wir haben sehr wohl Wünsche und Träume, aber wir versteifen uns nicht darauf, damit wir nicht unglücklich werden, wenn es anders kommt.« Ein Beispiel sei die Sache mit dem Boot. »Wir hoffen, dass das klappt. Aber wenn es nicht klappt, ist es auch keine Katastrophe.«

Ich fahre an den Strand von San Nicola Arcella, einem Fischerdorf, um mir den *Arco Magno* anzuschauen, den großen Bogen, ein Naturwunder. Ich stelle den Fiat auf einem Parkplatz ab. Der Parkwächter kann mir leider keine Quittung geben, weil seine Ticketmaschine ausnahmsweise kaputt sei. Ach Italien. Dann wandere ich über einen steilen Steig in die Nachbarbucht, oder besser gesagt in eine riesige Meeresgrotte mit kleinem Strand, deren Dach vor Urzeiten eingestürzt ist. Es ist ein unglaubliches Landschaftsspektakel. Eine fast senkrechte Felswand schließt die blaue Minibucht und den hellen Sandstrand zum Meer hin ab. In der Wand befindet sich ein natürliches Tor, der *Arco Magno*, durch das man hinaus aufs Meer schauen kann. Ich steige in das kristallklare Wasser und fühle mich wie im Meeres-Swimmingpool eines antiken Kaisers. Es ist noch recht früh am Morgen. Außer mir sind erst eine Handvoll Leute da. Ein alter Mann, gewiss über 80, watet ins Wasser. Er winkt mir zu. Dann stürzt er sich mit einem Schrei in die Fluten, schwimmt hinaus durch den Felsbogen ins blaue Meer und schreit: »*Questo ha fatto un dio!*« – »Das muss ein Gott erschaffen haben!«

Die Küstenstraße weiter nach Süden ist von steilen bewaldeten Berghängen gesäumt, die sich zum Pollino-Massiv hochziehen. Die schmucken Fischerorte an der Felsküste sind heute ganz auf den Sommertourismus ausgerichtet. Dazwischen liegen Flussmündungen mit flachen Stränden und weniger hübschen Orten. Bei Páola verlasse ich die Küstenstraße und fahre ins Innere Kalabriens hinein. Die Küstenmacchia wird bald von dichten Laubwäldern abgelöst, Kastanien stehen am Straßenrand, deren helle, stachelige Früchte wie Blüten aus dem Laub leuchten. Dann folgen Föhrenwälder, und schließlich komme ich auf einer Hochebene an, die mit Wiesen und Weiden bedeckt ist. Die Sila, ein Mittelgebirge im tiefen Süden, erinnert an die österreichischen oder Schweizer Alpen: gebirgig, grün, gute Luft, Ruhe. Im Winter kann man hier auch Skifahren. Zentrum ist das

Städtchen San Giovanni in Fiore, in das bis 1997 eine abenteuerliche Schmalspur-Eisenbahn hochfuhr. Ich bin mit ihr als junger Mann einmal gefahren. Die einzigen Mitreisenden waren Waldarbeiter. Dann stiegen irgendwo im Nirgendwo einige Schülerinnen ein und setzten sich zu mir. Sie horchten mich aus, was ich denn hier bei ihnen in den Bergen wolle. Dann fragten sie mich, ob ich eine *fidanzata*[6] hätte. Als ich bejahte, baten sie, ich solle doch einen Bruder zu ihnen schicken. Ich konnte damals nur wenig Italienisch, aber wir verständigten uns mit viel Gelächter.

Ich esse in einem Agriturismo zu Mittag, es ist angenehm kühl hier oben, 22 Grad vielleicht. Es gibt Pasta mit Steinpilzen, dazu einen fruchtigen Weißwein aus Cosenza mit einer leichten Cidre-Note. Am Nebentisch sitzen zwei junge Paare. Die Männer sind unscheinbar. Die Frauen dagegen haben sich offenbar die Damen des Kardashian-Clans zum Vorbild genommen. Sie sind äußerst körperbetont gekleidet und heftig geschminkt, mit großen, mandelförmigen, schwarz umrandeten Augen und sehr vollen Lippen. Eine der beiden telefoniert beim Essen lautstark mit ihrer Mama. Es ist selbst bei bestem Willen schwer in Italien, nicht mit intimen Details aus dem Leben seiner Tischnachbarn bekannt zu werden. »Wir sind in der Sila, in einem Biorestaurant«, schreit die Schöne.

»Bio? Ist das was mit Trauben«, brüllt die Mama so laut durchs Telefon zurück, dass ich es am Nachbartisch verstehe.

»Nein, Bio ist was mit gesundem Essen«, schreit die Tochter zurück und schiebt sich ein Stück Rinderfilet in den Mund.

Inzwischen ist Francesco abgehauen, der kleine Sohn des einen Paares. »*France, vieni qui!*«[7], schreit die Mama und brüllt den Papa an: »Jetzt tu doch was!«

»*France, vieni qui!*«, brüllt der Papa.

France denkt gar nicht daran und läuft weiter auf die Stallungen des Agriturismo zu. Die Mama stiebt von ihrem Sitz hoch und rennt ihrem Sohn auf ihren Stilettos verblüffend schnell hinterher, bis sie ihn einholt, am Kragen packt und zurück an den Tisch bringt. France weint. Papa nimmt ihn in den Arm und tröstet ihn. Mama schmollt.

Die Sila ähnelt teilweise einem nordamerikanischen Nationalpark: beeindruckende Landschaft und beeindruckende Organisation. Besonders gilt das für den Naturpark *Die Giganten der Sila*, in dem ein Rundweg durch einen Wald von viele Jahrhunderte alten Lärchen führt, die sich bis zu 45 Meter hoch in den Himmel recken. Manche sind vom Blitzschlag ausgehöhlt, stehen nur noch auf ihrem Rand und grünen dennoch weiter empor. Hier oben herrscht von Mitte November bis Mitte April Schneekettenpflicht. Die Luft ist abends jetzt, im Spätsommer, schon empfindlich kühl. Es gibt viele Waldschenken und Ausflugslokale, in denen man auf ein Glas Wein und eine Pasta Unterschlupf findet. Für die Italiener von den Küsten und aus den Städten ist das hier eine fantastisch ursprüngliche Welt. Liebevoll angelegte Themen-Wanderwege bringen ihnen die heimischen Mineralien, das Leben der Wölfe oder die Arbeit der Köhler näher.

Am folgenden Tag nehme ich die *Strada delle Vette*, eine über die Bergkämme führende Panoramastraße. Überall am Rand, wo sich irgendwo parken lässt, sind

Autos abgestellt, deren Besitzer mit Körben und Stöcken durchs Gebüsch laufen, um Pilze zu suchen. Seen tauchen auf, idyllisch zwischen waldigen Höhenzügen gelegen wie in Oberbayern, mit Biergärten und Bootsverleih. Ich fahre wieder zur Küste hinab, nehme die Landstraße und schiele immer mal wieder neidisch hinüber zur nahen Autobahntrasse, auf der es viel schneller vorangehen würde. Doch ich habe mir nun mal vorgenommen: keine Autobahnen. Ehrensache. Das ist in Süditalien mühsamer, als ich gedacht hätte. Die Entfernungen erscheinen mir riesig.

Endlich taucht der Aspromonte, der Raue Berg, hinter der Ebene von Gioia Tauro auf wie eine dunkelgrüne Wand, an der man zerschellen wird. Ich verlasse die Küste und kurve in den dicht gewebten Vegetationsteppich dieses Gebirges hinein. Wie ich so über die schmale Serpentinenstraße hochfahre, kommt mir der Aspromonte unbewohnt und undurchdringlich vor. Aber das täuscht. Weiter oben, wo die Laub- in Nadelbäume übergehen, komme ich an Waldschenken und Schutzhütten vorbei. Auf einer Lichtung haben Leute aus der Umgebung Stände aufgebaut, um Honig, Olivenöl, Weißwein, geräucherte Ricotta und im Holzofen gebackenes Brot mit *Capocollo*[8] zu verkaufen, einer Art Salami mit Wildfenchel. Ein paar Kilometer weiter bietet ein altes Paar an einem Holzstand Kartoffeln und Kürbisse an. Trupps von Wanderern stapfen unter riesigen Rucksäcken vorbei. Der Aspromonte mit seinen dunklen Wäldern, bizarren Felsen, engen Schluchten, Wasserfällen und Hochweiden ist von einem Wegenetz durchzogen und eignet sich als riesiger Abenteuerspielplatz für modernisierungsgestresste Menschen. Wobei man sich hier oben verlaufen und auch verunglücken kann. Deshalb schließen sich viele Besucher einem Bergführer an, um einen oder mehrere Tage zu Fuß oder auf Eseln den Nationalpark des Aspromonte zu erforschen. Der Montalto, der höchste Berg des Massivs, erreicht fast 2000 Meter. Auf der Spitze steht eine Bronzestatue des Erlösers, die schon zwei Mal vom Blitz zerschlagen, aber jedes Mal wiedererrichtet worden ist.

Vom Gipfel sind es zum Tyrrhenischen Meer im Nordwesten und zum Ionischen Meer im Südosten Luftlinie nur je etwa 20 Kilometer. Die geographische Distanz zwischen der Welt der Hirten und der Fischer ist gering. Und doch standen sie über Jahrhunderte praktisch nicht miteinander in Kontakt. Die Hirten fanden das Meer unheimlich, ja abstoßend. Die Menschen am Meer wiederum hatten Angst vor dem Aspromonte, wegen der Wölfe, der Briganten und später der 'Ndrangheta. Die kalabrische Mafia, die heute weltweit vernetzt ist und deren Jahresumsatz die Behörden auf 50 Milliarden Euro schätzen – das Bruttosozialprodukt der Region Kalabrien liegt bei 33 Milliarden –, hat hier ihre Wurzeln. Ihre historischen Hochburgen sind drei Orte an den Osthängen des Gebirges: San Luca, Platì und Africo. *Triangolo della Morte*, Dreieck des Todes, werden sie genannt, auch wenn sie heute, nach einer zwangsweisen Umsiedelung Africos, auf einer Linie liegen.

Als Journalist in Rom habe ich Kalabrien zuerst über die 'Ndrangheta entdeckt. Insbesondere nach dem Massaker von Duisburg im Sommer 2007, bei dem sechs Italiener einer Clanabrechnung zum Opfer fielen, war das Interesse in Deutschland groß, mehr über diese geheimnisumwitterte Organisation zu erfahren. Geholfen hat mir dabei Nicola Gratteri, der beste Kenner der 'Ndrangheta überhaupt. Er war damals Staatsanwalt in Reggio Calabria und auch für die Duisburg-Morde zuständig. Ich konnte Gratteri, der seit mehr als 30 Jahren unter Personenschutz steht und kein normales Leben mehr führen kann, mehrfach im festungsartig gesicherten Justizpalast von Reggio besuchen. Heute ist er Generalstaatsanwalt in Catanzaro, der Hauptstadt Kalabriens. Neben seiner Arbeit als Ermittler hat er viele Bücher über die Verbrecherorganisation verfasst und auch die Geschichte, die Riten, das Glaubenssystem und die Psychologie der 'Ndrangheta beschrieben[9]. Zusammengefasst lautet deren Gründungsmythos so:

Es waren einmal drei spanische Ritter, Osso, Mastrosso und Carcagnosso. Die töteten in Toledo einen Edelmann, um die befleckte Ehre ihrer Schwester mit Blut reinzuwaschen. Danach versteckten sie sich auf Favignana, einer kleinen Insel vor Sizilien. Dort arbeiteten sie die Regeln der künftigen Mafia-Organisationen aus. Osso schuf dann auf Sizilien die Cosa Nostra, Mastrosso in Neapel die Camorra. Carcagnosso zog es nach Kalabrien, wo er die 'Ndrangheta gründete.

Tatsächlich ist die kalabrische Mafia im 19. Jahrhundert aus verschiedenen Wurzeln entstanden. Ein Ursprung war der Widerstand der Kalabresen gegen die Bourbonenherrschaft im fernen Neapel. Aufständische und Kriminelle kamen sich in den Gefängnissen der Bourbonen näher, insbesondere im berüchtigten Kerker der Insel Favignana. Nach dem Ende der Bourbonenherrschaft richtete sich der Widerstand gegen das neue Königreich Italien, das viele Menschen im *mezzogiorno* lediglich als weitere Fremdherrschaft empfanden. Auch hier mischten sich Rebellen und Kriminelle, wobei die

Briganten von einer Art Robin-Hood-Mythos profitierten. Auch die Großgrundbesitzer, die die Bauern oft grausam auspressten, griffen zur Gewalt, indem sie bewaffnete Männer anheuerten, um soziale Aufstände zu unterdrücken. Der wichtigste Grund für das Entstehen und Gedeihen der 'Ndrangheta aber war die Ferne oder gar völlige Abwesenheit des Staates als Ordnungsmacht und Gerechtigkeitsgarant. Dieses Vakuum nutzte die Mafia aus.

So entstand die 'Ndrangheta zunächst in Reggio Calabria und in den Bergen des Aspromonte. Das im Italienischen fremd klingende Wort scheint aus dem Griechischen zu stammen und könnte sich vom griechischen *andrangathía*, Heldentum, beziehungsweise *andragathos*, tapferer Mann, ableiten. Die 'Ndrangheta verdiente ihr Geld zunächst mit Erpressungen, Wucher, Viehdiebstahl und ähnlicher lokaler Kriminalität. Ende der 1960er-Jahre machte sie einen Entwicklungssprung. Sie entführte vermögende Bürger vorzugsweise in Norditalien, verschleppte sie nach Kalabrien und kerkerte sie unter furchtbaren Bedingungen in Höhlen, Grotten, Kisten und Schweineställen im Aspromonte ein, um Lösegeld zu erpressen.

Unter ihren Opfern waren auch Kinder und Jugendliche, die teilweise monatelang allein in ihren grausigen Kerkern ausharren mussten. Schlagzeilen machte vor allem der Fall des Milliardärssohns John Paul Getty III. Er wurde 1973 im Alter von sechzehn Jahren auf der Piazza Farnese in Rom entführt und in einem Keller in Kalabrien eingekerkert. Die Kidnapper forderten siebzehn Millionen Dollar Lösegeld. Die Familie weigerte sich zu zahlen. Nach drei Monaten schickten die Entführer ein Ohr und eine Locke des Jungen an die römische Zeitung *Il Messaggero*. Auch spielten sie der Presse einen Brief

John Pauls zu, in dem dieser seine Familie anflehte, das Lösegeld zu bezahlen. Kurz vor Weihnachten 1973, mehr als fünf Monate nach seiner Verschleppung, kam der Junge gegen ein Lösegeld von drei Millionen Dollar frei.

Fortan wurden immer mehr Menschen von der 'Ndrangheta in den Aspromonte verschleppt. Als Hauptort der Entführungen tat sich dabei San Luca hervor. Im Januar 1988 wurde der achtzehnjährige Cesare Casella, der Sohn eines wohlhabenden Autohändlers, in Pavia entführt und nach einigen Tagen in den Aspromonte gebracht. Dort hatten die Mafiosi am Fuß eines Baumes ein Verlies von zwei Metern Länge, einem Meter Breite und 1,5 Metern Höhe ausgehoben. Cesare wurde hineingelegt und am Hals und am Fußknöchel an den Baum gekettet. Über ihn wurde ein Blech gelegt und mit Laub bedeckt. Der Junge war lebendig begraben. Im Verlauf seines Leidenswegs wurde Cesare in zwei weitere solche Löcher verbracht. Im August 1988 bezahlte die Familie das geforderte Lösegeld. Doch die 'Ndrangheta ließ den Jungen nicht frei. Sie wollte noch mehr Geld. Die italienische Öffentlichkeit war gespalten: Zahlen, um den Jungen zu retten? Oder nicht zahlen, um die 'Ndrangheta nicht weiter zu stärken? In dieser Lage reiste die Mutter des Jungen, Angela Casella, nach Kalabrien, um die Menschen für die Freilassung ihres Sohnes zu aktivieren. »*Mamma Coraggio*«, »Mutter Courage«, tauften sie die italienischen Medien. Am 30. Januar 1990, mehr als zwei Jahre nach seiner Entführung, wurde Cesare doch noch freigelassen. Danach hörten die Entführungen durch die 'Ndrangheta allmählich auf.

Die Mafia hat diese spektakulären Verbrechen, die zu einem erheblichen Druck der Ermittler und der Medien führten, heute nicht mehr nötig. Sie hatte das Geld aus

ihrer »Entführungsindustrie«, wie man die Verschlep-
pungen nannte, in den Kokainhandel zwischen Südamerika und Europa investiert. Je mehr die sizilianische
Cosa Nostra nach einigen spektakulären Morden von
den Schlägen der Ermittler getroffen wurde, umso stärker machte sich die 'Ndrangheta in diesem Geschäfts-
feld breit. Dabei hatte und hat sie einen großen Vorteil:
Ihre Mitglieder werden nicht, wie bei der Cosa Nostra
oder der Camorra, unter irgendwelchen jungen Verbre-
chern rekrutiert, sondern unter den eigenen Familien-
mitgliedern gewonnen. Das bedeutet: Die Angehörigen
eines 'Ndrangheta-Clans, einer *'ndrina*, sind buchstäblich Blutsbrüder. Wer gegenüber den Staatsanwälten als
Kronzeuge auspackt, verrät also nicht einfach nur Spieß-
gesellen, sondern auch Väter, Onkel, Brüder oder Cou-
sins. Daher hat die 'Ndrangheta viel weniger *pentiti*,
Kronzeugen, in ihren Reihen als andere Verbrecherorga-
nisationen. Das macht sie besonders glaubwürdig und
zum bevorzugten Ansprechpartner der lateinamerikani-
schen Drogenkartelle.

So hat sich die 'Ndrangheta in den vergangenen Jahrzehnten immens ausgeweitet. Der Krake, der einst nur
die Provinz Reggio Calabria in seinen Fangarmen hatte,
streckt seine Tentakel heute nach der ganzen Welt aus.
Deutschland dient ihm als Rückzugs- und Investitions-
gebiet. Die 'Ndrangheta gilt als einzige Mafia, die auf allen fünf Kontinenten Niederlassungen hat. Schätzungen
der italienischen Justiz zufolge hat sie allein in Kalabrien
166 Clans mit mindestens 4000 Angehörigen. Weltweit
soll sie in 30 Ländern mit 60000 Mitgliedern aktiv sein.
So ist ein globales Verbrechersyndikat entstanden, dessen Geschäftsfelder vom Drogen-, Waffen- und Menschenhandel über Schutzgelderpressung und Geldwä-

sche bis hin zur Korrumpierung bei der Vergabe öffentlicher Aufträge reicht. Aus der Hirtenmafia des südlichen Kalabriens ist eine globale Macht geworden, der es zunehmend gelingt, Politik und Wirtschaft zu unterwandern. Italienischen Politikern bietet die 'Ndrangheta Stimmenpakete und damit Erfolge bei Wahlen. Der Wirtschaft offeriert sie Geld aus dem Drogenhandel. In einer Pandemie-Zeit, in der viele Unternehmen unter Kapitalnot leiden, gelingt es der 'Ndrangheta so immer besser, Betriebe unter ihre Kontrolle zu bringen und ihr schmutziges Geld zu waschen. In Kalabrien, Italien, Europa und der ganzen Welt.

Das Besondere der 'Ndrangheta ist dabei, dass sie trotz aller globalen Erfolge ihren Ursprüngen treu geblieben ist. Ihr gelingt es, den Spagat zwischen Globalisierung und lokaler Verwurzelung zu bewältigen. Ihre Riten – etwa wenn ein Bild des Erzengels Michael auf der Hand eines Adepten verbrannt wird – ändern sich nicht und bilden den emotionalen Kitt, der die Organisation zusammenhält. Vor allem aber bleibt sie ihrem Ursprung, dem südlichen Kalabrien, treu. Hier sitzen ihre wichtigsten Bosse, hier laufen die weltumspannenden Fäden zusammen wie im Zentrum eines Spinnennetzes. 'Ndrangheta-Kolonien in Australien, Kolumbien oder Deutschland haben in die Dörfer am Aspromonte zu berichten, wo diese Mafia faktisch die Territorialhoheit ausübt. Der Ort San Luca funktioniert dabei als identitäres Zentrum der 'Ndrangheta, das schwer zugängliche Marienheiligtum von Polsi hoch oben im Aspromonte als ihr spiritueller Kern. Wie ein Wein von seinem Terroir lebt, so gedeiht die 'Ndrangheta in dieser rauen Erde Südkalabriens. Ohne sie wäre ihr globaler Erfolg undenkbar.

Das alles habe ich oft gelesen und bei Recherchen vor Ort erfahren. Dennoch verblüfft es mich immer wieder, dass die Bosse eines milliardenschweren Kartells in armseligen Bergdörfern wie Platì und San Luca hausen. Gewiss, hinter den unverputzten Wänden aus roten Ziegeln verbirgt sich ein gewisser Luxus, Marmorbäder, Designerküchen, und in der Garage stehen Autos der Marken Mercedes, Porsche oder Ferrari. Aber trotzdem: Wenn ich ein millionen- oder gar milliardenschwerer Boss wäre, wollte ich dann in einem schäbigen, halb verlassenen, trostlosen Bergkaff leben? Und womöglich eine erhebliche Zeit meines Lebens in einem feucht-dunklen Bunker unter meinem Haus verbringen, weil die Carabinieri regelmäßig zu Razzien anrücken?

Ein kalabrischer Anti-Mafia-Aktivist erklärte mir das so: »Die Anführer reisen durch die Welt und kehren doch stets hierher zurück. Ohne diese Basis würde die 'Ndrangheta verschwinden. Ihr Herz und ihr Hirn sind hier. Von Dörfern wie Platì aus kontrollieren sie ihre Unternehmen auf der ganzen Erde.«

Nicola Gratteri, der Anti-'Ndrangheta-Staatsanwalt, sagte mir, die Bande des Blutes und die Verwurzelung in ihren Dörfern schütze die Clans vor Überläufern. Die Bosse der 'Ndrangheta blieben hier im armen Kalabrien, »weil sie ein Territorium brauchen, das sie kontrollieren. Hier bestimmen sie alles. Wer ein Geschäft aufmachen darf. Welche Äcker zu Bauland werden. Wen der Bürgermeister einstellt. Hier rekrutieren sie ihre Kämpfer und von hier aus schicken sie ihre Leute nach Kolumbien, Bolivien oder Peru, um den Kokainhandel zu organisieren.« Hier in Kalabrien habe die 'Ndrangheta Rückhalt im Volk, weil der Staat die Menschen alleinlasse.

Patrick Truhn, der damalige Generalkonsul der USA

in Neapel, schrieb 2008 in einem vertraulichen Bericht an das State Department in Washington: »Wenn es kein Teil Italiens wäre, wäre Kalabrien ein gescheiterter Staat. Die 'Ndrangheta kontrolliert weite Teile des Territoriums und der Wirtschaft.« So war es damals. Seither ist es eher noch schlimmer geworden. Die 'Ndrangheta sitzt so fest im Sattel, dass sie auf spektakuläre Morde heute weitgehend verzichten kann. Statt den Staat zu bekämpfen, unterwandert sie ihn. Statt die Schlagzeilen zu beherrschen, verschwindet sie im Verborgenen. »Die 'Ndrangheta ist so unsichtbar wie die Rückseite des Mondes«, hat ein amerikanischer Ermittler einmal gesagt. Ein Mitglied des Piromelli-Clans, der in der kalabrischen Hafenstadt Gioia Tauro mitregiert, beschreibt es so: »Wir sind hier. Wir leben hier. Uns gehört die Vergangenheit. Die Gegenwart. Die Zukunft.«

Das alles klingt so, dass es Leser abschrecken könnte, nach Kalabrien zu reisen. Doch das wäre sehr schade. Gewiss, die 'Ndrangheta ist die größte Entwicklungsbremse Kalabriens und die wichtigste Erklärung dafür, dass die Abermilliarden aus Rom, aus Brüssel so wenig bewirken. Dennoch ist Kalabrien eine der schönsten und sehenswertesten Regionen Italiens. Und die Kalabrier sind meiner Erfahrung nach die liebenswertesten, gastfreundlichsten, herzlichsten Italiener überhaupt. Als Reisender fühle ich mich in Kalabrien immer willkommen und absolut sicher.

Gut, wenn ich heute bei Wanderungen oder auf der Durchreise durch die Orte San Luca, Platì und Africo laufe, spüre ich ein gewisses Kribbeln, als ob der Boden, über den ich gehe, Unheimliches birgt. Ich weiß von meinen Recherchen her einfach zu viel von dem, was hier passiert ist. Doch auch in diesen Orten wurde ich immer gut aufgenommen, selbst in Familien, von denen ich weiß, dass sie der 'Ndrangheta angehören. Die 'Ndrangheta ist übrigens viel zu groß, reich und mächtig, um Touristen zu belästigen. Wenn überhaupt, dann hat sie ein Interesse daran, das Geld abzuschöpfen, das Touristen ins Land bringen. Diese werden bei einem Urlaub nichts von der Existenz der 'Ndrangheta mitbekommen, wenn sie sich nicht sehr gut auskennen oder sehr hartnäckig nachfragen. Kalabrien hat mit die schönsten Küsten Italiens, drei großartige Gebirge – den Pollino, die Sila und den Aspromonte –, eine faszinierende Geschichte und spektakuläre Kulturgüter wie die antiken Bronzestatuen von Riace, die byzantinische Kirche Cattolica in Stilo oder die Museums-Werkstatt Santa Barbara in Mammola, die der modernen Kunst gewidmet ist. In Kalabrien isst man gut, günstig und üppig, man findet überall saubere, freundliche Privatunterkünfte und man stößt geradezu auf Enthusiasmus, wenn man sich wirklich für die Region und deren Menschen interessiert. Nein, ich werde nicht vom kalabrischen Fremdenverkehrsbüro bezahlt. Sondern ich habe mich in den vergangenen fünfzehn Jahren immer mehr in diese süditalienische Region verliebt.

25

Ein Gott in jedem Fremden

Auf der Südseite des Aspromonte erlebe ich einen Schock: Waldbrände. Ganze Bergrücken und Talsenken sind verkohlt. Die Bäume stechen nur noch als schwarzgebrannte Zahnstocher aus der rußigen Erde hervor. Hier und da glimmt noch ein Feuer. Am Straßenrand lümmeln von der Hitze verbogene, schwarze Verkehrsschilder. Hier und dort steht ein ausgebranntes Auto in der Landschaft, als hätte es der Requisitenausstatter eines dystopischen Films hier abgelegt. Waldbrände gab es am Aspromonte schon immer, durch Trockenheit, Blitzeinschlag und Brandstiftung. Manche Täter wollten durch Brandrodung Weide- oder Bauland gewinnen, andere einen Job bei der Wiederaufforstung erlangen. Diesmal aber ist es wegen der extremen Hitze und Trockenheit dieses Sommers viel schlimmer als gewöhnlich. Die Verbrennungen ziehen sich weit das Bergmassiv des Aspromonte hinauf, dessen wichtigste Ressource der Wald ist. Überall, wo ich aussteige, liegt der Geruch nach Rauch und Asche in der Luft. Dabei brauchen die Menschen hier eine intakte Natur, um wenigstens von etwas Tourismus leben zu können.

Ich fahre weiter hinunter, heraus aus den verbrannten Wäldern und hinein in eine extraterrestrisch anmutende

Erosionslandschaft mit tiefen Canyons und von der Sonne ausgeglühten Höhenzügen, auf denen sterbende und längst verlassene Dörfer liegen. Dies hier ist die Area Grecanica, das Gebiet der griechischen Dörfer, das nach seinem Hauptort Bova auch Bovesia genannt wird. Griechische Orte im Süden Italiens? Es gibt sie tatsächlich hier: ein halbes Dutzend Bergorte, in denen die Alten und einige Junge noch eine griechische Sprache sprechen. Lange haben die Linguisten gestritten, ob sie ein Relikt Großgriechenlands ist, also aus der Zeit ab dem 8. Jahrhundert v. Chr. stammt, als die griechischen Städte in Süditalien Kolonien gründeten; oder ob sie ein Relikt des Byzantinischen Reichs ist, das um das Jahr 1000 n. Chr. herum Kalabrien beherrschte. Heute geht wohl die Mehrheit der Forscher davon aus, dass das Griechische, das am Aspromonte gesprochen wird, aus der Antike stammt.

Santo Casile, der Bürgermeister von Bova, lässt daran keinen Zweifel: »Unsere Sprache stammt aus der Zeit Homers.« Wie zum Beweis dafür haben sie in Bova ein didaktisch hervorragendes Sprach- und Kulturmuseum errichtet, das einem deutschen Romanisten gewidmet ist. Der 1985 verstorbene Gerhard Rohlfs hatte die Dialekte Süditaliens und vor allem das Grecanische jahrzehntelang erforscht. In zahllosen Einzelgesprächen mit den Bewohnern Bovas und der Dörfer rundherum sammelte er Wörter und Redewendungen und bewahrte die Sprache so vor dem Vergessenwerden.

Bis weit in die Neuzeit hinein hatte sich das Grecanische in einem größeren Gebiet Kalabriens erhalten, genauso wie der griechisch-orthodoxe Kultus in den Kirchen. Doch dann trieb die katholische Kirche die Latinisierung voran. Später drängten der Faschismus und schließlich das Fernsehen das Grecanische immer weiter zugunsten des Italienischen zurück. Heute sprechen nur noch recht wenige Menschen in Bova, Roccaforte del Greco und anderen Bergdörfern das altertümliche Griechisch. Doch es wird gelehrt und gefördert. »Etliche Leute lernen inzwischen wieder Grecanisch«, sagt der Bürgermeister. »Für Bovas Zukunft bin ich optimistisch.«

Dieser Optimismus hat ein Gesicht, das von Alessandra Ghibaudi. Sie bewohnt mit ihrem Mann Pietro Romeo, einem Waldarbeiter und Bergführer, und den beiden Töchtern ein kleines, altes, liebevoll renoviertes Natursteinhaus im Zentrum von Bova. Und sie ist so herzlich und gastfreundlich, wie man es den Menschen in der Area Grecanica nachsagt. Dabei stammt die hellhäutige Alessandra vom Comer See, aus einer der reichsten Gegenden Italiens. Sie verliebte sich bei einer Reise nach Bova in Pietro und zog in eine der ärmsten Ecken des Landes. Das war nicht nur ein Glück für Pietro, sondern auch für Bova, das dem Schicksal der meisten anderen griechischen Dörfer entgegendämmerte: dem Aussterben. In seiner Blütezeit habe der Ort als Hauptstadt der Griechenregion 5000 Einwohner gehabt, samt Schulen, Gericht, Gefängnis und einer Bischofskathedrale, erzählt Alessandra. Davon zeugen noch einige Palazzi im Ort. Doch als die Norditalienerin 2003 herzog, lebten nur noch 500 Menschen. Vor allem die Jungen nahmen Reißaus. »Die Dächer stürzten ein. Die Straßen zerbröckelten. Und nachts war es stockdunkel, weil es keine Straßenlampen mehr gab«, erinnert sich Alessandra. »Wir waren ein Ort im Koma«, sagt einer ihrer Freunde.

Warum ist sie trotzdem geblieben? Klar, wegen Pietro.

Aber auch wegen der Herzlichkeit der verbliebenen Bovesi. *Filoxenia* nennen sie das hier, Fremdenfreundlichkeit. Alessandra sagt, die gehe auf die alten Griechen zurück. »Die glaubten, in jedem Fremden könne ein Gott stecken.«

Alessandra brachte etwas aus Norditalien mit, was für Bova zum Schatz wurde: Sie hatte Wirtschaftswissenschaften studiert und sich auf die Fonds der Europäischen Union spezialisiert. Nun verhalf sie Bova als Beraterin der Gemeinde mit Hilfe von EU-Geld zur Renaissance. »Wenn ein so kleiner Ort eine Ausschreibung gewinnen will, muss seine Bewerbung perfekt sein«, sagt sie. Und darauf verstehe sie sich.

Seither ist aus dem sterbenden Bova eine malerische Bergstadt geworden, die schon mehrmals als eines der zehn schönsten Dörfer Italiens ausgezeichnet worden ist. Palazzi und Kirchen wurden restauriert, im zerstörten früheren jüdischen Viertel ein Freilichtmuseum eingerichtet, die Reste des Normannenkastells zugänglich gemacht, Straßen und Plätze gepflastert, Bed and Breakfast, Restaurants und Agriturismi gefördert. Auch einen Buchladen mit Infozentrum über die Area Grecanica gibt es nun, gleich neben dem Rathaus. Und es kommen italienische und sogar ausländische Touristen. Sie gehen von hier aus auf Trekkingtouren in den Aspromonte, erforschen die Geisterdörfer und deren Geschichte, fahren für einen Tag hinunter an die Strände oder lassen sich in den Restaurants Bovas auf die eigentümliche lokale Küche ein. Das schafft Arbeitsplätze und bewirkt, dass sich nun etliche junge Leute entscheiden hierzubleiben. Alessandra hat schon die nächsten Pläne mit Fördergeld aus Brüssel: Sie will Bova einen neuen Sportplatz verschaffen und Mieträder für Urlauber besorgen.

Wenn sie von ihren Plänen erzählt, leuchten ihre Augen vor Schaffensfreude. Ihr Mann Pietro wirkt in diesen Tagen dagegen gedrückt. Ihm, dem Waldarbeiter, der den Aspromonte liebt, gehen die Brände sehr nahe. »Die Schäden sind unermesslich«, sagt er. Ich weiß, wie mühsam es ist, die steilen, schwer zugänglichen Berghänge wieder aufzuforsten, von denen die Erde rasch fortgeschwemmt wird. Doch das sei diesmal auch nicht mehr geplant, erzählt Pietro. Die Forstverwaltung finde, der Aspromonte müsse sich wegen des Klimawandels ohnehin komplett umstellen. »Deshalb werden wir einfach abwarten, welche Pflanzen sich auf den verbrannten Flächen von selbst ansiedeln. Die sind dann besser an Trockenheit und Hitze angepasst.«

Zum Abendessen schicken mich Alessandra und Pietro in die Trattoria al Borgo, wo mir der kauzige Wirt 'Nduja vorsetzt, eine weiche, lauwarm servierte orangerote Wurst aus Schweinenacken, Speck und viel Peperoncino. Danach tischt er *Soffritto di Vitello* auf, Innereien vom Kalb, die mit Tomaten, Knoblauch, Zwiebeln, Sellerie und Lorbeer geschmort werden. Dazu gibt es *Lestopitta Calabrese*, ohne Hefe zubereitetes dünnes, knuspriges Brot, das mit Käse, Gemüse oder 'Ndjua gefüllt wird. Die Portionen sind gewaltig. Doch ich esse alles auf, da habe ich meinen Stolz. Danach rettet mich der selbst gebrannte Schnaps des Wirts aus Bergamotten und wildem Fenchel.

Am folgenden Morgen sitze ich beim Frühstück auf der Piazza unterhalb des Rathauses. So ziemlich alle im Ort kommen im Lauf eines Tages hier vorbei. Der Bürgermeister und die Carabinieri, der Priester und der Arbeiter. Ich warte auf einen Bekannten von früheren Recherchereisen. Salvino Nucera springt aus seinem verbeulten Kleinwagen und läuft mit ausgebreiteten Armen auf mich zu. Er ist ein quirliger, kleiner Mann Ende 60, mit dichtem grauweißem Haar, lässig gekleidet, das hellblaue Leinenhemd über der Hose. Jeder scheint ihn hier zu kennen. Der Bürgermeister schüttelt ihm die Hand, und sie sprechen über eine Veranstaltung zur griechischen Kultur und Sprache in Kalabrien.

Es gibt kaum jemanden, der sich so gut damit auskennt wie Salvino Nucera. Er hat das Grecanische von klein auf gelernt. Allerdings nicht in der Grundschule, die er in dem heutigen Geisterort Ghorio di Roghudi besuchte, sondern zu Hause, in der Familie. »Wenn meine Eltern über etwas redeten, was ich nicht verstehen sollte, sprachen sie Grecanisch. Also habe ich es heimlich gelernt. Aus Neugierde.« Später ging er zum Studium nach Reggio Calabria, dann als Lehrer ins norditalienische Bergamo. Nun ist er in Pension und lebt als Dichter und Experte für das Grecanische wieder in Südkalabrien. Er schreibt und publiziert auch in der griechisch-kalabrischen Sprache.[1]

»Ìrthame sto Vua na tragudume
Ta szulistà loghia greca na mi chathùne«,
beginnt eines seiner Gedichte.

»Wir kommen nach Bova, um zu singen,
damit die schönen griechischen Stimmen nicht verloren gehen.«

Salvino packt mich in sein Auto und fährt los, heraus aus Bova und hinein in die wilde Bergwelt, auf Straßen, die anderswo kaum als Pisten durchgehen würden. Während er badewannentiefe Löcher und herabgefallene Steinbrocken umkurvt, macht er mich hier auf eine Ruine, dort auf einen Felsen aufmerksam. Alles hat hier griechische Namen, alle kennt er, zu jedem Ort weiß er eine Geschichte. Er deutet auf eine bizarre Felsformation, die aussieht wie der Außerirdische ET, die Kulleraugen eingeschlossen. »Das ist die Rocca del Drako«, erklärt er. »Drako war ein Zyklop, wie Polyphem aus der Odyssee. Er war ein Menschenfresser und lebte in diesem Felsen.« Dann folgt eine schaurige Geschichte, der gegenüber die Märchen der Gebrüder Grimm niedlich sind. »Wir haben unzählige solche Geschichten hier«, sagt er.

Wir erreichen Ghorio di Roghudi, einen Haufen zerfallender Häuser, der einsam und still hoch über einer Fumara liegt, einem Trockenfluss. Unten im Fluss, der damals noch viel mehr Wasser hatte, fing Salvino als kleiner Junge Forellen und Aale. Während er mir von seiner Kindheit erzählt, laufen wir zwischen den Häusern mit den leeren Fensterhöhlen herum. Vier Jahre war er nicht mehr hier, in seinem Heimatdorf, das seit 40 Jahren verlassen ist. Nur noch ein paar Hirten kommen ab und an her. Er zeigt mir die Schule, den Dorfplatz, wo er sich mit den Freunden traf, das Haus, in dem er aufgewachsen ist. »Wir machten damals alles selbst. Zum Beispiel Seile und Kleidung aus Ginster. Wir hatten Obst, Wein, Gemüse, Käse, Fleisch und Öl. Die Bauern gingen morgens bei Dunkelheit aus dem Haus und kamen abends bei Dunkelheit zurück.« Salvino verdrückt eine Träne. »Ich bin kein Nostalgiker. Ich lebe im Augenblick. Aber ich habe schöne Erinnerungen an meine Kindheit.«

Er zeigt mir den Platz vor der Kirche, wo sie als Jugendliche einen Scheiterhaufen aus geklautem Holz errichteten, ihn anzündeten, sangen und tanzten. Auf dem Mäuerchen, das den Platz umgibt, saßen damals die größeren Jungen, um die Mädchen zu betrachten. Wenn sich ein junger Mann ernsthaft für eine junge Frau interessierte, legte er ein Stück Holz vor ihre Haustür. Wurde es hereingeholt, durfte er einen Freund als Brautwerber schicken. Andernfalls ging der Vater des Mädchens auf die Piazza und gab dem Jungen das Holz zurück. »Über eine Hochzeit entschied die ganze Familie. Dabei spielten auch wirtschaftliche Motive eine Rolle.«

Salvino zeigt auf einen Palazzo. »Der Besitzer hat sich nach dem Tod seiner Frau eine neue Frau genommen. Sein Sohn sperrte ihn daraufhin aus. Da hat er seinen Sohn umgebracht.« Sein Großvater sei damals als Komplize angeklagt, aber freigesprochen worden. Überhaupt die Großväter. Sein Opa väterlicherseits ging nach Amerika, um die von der Familie auserwählte Frau nicht heiraten zu müssen. Doch irgendwann kam er zurück und gab klein bei. Der Großvater mütterlicherseits war der Pfarrer des Ortes. »Er hatte vier Töchter, darunter meine Mutter«, sagt Salvino.

»Der Pfarrer hatte vier Töchter?«, frage ich erstaunt.

»Warum denn nicht?«, sagt Salvino. »Das hat bei uns keinen gestört. Das war die griechische Tradition.«

Salvino hebt einen trockenen Ast vom Boden auf und zieht damit eine Weinrebe voller Trauben herunter, um sie mir anzubieten. Danach lässt er mich Mehlbeeren kosten, die so schmecken, wie sie klingen, nur schlechter. Dann erzählt er mir von einem Cousin, den sie Drakon nannten, weil er groß und stark war wie ein Zyklop. »Einmal hat er mit einem Fausthieb ein Pferd erschlagen.« Wenn er so spricht, bin ich mir nicht sicher, ob ich nicht in die Welt Homers hineingeraten bin. Für Salvino jedenfalls ist sein toter Geburtsort lebendig, bevölkert von bizarren Gestalten und abenteuerlichen Geschichten. Nachts sollen hier die Rufe der Kinder zu hören sein, die einst in die Schlucht unter dem Ort gestürzt sind; und die Gesänge von Frauen mit Maultierhufen anstelle der Füße, die nach Männern suchen, die sie verführen können.

Was ist passiert in Ghorio di Roghudi und anderen griechischen Dörfern in dieser Canyon-Landschaft wie dem nahen Africo Vecchio? Überschwemmungen und Erdrutsche setzten den Dörfern in der zweiten Hälfte des 20. Jahrhunderts so zu, dass die Behörden sie für unbewohnbar erklärten und die Bewohner teils mit Gewalt zwangen, in neu erbaute Siedlungen an der Küste zu ziehen. So gibt es nun unten am Meer Orte wie Roghudi Nuovo und Africo Nuovo. Sie sind von einer stupenden Hässlichkeit, billigst emporgezogene Schlafstädte ohne Tradition, ohne Charme, ohne Lebensqualität. Viele der Hirtenfamilien aus den Bergen sind dort nie heimisch geworden, was den verkommenen Charakter dieser Neustädte erklärt. »Sie erzählten uns vom besseren Leben, doch in Wirklichkeit ging es um Bauspekulation«, sagt Salvino. »Viele Alte sind kurz nach dem Umzug gestorben, weil sie ihre Felder und ihr Vieh verloren und nichts mehr zu tun hatten.«

Ganz ähnlich erzählt es Alexandra aus Bova. »Man hat diesen Menschen das Paradies unten an der Küste versprochen. Tatsächlich wurden sie in geistlose Wohnsilos ohne Infrastruktur gesteckt. Sie hatten dort keine Arbeit und haben diese Orte nie als ihre Heimat angenommen.«

Gioacchino Criaco, ein Schriftsteller, dessen Familie aus Africo Vecchio stammt und umgesiedelt wurde, erzählte mir: »Tatsächlich wollten sie uns rebellische Kinder der Wälder unter Kontrolle bringen.« Doch aus Hirten würden niemals Fischer. »Kein Einziger von uns aus Africo hat je ein Boot gekauft. Meine Großmutter ging nicht ein einziges Mal an den Strand.« Abertausende Kalabrier seien durch die Umsiedlungen entwurzelt worden, sagte Gioacchino, dessen Roman *Schwarze Seelen*[2] einen Einblick in die Geschicke junger Leute in Kalabrien gibt. Der Staat habe aus jungen Burschen schwarze Seelen gemacht und aus Hirten Verbrecher.

Wenn man mit Salvino unterwegs ist, folgt am Ende ein Festmahl. Diesmal lädt er mich auf die Terrasse eines Agriturismo ein. Ich komme mir vor wie bei einem Gelage von Asterix und Obelix. Die Kellnerinnen bringen unzählige Teller voller Salami, Pancetta, Schinken, Ricotta mit hausgemachter Zitronenmarmelade, Käse in Räucherkruste, geschmortem Schweinefleisch mit Bohnen, verschiedenen in Olivenöl eingelegten Gemüsesorten wie Artischocken und Auberginen, Kutteln, Teigbällchen mit süßsauren Saucen, Mozzarella und Fleischbällchen. Das Problem? Das sind nur die Vorspeisen. Da wir beide nicht einmal die ganz schaffen, wende ich mich entschuldigend an die Kellnerin. Was machen wir jetzt damit? Sie zuckt die Achseln, deutet in den Garten: »*Il maiale* ...«[3]. Als ich mich an der Rechnung beteiligen möchte, wehrt Salvino ab: »Der Gast ist hier heilig. Wie in den Geschichten Homers. Das ist nicht dahergeredet.«

26

Intermezzo in Blau

»Sie ist ein unsterbliches Scheusal, furchtbar und schreckenvoll und grausam und unüberwindlich.«[1] Mit diesen Worten warnt die Zaubererin Circe Odysseus vor einem Meerungeheuer namens Skylla. Es hat den Oberkörper einer jungen Frau, während der Unterkörper aus sechs Hunden besteht. Dieses Monster hockt auf kalabrischer Seite am Eingang der Meerenge von Messina, während gegenüber, an der Küste Siziliens, das Ungeheuer Charybdis lauert. Odysseus befand sich also buchstäblich zwischen Skylla und Charybdis, als er mit seinen Gefährten die Meerenge durchsegeln wollte. Tatsächlich ergriff Skylla sechs Männer vom Deck, hob sie auf ihren Felsen und fraß sie bei lebendigem Leibe auf.

Wo sich das Monster heute befindet, vermag ich nicht zu sagen. Auf seinem Felsen steht ein Kastell. Östlich des Felsens liegt ein alter Fischerort, in dessen Häuser Restaurants und Bars eingezogen sind. Westlich des Ungeheuers erstrecken sich ein breiter Sandstrand und dahinter ein Badeort aus niedrigen hellen Häusern. Hier miete ich mich in einer Pension ein und gehe gleich an den Strand. Ich schwimme lange im Meer, mit Schwimmbrille. Sofort fällt mir das unglaublich klare Wasser auf, das sich, wenn man hinabtaucht und nach oben schaut, in ein knallblaues, fluoreszierendes Lichtspektakel verwandelt, aus dem die Fische hervortauchen wie aus einer Videosimulation. Irreal wirkt diese Reinheit der Farben und Formen, und ich tauche immer wieder hinunter, um erneut diesen Blick nach oben zu genießen. *Il blu, dipinto di blu,* hallt es in meinem Kopf. Ich vermute, dass das Wasser so sauber ist, weil die von der Meerenge erzeugte Strömung alle Schmutzpartikel mitnimmt wie ein riesiger Staubsauger. Zum ersten Mal seit meiner Kindheit sehe ich im Meer vor Italien wieder viele purpurfarbene Seesterne.

Später sitze ich in einer Strandbar bei einem *panino* mit Schwertfisch, der in der Meerenge gefangen wird. Der Tag versinkt im Meer, das nun glatt ist wie der Starnberger See an einem Augustabend. Nur zwei, drei Segelboote durchbrechen die Wasserfläche. Während ich mein Schwertfischbrot esse, einen Greco di Bianco trinke und aufs Meer hinausschaue, verändern sich die Blautöne von Himmel und Meer minütlich. Aus Azzurro wird Metallischblau, Royalblau, Jeansblau, Nachtblau, Schwarzblau. Der helle, von den Lichtern der Bars erleuchtete Sandstrand mit seinen bunten Schirmen lässt diese Blautöne noch satter wirken. Mein Blick schwimmt in Tinte, und erst als der letzte Rest von Blau dem Schwarz der Nacht gewichen ist, löse ich ihn von Meer und Himmel. Dies ist die blaueste Stunde gewesen, die ich je erlebt habe.

Lange gehe ich im Sand spazieren. Die Restaurants sind jetzt voll, der Strand ist leer. Nur hier und da haben sich Familien in kleinen Pulks am Wasser niedergelassen, um in Klappstühlen sitzend die vom Meer aufkommende Kühle zu genießen. Die ausgeworfenen Angeln stecken wie Antennen im Sand, zwei Kinder planschen noch im seichten Wasser, die Oma ist in ihrem Stühlchen einge-schlafen. Die kleinen Bars am Rand des Lungomare sind in psychedelisch wirkenden Blautönen beleuchtet, die sie von der pechschwarzen Sommernacht abheben. Der auf-ziehende Mond scheint auf ein paar Felsen im Wasser. Ab und an schweben Taucher mit ihren Lampen aus der Tiefe an die Oberfläche empor, sie sehen aus wie Later-nenfische. Tiefer Frieden liegt über Strand und Meer. Odysseus könnte jetzt mit seinen Gefährten gefahrlos hier durchsegeln. Das Ungeheuer schläft. Die Zeit bleibt stehen.

27
Tanz auf dem Vulkan

Langsam schiebt sich die Fähre von Villa San Giovanni aus in die Straße von Messina. Die Dieselmotoren stampfen, der grün gestrichene eiserne Boden vibriert. Dieselgestank liegt in der Luft. Im klaren Wasser tief unter uns warten Fische darauf, dass etwas Essbares herunterfällt. Ich fühle mich zurückversetzt an die Zeit, als ich als kleiner Junge mit meinen Eltern nach Elba übersetzte. Würde ich die Zeit gern zurückdrehen? Ich weiß keine Antwort darauf. Mich überkommt auf Fähren nur immer ein Glücksgefühl. Freiheit. Die Wasseroberfläche ist gekräuselt wie zerknittertes blaues Geschenkpapier. Die letzte Etappe meiner Reise beginnt.

Messina am sizilianischen Ufer wirkt schon zum Greifen nah. Etwa fünf Kilometer kurz ist die Fährstrecke. Und doch trennt sie Welten. Sizilien, die größte Insel des Mittelmeers, gehört zwar zu Italien, ist aber ein Land für sich, das von vielen Hochkulturen des Mittelmeerraums geformt wurde. Phönizier, Griechen, Karthager, Römer, Araber, Byzantiner, Normannen, Spanier, Bourbonen. Sizilien war dabei nicht, wie andere unterworfene Regionen, wie Kalabrien oder die Basilikata, nur eine weitere Provinz, sondern ein zweites Zentrum neben Neapel, ein kultureller und geistiger Schwerpunkt. Das ist überall auf der Insel zu sehen und zu spüren: im Theater von Taormina und in den Tempeln von Segest oder Agrigent; in den römischen Bodenmosaiken von Piazza Armerina; in den verbliebenen Werken arabischer Baukunst in Palermo; in der normannisch-arabisch-byzantinischen Kathedrale von Monreale, was für eine großartige Durchdringung der Baustile; oder in der Barockorgie von Noto. Sizilien ist keine Peripherie, sondern ein Gravitationszentrum des Mittelmeerraums. Nordische, lateinische, griechische, kleinasiatische, orientalische und nordafrikanische Kulturen sind hier zu etwas Neuem verschmolzen. Wer das nicht glaubt, der braucht nur an einem Sommerabend durch Palermo zu spazieren und sich zu fragen: Wo sind wir? In Europa? In Nordafrika? Im Orient?

Während die Fähre in den Hafen von Messina einläuft, erinnere ich mich daran, wie ich an einem Novemberabend vor 30 Jahren erstmals nach Sizilien reiste. Während der Zug in Villa San Giovanni geteilt und auf die Fähre verfrachtet wurde, brüllten ambulante Händler auf dem Bahnsteig in einem monotonen Singsang wie Zikaden: »*Arancini, Coca Cola, cioccolata!*« Und dann immer wieder von vorne. *Arancini*, das sind diese frittierten, mit Ragout, Erbsen und Käse oder irgendwelchen anderen Köstlichkeiten gefüllten, tennisballgroßen Reisbälle, die den Magen so wunderbar verkleben, dass man 24 Stunden davon satt ist – die ideale Speise für Rucksackreisende. Ich saß allein im Abteil und aß meinen *arancino*. In Messina stieg ein Sizilianer Mitte dreißig zu. Er wehrte meine Gesprächsangebote mit so finsteren Blicken ab, dass ich mir einbildete, sogleich einen Mafioso getroffen zu haben. In Milazzo stieg ich aus dem Zug und auf die nächste Fähre, um in der Herbstnacht als einer der wenigen Passagiere auf die Liparischen Inseln überzusetzen. Die Szene, wie die Fähre im vom Schwefeldampf der Vulkanausdünstungen umwaberten Hafen von Vulcano anlangte, hat sich mir eingeprägt. Italien kann so exotisch sein!

Nun zieht es mich zu einem anderen Vulkan. Schon oft war ich am Ätna, aber noch nie auf diesem Berg. Irgendetwas kam immer dazwischen, zum Beispiel ein Wutausbruch des Vulkans. Diesmal lasse ich mich nicht abhalten. Ich quartiere mich in Paternò ein, einer Kleinstadt am Fuße des Bergs mit infernalischem Verkehr. Am nächsten Morgen fahre ich über stille Straßen und durch verschlafene Orte hoch zur Talstation der Ätna-Seilbahn. Die Vegetation ist subtropisch-üppig, dann wird sie immer spärlicher. Oben an der Station hat sich ein Outdoor-Center gebildet. Verschiedene Unternehmen bieten Touren zu den Kratern des Ätna an. Lavabahnen ziehen sich wie Skipisten den Vulkan herunter, nur dass sie nicht weiß, sondern kakaobraun sind. Die Organisation ist perfekt. Man bekommt alle erdenkliche Ausrüstung geliehen, professionelle Einweisungen in das Geschehen auf dem Vulkan und unterschiedliche Tourenangebote. »Das kann heute verdammt gut werden«, sagt Marco, der Bergführer meiner Gruppe, nach einem Blick zum Gipfel. »In Kürze beginnt ein Vulkanausbruch. Wir haben großes Glück.« *A Mungagna*[1], wie die Sizilianer den Ätna in ihrem Dialekt nennen, breche nur etwa alle zehn Tage aus und dann immer nur für zwei Stunden. Genau dann würden wir jetzt da oben sein. »Was für ein Glück.«

Wir in der Gruppe sehen uns an und dann zum Ätna hinauf. Ob es so ein Glück ist, bei einem Ausbruch da oben zu sein? Der Gipfel sieht aus wie ein überquellender Milchtopf, nur dass sich die Farbe der Dampffontänen rasch von Weiß nach Tiefschwarz verwandelt, mit dunkelroten Eruptionen darin, dem Feuer. Düster wie eine Kette aus riesigen schwarzen Wollknäulen steigt die Rauchsäule 500, 600 Meter hoch in die Luft. Ein höllisches Grollen ertönt, der Boden zittert. »Ich habe das schon tausend Mal gesehen«, sagt Marco. »Aber es begeistert mich immer wieder.« Obwohl das Spektakel nicht sehr ökologisch sei. Drei Mal wurde die Seilbahn, in die wir jetzt steigen, schon von dem feuerspeienden Berg zerstört, jedes Mal wurde sie wieder errichtet. Wir fahren nach oben, dem donnernden, speienden Schlund entgegen. Dann führt uns Marco im Gänsemarsch über die Vulkanschlacken aufwärts. Die Lavasteine klingen wie Glas unter unseren Schritten. Marco zeigt uns ein paar Pionierflechten und zwei Marienkäfer, die ersten Boten der Biosphäre. Tief unter uns sehen wir die düsteren Felsen von Aci Trezza im Wasser, die Polyphem einst nach Odysseus geworfen hat. »*Forza ragazzi!*«[2], ruft Marco.

Eine Stunde später kommen wir am frischen Lavafluss an. Wie die feurige, zischende Zunge eines Drachen gleitet der Strom langsam zu Tal. An seinem unteren Ende leuchtet das geschmolzene Gestein wie Kohleglut. Weißgraue Rauchschwaden steigen empor. Wir spüren den heißen Atem des Vulkans im Gesicht. Knisternd und dampfend wälzt sich die vielleicht 300 Meter breite bucklige Lavazunge den Hang hinab, als wolle sie die Städte an den Hängen des Ätna aufschlecken. Die Hitzewelle, die diese Zunge vor sich her haucht, ist so stark, dass sie uns auf Distanz hält. Alle paar Minuten schreckt uns ein Donnerschlag hoch, als ob ein Düsenjäger die Schallmauer durchbricht. Kein Wunder, dass die alten

Römer glaubten, Vulcanus, der Gott des Feuers und der Schmiede, habe unter dem Ätna seine Werkstatt, in der er mit seinen Gehilfen, einäugigen Zyklopen, schufte.

Wir bleiben lange am glühenden Lavastrom, können uns gar nicht mehr losreißen. Eine nachdenkliche Stille hat sich über die Gruppe gelegt. Einen solchen Einblick in die Urgewalt der Erde hat wohl noch keiner von uns je gehabt. Gerade für mich, der im geologisch eher ruhigen Deutschland lebt, ist das vulkanische Element Italiens von besonderem Reiz. Ich muss nicht nach Indonesien oder Island reisen, um feuerspeiende Berge aus nächster Nähe zu beobachten. Das Abenteuer kann ich genauso in Italien erleben, auf den Inseln Stromboli und Vulcano vor Sizilien etwa oder eben auf dem Ätna. Hier scheinen die Götter noch immer an der Welt herumzumodellieren, auch ein Grund, warum die Mythen gerade in Süditalien so präsent wirken.

Marco drängt zum Aufbruch. Ich bin eigentlich kein Liebhaber geführter Touren, da ich die Dinge lieber auf eigene Faust erkunde, aber diese Tour auf den Ätna, die einen guten halben Tag dauert, reut mich nicht. Denn weder darf man allein so hoch hinauf wie mit den Bergführern noch hätte ich im Alleingang auch nur annähernd so viel über die Welt des Ätna erfahren. Er stellt sich hier oben nicht mehr als einzelner Berg dar, sondern als Durcheinander von Haupt- und Nebenkratern, Lavahügeln, Lavakämmen und Lavabahnen. Marco führt uns an eine Abbruchkante. Unter uns liegt das Valle del Bove, ein kreisrundes Tal, das von oben aussieht wie ein mit Schlamm gefüllter See, in Wirklichkeit aber eine kesselförmige Caldera ist, ein spezieller Krater. Er zeigt uns die Stadt Nicolosi, die tief unter uns am Fuß des Vulkans liegt. Sie schien zum Tod verurteilt zu sein, als im

März 1983 in etwa 2400 Metern Höhe die Südseite des Ätna aufbrach und gewaltige Lavaströme herausflossen, die nach der Stadt ausgriffen. Dabei kroch die Lava über eine Straße, ein Hotel, ein Restaurant, eine Carabinieri-Kaserne und viele Häuser hinweg. In höchster Not entschloss sich der Zivilschutz zu einem weltweit einmaligen Experiment: Er ließ den mehr als tausend Grad heißen und zehn Meter hohen Lavafluss durch eine Sprengung in ein anderes Bett um- und von Nicolosi wegleiten. Das war hoch umstritten. Viele Bürger fanden, man müsse das Wüten des Vulkans ertragen und dürfe ihn nicht zusätzlich reizen. Ob die Sprengung den Ausschlag gab oder das Nachlassen der Eruptionen, wird kontrovers diskutiert. Jedenfalls wurde Nicolosi gerettet.

An einer anderen Stelle führt uns Marco in einen Tunnel, der dadurch entstanden ist, dass Lava unterschiedlich schnell erkaltete. Als wir mittendrin sind, will er uns das Echo demonstrieren. »Ruft mir alle nach!«, fordert er uns auf. »Italien hat die Fußball-Europameisterschaft gewonnen!« Die Hälfte der Gruppe brüllt mit. Die andere schweigt. Es sind die Franzosen.

Am Abend erzählt mir mein Wirt in Paternò, die Eruptionen seien heute so stark gewesen, dass die Türen in seinem Haus gescheppert hätten. Der Vulkan, der im 17. Jahrhundert weite Teile der Großstadt Catania zerstörte, sei ein Fluch, aber vor allem ein Segen. Seine mineralreichen Auswürfe bildeten einen ausgezeichneten Nährboden. Darum sind die Landschaften um den Ätna herum ein Gartenland. Zitrusfrüchte gedeihen hier besonders gut. Die Orangen-, Zitronen-, Mandarinen- und Grapefruitbäume umgürten das schwarzbraune Vulkanmassiv mit einem dunkelgrünen, glänzenden Band, aus dem die hellen Früchte leuchten. Aber auch Mandeln,

Pistazien und Wein lieben die Vulkanerde, so als wollten die Götter den Mut der Landwirte belohnen, die sich mit dieser explosiven Erde einlassen.

Die intensive Landwirtschaft bringt allerdings ihre Probleme mit sich. Der Großteil der Orangen und Zitronen, die so verlockend aus dem dunklen Laub der Plantagen unterhalb des Ätnas leuchten, wird zu Saft verarbeitet. Die säurereichen, schnell gärenden Überreste der ausgepressten Früchte, der *pastazzo*, müssen wie Sondermüll entsorgt werden. Sie machen immerhin 60 Prozent der ursprünglichen Fruchtmasse aus. Zwischen 700 000 und einer Million Tonnen Citrusabfälle fallen so allein in Italien jährlich an. Das brachte Adriana Santanocito 2011 auf die Idee, aus dem Problem eine Ressource zu machen, um Bauern und Saftindustrie in ihrer Heimat Sizilien zu entlasten, die Umwelt zu schonen und ein eigenes Geschäftsmodell zu entwickeln. Ihr Einfall: Kleidung aus Orangenschalen.

Die junge Frau aus Catania studierte damals Modedesign in Mailand. Sie erzählte ihrer Freundin Enrica Arena davon, die ebenfalls aus Sizilien stammte und in Mailand studierte. Enrica war schnell überzeugt. Ließen sich so doch zwei Produkte miteinander verknüpfen, für die Italien in der Welt bekannt ist: Orangen und Mode. Adriana verschwand für acht Monate im Labor, um ein Verfahren zu entwickeln, mit dem man aus den Schalen Cellulose extrahieren und dann zu einem biologisch abbaubaren Garn verarbeiten kann. 2014 gründeten die beiden in Catania die Firma Orange Fiber. Bald darauf schufen sie eine Produktionsanlage am Ätna und stellten mit Hilfe einer Weberei ihre ersten Stoffe her. Was nach einem Märchen klang – etwa nach Stroh, das zu Gold gesponnen wird –, wurde Realität. »Orange Fiber gibt es nun schon seit mehr als sieben Jahren«, sagt Enrica Arena, die die Firma inzwischen allein führt. Augenzwinkernd fügt sie hinzu: »So lange hat noch keine italienische Regierung durchgehalten.«

Das Start-up heimste schon einige internationale Preise ein, denn die Modeindustrie, die als besonders umweltschädlich gilt, sucht nach neuen, nachhaltig hergestellten Stoffen. Da kommt Orange Fiber gerade recht. Einige große Unternehmen der Modewelt haben sich bereits darauf eingelassen. Der Luxusgüterkonzern Ferragamo brachte eine *Orange Fiber Collection* heraus, um die mediterrane Kreativität zu feiern. Das Bekleidungsunternehmen H&M demonstrierte ebenfalls mit einer Kollektion von Orange Fiber Sinn für Nachhaltigkeit. Und der neapolitanische Traditionsbetrieb E. Marinella, der berühmt ist für seine Krawatten, stellte in Zusammenarbeit mit Orange Fiber nachhaltige Krawatten und Seidenschals her. Italien verwendete sie beim G20-Treffen im Juli 2021 in Neapel zum Thema Umwelt, Klima und Energie als offizielle Geschenke für die aus aller Welt angereisten Regierungspolitiker. Das gab dem innovativen Unternehmen vom Ätna einen weiteren Schub.

Die Stoffe aus den Orangenschalen sind mattweiß und fühlen sich seidig an. Sie lassen sich färben und bedrucken. Das Orangenfasergarn kann aber auch mit anderen Materialien wie Holzzellstoff, Baumwolle, Seide oder Elastan gemischt werden, um ganz unterschiedliche Stoffe wie Jersey, Popeline oder Drillich herzustellen. Die Nachfrage ist groß, wie Enrica Arena in Catania erzählt. Denn durch die Pandemie seien wir »als Konsumenten bewusster geworden, überlegen uns besser, was und wie viel wir kaufen«.

Zugleich hat Covid die Expansionspläne der jungen Catanesin aber durcheinandergewirbelt. »Das Virus hat uns zwar nicht gestoppt, aber gebremst. Es hat auch die Modeindustrie stark getroffen.« Dennoch hofft Enrica Arena, die Produktion bald auf 60 Tonnen Zellstoff aus Orangenschalen im Jahr ausweiten zu können. Auch möchte sie mit ihren Mitarbeitern in Catania einen Showroom eröffnen. Langfristig plant Orange Fiber so viel und günstig zu produzieren, dass es nicht nur Luxus-labels und Sonderkollektionen beliefern kann, sondern auch Modefirmen für ein breites Publikum. Der Rohstoff fällt in den Citrushainen rund um den Ätna ja reichlich ab.

Das junge Unternehmen Orange Fiber hat mich sofort fasziniert. Steht es doch für die enorme Kreativität und Erfindungskraft vieler Italienerinnen und Italiener. Aus Abfall edle Stoffe machen – darauf muss man erst einmal kommen. Und Orange Fiber gibt auch ein ermutigendes Beispiel dafür, wie junge Leute im *mezzogiorno* Erfolg haben und so dortbleiben können.

Ein Stück westlich von Catania geht die Gartenland-schaft des Ätna in eine Bergwüste über, die sich nur im Winter und Frühjahr mit Grün überzieht, ansonsten aber einer Marslandschaft gleicht und große Teile Zen-tralsiziliens einnimmt. Ausgedörrte, umbrabraune Hü-gel- und Bergketten wellen sich ins Unendliche. Es ist eine brutal karge Landschaft, ohne Bäume und Farben. Die Hitze steigt mit jedem Kilometer. Catenanuova gilt als heißester Ort Europas. 48,5 Grad wurden hier im Sommer 1999 gemessen. Als ich ankomme, hat es nur 42 Grad. Wäre die Zahl der Bars, Trattorien und Bestat-tungsunternehmen das Kriterium, müsste man Catenanuova eine Boomtown nennen. Tatsächlich aber hat der Ort unter der Geißel des Mittelmeerraums zu leiden, der Arbeitslosigkeit.

Das Landwirtschaftsstädtchen wurde im 18. Jahrhundert von Feudalherren gegründet. Im Zweiten Weltkrieg bunkerten sich hier deutsche Truppen ein. Danach wurde es ein Kommandoposten der Alliierten. Aber wenn Catenanuova durch die Geschichte berühmt oder besser bemerkbar wurde, dann nicht durch Wehrmacht und Alliierte, sondern durch Goethe. Am 30. April 1787 traf das Genie auf dem Rücken eines Maultiers in Molimenti ein, wie Catenanuova damals hieß. Er registrierte: »Der Boden, gut gemischt, eher schwer als leicht, ist im Ganzen kaffeebraun-violettlich anzusehen.«[3] Goethe schlief eine Nacht in der Poststation, Fondaco Cuba genannt, einem Gebäudekomplex, der arabisch-byzantinische Ursprünge haben soll und noch heute außerhalb des Ortes zu sehen ist, als Ruine mit eingedrücktem Ziegeldach unterhalb grindiger Berge. Der Fondaco Cuba war früher ein Etappenziel für alle, die durch das Innere Siziliens reisten. Hier konnte man Pferde wechseln, essen und trinken, Reiseabenteuer erzählen und sicher übernachten. Goethes kurze Visite reichte, um noch heute manchen Bürger Catenanuovas träumen zu lassen. Ein Goethe-Themenweg und ein Museum wurden schon angedacht, doch die Fondaco Cuba zerfällt immer weiter. Zumindest gibt es in Catenanuova eine *Via J. W. Goethe*, einen schmalen Teerstreifen zwischen hässlichen Häusern und struppigen Brachen. Am Ende der Straße vergammelt ein Betongerippe, das aussieht, als hätten es Geier ausgeweidet.

Doch es wäre ungerecht gegenüber Catenanuova, es dabei zu belassen. Der Ort ist ein lohnendes Zwischenziel, um sich auf der Reise durch Zentralsizilien zu erholen. Hier lässt es sich ruhig schlafen und gut essen, etwa im provinziell-vorzüglichen *Café Daidone*, in dem man vom Frühstück bis zum Abendessen verwöhnt wird. Schade, dass es noch nicht existierte, als Goethe hier durchkam.

Doch Goethe hatte, wie man gerade auch aus der Beschreibung seiner Reise durchs Innere Siziliens erfährt, trotz oder wegen all der Beschwernisse großen Spaß am Abenteuer, am Entdecken. Gewiss ist seitdem viel Zeit vergangen. Straßen und Gasthäuser sind gut heute, und Reisende müssen nicht damit rechnen, unterwegs ausgeraubt zu werden (auch wenn selbst das in seltenen Fällen passieren kann). Und dennoch: Während ich so von Catania über Catenanuova, Enna und Caltanissetta nach Palermo fahre, durch eine an Nordafrika oder Zentralasien erinnernde Landschaft, habe ich das Gefühl, auf einer Abenteuerreise zu sein.

Unter Elefanten

Leoluca Orlando empfängt nicht mehr in der Via Dante. Dort lebte er über Jahrzehnte mit seiner Familie, von Kameras, Alarmanlagen und Leibwächtern geschützt, über Jahrzehnte in der Villa Virginia, einem raffinierten Beispiel des Palermitaner Jugendstils mit einem spektakulären Treppenhaus und flamboyanten Glasfenstern. In seinem mit Büchern bis zur Decke vollgestopften Büro im Erdgeschoss habe ich Orlando mehrfach getroffen, um ihn zu interviewen. Wobei das mit dem Interviewen bei dem langjährigen Bürgermeister von Palermo, Schriftsteller, Juristen und Anti-Mafia-Aktivisten so eine Sache ist. Denn Orlando, ein charmanter, liebenswerter Mann mit großem Erzähltalent, antwortet nicht wirklich auf Fragen, sondern sprudelt sofort los mit einem Vortrag über sein Lebensthema: die Wiedergeburt Palermos. Daran hat sich bis heute nichts geändert. Nur dass der klassisch-elegant gekleidete Mitsiebziger nicht mehr in der Villa Virginia empfängt. Er hat sie, nachdem die Kinder aus dem Haus gingen, aufgegeben und ist mit seiner Frau in eine Wohnung gezogen. Dafür residiert er jetzt in einem noch prachtvolleren Palast: Die Villa Niscemi im Norden Palermos ist in den subtropischen Parco della Favorita eingebettet und dient der Stadt als

Repräsentationssitz. Der barocke, um einen Innenhof herum angelegte Adelspalast erinnert mit seinen kompakten, elfenbeinfarben getünchten Flügeln und den schweren Balkonen aus Sandstein an spanische Klöster. Innen ist er opulent mit Böden aus farbigen Kacheln, Wandgemälden und Deckenfresken ausgestattet. Ich sitze allein im Wartezimmer auf einem bordeauxroten Louis-quinze-Sofa vor einem Kamin aus rotem Porphyr. Die Vorhänge lassen kaum Sonnenlicht herein, das könnte die Fresken beschädigen. Dafür verbreiten die Leuchter und der Deckenlüster ein angenehm sanftes Licht. Ein Mann in Uniform bringt mir einen Espresso und ein Glas Mineralwasser. Dann bin ich wieder allein. Es ist so still, dass ich das Hauchen der irgendwo versteckten Klimaanlage höre. Fasziniert mustere ich die Kunstschätze, darunter ein *Carretto siciliano*, ein reich verzierter Festkarren mit einer Heiligenfigur obendrauf, wie er bei Prozessionen durch die Straßen gefahren wird. Was für eine Pracht! Und das Schöne daran: Leoluca Orlando behält sie nicht für sich. Die Villa Niscemi und deren Park können zu bestimmten Zeiten von allen besichtigt werden.

Nach einer Viertelstunde führt mich ein Offizier in die Bibliothek im ersten Stock. Dort empfängt mich Leoluca Orlando im nachtblauen Anzug mit seiner typischen Herzlichkeit. Er hat die seltene Gabe, seinen Gesprächspartnern das Gefühl zu geben, sich ganz ihnen zu widmen und durch keinerlei andere Pläne, Termine, Gedanken abgelenkt zu sein. Zudem umgibt er sich nicht mit der Distanz der Macht, wie sie bei vielen Politikern zu beobachten ist. Er wirkt zugänglich, nahbar. Zu diesem Eindruck mag sein Gesicht unter den dichten, etwas verwuschelten grauschwarzen Haaren beitragen. Die schweren Züge, der volle Mund, das kräftige Kinn und die großen Ringe unter den dunklen, mal melancholisch, mal listig dreinblickenden Augen scheinen den mediterranen Süden mit seiner uralten Geschichte, seiner Hitze und Härte, seinem Reichtum und seiner Schönheit auszudrücken. Genuss und Kämpfe spiegeln sich darin, Müdigkeit, Widerstandskraft und eine nicht totzukriegende Lebenslust. Wenn Orlando herumläuft und spricht, wirkt er vital und deutlich jünger als ein Mittsiebziger. Ein bisschen kommt er mir wie ein Olivenbaum vor: von einem langen Leben gezeichnet, aber immer wieder neu austreibend.

Der Bürgermeister von Palermo[1] aber hat ein anderes Bild von sich im Kopf: »Ich will ein Elefant sein«, sagt er, bevor ich noch die erste Frage stellen kann. »Weil der Elefant ein lebendiger Widerspruch ist. Er ist massig, aber Vegetarier. Er ist riesengroß, aber er fürchtet sich vor einer Maus.« Solche lebenden Widersprüche sind für Orlando typisch für Sizilien und Palermo. Dafür will er bei ausländischen Besuchern Verständnis wecken, besonders wenn sie aus dem Norden kommen und von Widersprüchlichkeit eher irritiert werden. Dabei hat Orlando beobachtet: »Was die Deutschen besonders an Italien fasziniert, ist gerade dessen Mehrdeutigkeit. Und die größten Gegensätze finden sie in Palermo, wegen der besonders vielseitigen Geschichte der Stadt.«

Auch Orlandos Leben selbst ist voller faszinierender Widersprüche. Väterlicherseits stammt er aus einer großbürgerlichen Palermitaner Juristenfamilie, mütterlicherseits aus einer Adelsfamilie aus Corleone, einer Stadt, die im Ruf steht, die Mafia-Hochburg Siziliens zu sein. Als er 1985 erstmals zum Oberbürgermeister Palermos gewählt wurde, trat er noch für die Democrazia Cristiana an, die alte Machtpartei Nachkriegsitaliens, die nicht nur in Palermo im Ruch stand, um der Macht willen auch mit dem Teufel, sprich der Mafia, zu paktieren. Orlando wollte damit aufräumen. Doch er stieß auf Widerstand in seiner Partei. Daher gründete er eine Anti-Mafia-Partei, *La Rete*, Das Netz. Als Bürgermeister verfolgte er die Strategie, Palermo durch Kultur und Bildung aus den Fängen des Kraken zu befreien. Das brachte ihm einen Spitzenplatz auf der schwarzen Liste der Cosa Nostra ein. Doch er suchte und fand Unterstützung in der Gesellschaft, besonders bei Frauen und jungen Leuten. In seinen langen Regierungsjahren entwickelte sich in Palermo eine Zivilgesellschaft, die sich der Mafia entgegenstellte. Zugleich wurden historische Gebäude, Plätze und Brunnen restauriert und ganze Viertel dem Verfall entrissen. Palermos Image wandelte sich von der Mafia- zur Kulturstadt, die Touristen aus aller Welt begeistert.

»Auch Palermo ist ein Elefant«, sagt Orlando. »Wenn man der Stadt ihre Widersprüchlichkeit nimmt, ermordet man sie. Das hat die Mafia getan, indem sie sich Palermo unterworfen hat. Früher hatte die Mafia das Gesicht des Bürgermeisters, des Bischofs, des Staatsanwalts.« Doch dann habe sie den Fehler gemacht, zu viel zu morden. Das habe die Sizilianer gegen sie aufgebracht. »So ist die Mafia zu einem Fremdkörper geworden.«

Orlando erzählt mir, wie er im Januar 1980 mit Sergio Mattarella, dem heutigen italienischen Staatspräsidenten, vor der Leiche von dessen Bruder stand. Piersanti Mattarella war Regionspräsident Siziliens, hatte sich mit der Cosa Nostra angelegt und wurde von ihr ermordet. Orlando war damals ein junger Rechtsberater des Regionspräsidenten gewesen. »Mein ganzes Leben war von dem Ziel bestimmt, Palermo von der Mafia zu befreien«, sagt er. Das sei ihm gelungen. »Heute gibt es zwar immer noch die Mafia bei uns – wie in Paris, in Berlin –, aber sie regiert die Stadt nicht mehr.« Seine Mission sei erfüllt. »Wenn ich heute Nacht sterbe, sterbe ich glücklich.«

Doch Orlando wäre nicht Orlando, wenn er nicht bereits eine neue Mission hätte: Palermo als Stadt der Zukunft. Diese liege, so sagt er, wie in der Vergangenheit in der Vermischung der Völker. »Wir hatten alle hier: Araber, Normannen ... Nun kommen Afrikaner.« Orlando, der gerade zum fünften Mal Bürgermeister ist, heißt sie willkommen. Er gibt ihnen Meldebestätigungen für Palermo, auch wenn er sich so massiv mit dem früheren rechtsnationalistischen Innenminister Matteo Salvini in Rom angelegt hat. »Nur so können die Migranten legal hier wohnen und arbeiten. Sie bekommen Sichtbarkeit, und das ist das Fundament der Menschlichkeit. Wer unsichtbar ist, ist für sich und andere gefährlich.«

»Und wie reagieren die Palermitaner darauf?«, frage ich, wissend, dass viele Italiener gegen mehr Einwanderung sind.

»Palermo ist wie ein Schwamm«, antwortet er. »Wir saugen alles auf. Deshalb fühlen sich alle bei uns zu Hause. Vergessen Sie nicht, dass wir keine europäische Stadt sind wie Frankfurt oder Paris. Wir sind, wie Marseille, eine nahöstliche Stadt, die in Europa liegt. Palermo ist die Zukunft. Weil es Widersprüche vereint und in Bewegung bleibt.«

Leoluca Orlando gilt als das Gesicht Palermos, wurde in vielen Ländern ausgezeichnet, ist aber in seiner Heimat durchaus umstritten. Zwei Palermitaner, die ich in einem

Café kennenlerne, kritisieren, der Bürgermeister kümmere sich mehr um sein Image als um die Stadt. Er sei ein großer Selbstvermarkter. Andere sagen, Orlando sei ein Visionär, aber kein Verwalter. Wieder andere werfen ihm vor, er reite jede politische Welle, bleibe immer obenauf, schaffe es, dass die unterschiedlichsten Kräfte ihre Hoffnungen in ihn setzten. Er sei Aristokrat und Plebejer zugleich. Widersprüchlich eben. Diese Kritik dürfte ihm gefallen.

Ich lebe nicht in Palermo, kann mir also nur ein sehr vorsichtiges Urteil erlauben. Immerhin kenne ich die Stadt seit Mitte der 1980er-Jahre, als Leoluca Orlando erstmals ihr Bürgermeister wurde. Damals kam mir Palermo hoffnungsarm, finster, unheimlich, auch abweisend vor. Mit jedem weiteren Besuch hat sich dieses Bild aufgehellt. Palermo ist wieder zu dem geworden, was es einmal war: eine der schönsten Städte des Mittelmeers, eines seiner kulturellen Zentren. Diese Entwicklung fällt mit den Jahrzehnten zusammen, in denen Orlando die Stadt prägte. Das ist, glaube ich, kein Zufall.

Wenn ich in Palermo bin, lasse ich mir zwei Erlebnisse nicht entgehen. Das erste ist ein Besuch in einem der Parks. Zum Beispiel im Giardino Inglese, der heute Parco Piersanti Mattarella heißt, oder in der Villa Giulia, die Goethe als der »wunderbarste Ort der Welt« erschien, was nicht ganz falsch, womöglich aber einen Tick übertrieben ist. Im hiesigen warmen, meernahen Klima gedeihen die Pflanzen beängstigend gut. Bananenstauden, Kandelaber-Kakteen, Jacaranda-Bäume und Palmen erreichen gewaltige Größen. Am meisten verblüffen mich die gigantischen Exemplare der Großblättrigen Feige, Ficus magnolioides genannt. Die bis zu

55 Meter hohen immergrünen Bäume, die aus Australien stammen, sehen überhaupt nicht wie unsere buschigen Mittelmeerfeigen aus. Sie wirken mit ihren dicken, dunkelgrünen, glänzenden Blättern eher wie außer Kontrolle geratene Gummibäume – die ebenfalls der Gattung der Feigen angehören. Ihre grauen, glatten Stämme aus vielen Einzelsträngen sehen aus wie ineinander verschlungene Elefantenrüssel. Darüber bilden sie zirkuszeltgroße Kronen, von denen Luftwurzeln hinab zur Erde wachsen, um sich in dieser zu verwurzeln und so die Krone abzustützen. Nachts wirken diese dicken Hängewurzeln wie Riesenschlangen, die von den Bäumen baumeln. Tagsüber fühle ich mich im Labyrinth der Wurzelsäulen wie in einer pflanzlichen Kathedrale. Ich weiß nicht, ob Antoni Gaudí Palermo und diese Bäume kannte, aber seine *Sagrada Familia* in Barcelona wirkt auf mich, als sei sie von ihnen inspiriert worden. Die prächtigsten wachsen im Giardino Garibaldi hinter dem alten Hafen. Einer von ihnen soll mit einer Krone von 10 000 Kubikmetern der größte Baum Europas sein.

Das zweite Vergnügen, das ich mir in Palermo immer gönne, ist ein langer, abendlicher Bummel durch die Stadt. Besonders schön ist das, wenn er sich, wie diesmal, an einem Sonntagabend machen lässt. Sonntags ist der zwei Kilometer lange Viale della Libertà Fußgängerzone und Tummelplatz der Palermitaner. Die wichtigste Achse der Stadt mit ihren prunkvollen Palazzi führt vom Norden bis ins Zentrum. Richard Wagner nannte den Viale della Libertà die »Champs-Élysées Siziliens«. Sonntags bummeln hier die Verliebten und die Familien über die autofreie Fahrbahn, ältere Damen radeln entlang, junge Männer skaten zwischen den Fußgängern durch, Halbwüchsige lassen sich mit ihren Kunststücken auf BMX-Fahrrädern bewundern. Platanen bieten Schatten, wie aus Wachs gegossene Blüten der Frangipani sprühen betörenden Duft in die Luft. Die Kinder lernen hier Fahrradfahren, die Jugendlichen küssen. Ab und an geht man hinüber zum Straßenrand und holt sich in einer Bar einen *caffè* oder ein Eis. Es ist fast so schwülwarm wie in einer Stadt in den Tropen. Ich gehe zu einem Eisstand, der Verkäufer schaut mich prüfend an und sagt dann: »Sie sehen aus, als ob sie eine *granita fragola* möchten.« Woher weiß er das? Ich nehme die Erdbeergranita und ziehe kopfschüttelnd weiter.

Der Viale della Libertà geht in die Via Ruggero Settimo über, den barocken Freilichtsalon der Stadt. Je näher ich dem Teatro Massimo komme, dem größten Theater Europas, umso voller wird es. Zum Haupteingang der palermitanischen Oper, dem ein neokorinthischer Tempel vorgesetzt ist, führt eine Freitreppe imperialen Ausmaßes hinauf. Ich kann nie daran vorbeigehen, ohne auf den hellen Marmorstufen Blut spritzen zu sehen. Hier spielt die finale Szene von Francis Ford Coppolas Trilogie *Der Pate*. Der Mafia-Boss Michael Corleone (dargestellt von Al Pacino) schreitet nach einer Aufführung der Oper *Cavalleria rusticana* im Getümmel der Theatergäste mit seiner Tochter Mary (gespielt von der ganz jungen Sofia Coppola) die Freitreppe hinunter. Da stürmt ein Auftragskiller auf den Don zu, schießt, verfehlt ihn, trifft aber Mary tödlich in die Brust. Sie verblutet auf den mit rotem Samt bedeckten Stufen des Theaters. Der Pate wird sich von diesem Schlag nicht mehr erholen. Es ist eine furchtbar eindringliche Szene. Ihretwegen kann ich das Teatro Massimo nicht mehr mit unschuldigen Augen sehen.

Ab dem Opernhaus ändert sich der Name der pfeilgeraden Straße erneut. Via Maqueda heißt sie nun. Sie ist die Hauptstraße Alt-Palermos, benannt nach dem Herzog Maqueda Bernardino de Cárdenas y Portugal, dem Vizekönig von Sizilien, der sie Ende des 16. Jahrhunderts bauen ließ. Barockpaläste, Kirchen und Klöster säumen die Prachtstraße, die jeden Abend zur Fußgängerzone wird. Dann läuft Palermo zur Höchstform auf. Ein Menschengetümmel schiebt sich zwischen den Tischen und Schirmen der Lokale und den Ständen mit Gegartem hindurch. Rauchschwaden und der Duft von Gebratenem ziehen durch die Luft. Der Klang Tausender Stimmen und Schritte verwebt sich zu einem Gobelin aus Geräuschen. Palermitaner verkaufen *Pani 'ca Meusa*, weiche Brote, die mit gekochter und in Schmalz herausgebratener Kalbfleischlunge und Milz gefüllt werden. Daneben verkaufen schmale, dunkelhäutige Männer aus Südasien Wackelhunde und Wackelbären. Bettler kriechen am Boden entlang und strecken ihre Hände für Almosen empor. Gaukler mimen goldfarbene Sphinxen. Sogar Tuk Tuks fahren hier herum. Die Luft riecht schwer und würzig wie im Orient. Letzte Sonnenstrahlen beleuchten noch die oberen Geschosse der Barockpaläste, die dieses Wimmelbild zusammenhalten. Was zählen Reichtum und Armut? Oder möchte man lieber in einem Palast sitzen, statt sich in diesem Volkstheater zu amüsieren? Zum Zauber Italiens gehört es, dass sich seine schönsten Szenen auf der Straße abspielen – und dass sie für alle zugänglich sind.

Die Via Maqueda durchquert eine achteckige Piazza, die aber Quattro Canti heißt, »Vier Ecken«, das Herz Palermos. Es ist ein prachtvoller und intimer Platz mit vier Fassadenbrunnen im Schnittpunkt der Achsen des historischen Zentrums, der Via Maqueda und des Cassaro. Die Piazza ist ein Meisterwerk, das die Theatralik des Barock feiert. *Teatro del Sole*, Sonnentheater, nennen die Palermitaner diese Piazza, weil die Sonne zu jeder Tageszeit eine der Fassaden anstrahlt. Ab hier geht es so richtig ins Gekröse Palermos hinein.

Orlando hat es angekündigt: Palermo ist eine Stadt extremer Widersprüche, die auf engem Raum zusammenprallen. Im alten Zentrum, in das ich jetzt vordringe, bestaune ich fantastische Ensembles wie die Piazza Pretoria mit dem Rathaus oder den Normannendom oder einen Palazzo mit dem frommen Namen Aiutamicristo[2]. Eine Straßenecke von diesen gepflegten Sehenswürdigkeiten entfernt sieht es so aus, als sei der Zweite Weltkrieg gerade zu Ende gegangen, als seien die Panzer erst vor Stunden abgerückt. Zerschossene Ruinen trauern mitten in der Altstadt vor sich hin, Schutthaufen warten darauf, abgetragen zu werden, aus rußigen Wänden leuchten Marienbilder, zu deren Füßen sich der Unrat häuft. Wie kann eine derart hinreißend schöne Stadt in ihrem Herzen dermaßen hässliche Ecken haben? Orlando würde wohl antworten, dass ich es als Nordländer nicht gewohnt sei, Gegensätze auszuhalten.

Es ist dunkel geworden. Ich laufe weiter in schwach beleuchtete Straßen unweit des Normannenpalastes. In räudigen Gassen sitzen die Leute in den Schenken, trinken Bier und essen gegrillte Eingeweide. In den Müllhaufen wühlen halbwilde Hunde. Aus der Erde heraus schimmern neonerleuchtete Souterrain-Wohnungen, in denen asiatische Einwanderer auf eine bessere Zukunft warten. Daneben haben sich in verfallenden Gebäuden afrikanische Friseursalons eingerichtet, hell erleuchtet und proper. Fotografien mit wundervollen Frisurtürmen werben um Kundinnen. Die Afrikanerinnen sind sichtbar in Palermo, anders als an vielen anderen Orten Italiens. Das dürfte Leoluca Orlando gefallen. Hier wird deutlich, was er meint. Ich erinnere mich an ein Video, das er mir heute Morgen gezeigt hat. Darauf sind Afrikaner zu sehen, die ein Viertel Palermos vom Unrat säubern. »Es sind Ghanaer«, sagte mir Orlando. »Sie machen das, um der Stadt etwas zurückzugeben.«

Das historische Zentrum, das noch viele tote Ecken hat, quillt über von Leben. In unzähligen Palazzi und auch in halben Ruinen haben sich Bars, Trattorien, Musikkneipen und Kulturzentren eingerichtet. Die Stadt fördert das, zum Beispiel, indem sie im September ein Sicilia Jazz Festival ausrichtet. Da gerate ich hinein. Überall wird Livemusik gemacht. Auf Plätzen, in Innenhöfen, auf Restaurantterrassen, in unzähligen Kneipen. Und überall kann man sich dazugesellen, ein Bier bestellen oder auch nicht, zuhören, mitswingen und die Sommernacht genießen. Die ganze Altstadt scheint hochgejazzt zu werden, als verwandele sie sich in ein Saxophonsolo. Paläste sind vom Dach bis zum Erdgeschoss mit Lametta behangen, das sie im Schein der Straßenlampen in Tausende Silber- und Goldsplitter zerflimmern lässt. Auf einer schummrigen Piazza vor einem mit Graffiti überwucherten, fast zusammenstürzenden, nur noch durch Eisengestelle aufrecht gehaltenen Palazzo sitzen vollbärtige Männer und schulterfrei gekleidete Frauen um einen Brunnen, trinken Cocktails und lauschen der Musik aus der gegenüberliegenden Bar. Ein Afrikaner und ein Sizilianer geben ein Trommelduo. Die Leute wiegen sich im Rhythmus. Und die leeren Balkone der verfallenden Barockpaläste blicken verwundert auf dieses Szenario, das sie niemals vorausgesehen hätten.

29
Und wieder Azzurro

Seit ich vor zwei Monaten am Brenner aufgebrochen
bin, habe ich mich von Woche zu Woche mehr daran ge-
wöhnt, dass dies nicht irgendein Urlaub ist, sondern eine
Fahrt ins Blaue. Das Unterwegssein ist mir zur Gewohnheit geworden, das tägliche Wechseln der Unterkunft zur
Selbstverständlichkeit. Ich reise, also bin ich. Manchmal
bilde ich mir beim Aufwachen im Morgengrauen ein, ich
hätte nie etwas anderes getan. Oben am Brenner-Pass
wusste ich nur, dass ich am Ende in Trapani ankommen
wollte, weil dies vom Brenner aus der am weitesten ent-
fernte Punkt Italiens ist – einige kleine Inseln außer Acht
gelassen.

Jetzt fahre ich tatsächlich in die Hafenstadt an der
Westküste Siziliens hinein, parke am Fischerhafen an der
Landspitze, steige aus und sehe mich um. Vormittags-
licht und Hitze schlagen mir ins Gesicht. Der Geruch der
Fische und Meeresfrüchte, die an den Ständen in der ste-
chenden Sonne feilgeboten werden, ist fast erstickend.
Im Wasser schunkeln Holzboote, die mit dicker Ölfarbe
Blau, Weiß und Rot angestrichen sind. Auf den Kuttern
am Kai erstirbt das Tuckern der Dieselmotoren. Dicke
Männer in Gummihosen wischen ihre fischschuppigen
Hände an ihren Schürzen ab, bevor sie sich eine Ziga-

rette anzünden. Die Häuser Trapanis an der Meeresfront sind Kuben mit regelmäßigen Fensterhöhlen, die aus den weiß und sandgelb gestrichenen Fassaden aufs Wasser schauen. Am Strand unterhalb der Stadtmauern sind keine Liegen und Schirme, aber viele kleine, dunkelhäutige Kinder, die sich im seichten Wasser vergnügen. Wenn ich es nicht besser wüsste, würde ich sagen, ich bin in Nordafrika. In Tunesien vielleicht, wie es August Macke gemalt hat. Hell, gleißend, kubisch, in Formen und Licht zerfallend, ein für uns Europäer verlockender, aber vielleicht nie wirklich erreichbarer Kontinent.

Ich spaziere auf den Befestigungsmauern Trapanis über dem Meer entlang. Die Hitze ist jetzt, gegen Mittag, so stark, dass sich mein Kopf anfühlt, als sei er ein Dampfkochtopf, dessen Ventil blockiert ist. Also setze ich mich im Schatten eines Hauses auf die Mauer, trinke Wasser aus einer Plastikflasche, schaue hinab auf den hellen Strand, die badenden Kinder und hinaus aufs Meer, das von einem hellen Türkis allmählich in ein dunkles Knallblau mit schwarzen Schatten übergeht. Der wolkenfreie Himmel dagegen ist unterschiedslos azurblau wie eine monochrome Leinwand, als wolle er dem sich ewig verändernden Meer Beständigkeit entgegensetzen. Die goldgelben und kalkweißen Häuser an der Spitze Trapanis schneiden in diese Collage in Blau hinein wie ein heißes Messer in Butter. Italien fährt hier, an seinem Ende, noch einmal seine ganze Verführungskunst in Blau auf.

Stunden sitze ich hier oben und schaue aufs leicht gekräuselte Wasser. Dann nehme ich mein Handy und öffne eine Navigator-App. 1737 Kilometer sind es, wenn man in direkter Linie vom Brenner nach Trapani fährt. Ich

aber bin in einem ausladenden Zickzack die Apenninen-
halbinsel hinuntergefahren. Den Tachometern meiner
Autos nach war ich 4102 Kilometer unterwegs. Und habe
Genua, Turin, Mailand, Venedig, Perugia, Bari, Brindisi
und Syrakus nicht einmal berührt. Nun sitze ich auf den
Mauern von Trapani und blicke aufs Meer. Im Westen
kommt irgendwann Spanien, im Süden Afrika. Viele
Menschen habe ich auf dieser Reise getroffen, viel Neues
über Italien gelernt. Aber bin ich auch der Faszination
dieses Landes auf die Spur gekommen? Ich denke schon,
und die Elemente meiner Antwort schwirren mir durch
den Kopf wie exotische Schmetterlinge:

Meer und Berge. Kultur und Geschichte. Widersprüche
auf engstem Raum. Naturgewalten. Antike Götter. Magische Realisten. Die Piazza und der abendliche Corso.
Alte Frauen auf Plastikstühlen in den Gassen der Borghi.
Junge Burschen und Mädchen, in sich und an ihr *moto-
rino* geschmiegt, als seien sie doppelköpfige Zentauren.
Roter Wein. Weißer Wein. Lachen in den Nächten. Musik. Weiße Rinder und schwarze Schweine. Granita in
Pisa. Italienische Gärten. Fischerinseln. Ruinenroman-
tik. Goethe in der römischen Campagna. Michelangelo,
David und die Schönheit. Tafelfreuden. Ruinenmelan-
cholie. Die Schatten der Historie. Die verfeinerte Sinn-
lichkeit der oberitalienischen Renaissancestädte und die
raue Welt der süditalienischen Köhler und Briganten.
Mafiapaten und heroische Staatsanwälte. Dante und
Goethe. Alpenfestungen. Laguneninseln. Vulkanausbrüche. Winde von den Bergen und vom Meer. Macchia-
düfte. Orangenschalen, die zu feinsten Tüchern werden.
Riesenfeigen. Schattenfische. Geisterstädte und einsame
Buchten. Salzkrusten auf der Haut, vom Schweiß und

vom Meer. Und all die Farben. Die Feuerfarben. Und unzählige Töne von Blau.

Ich habe in den letzten Tagen dieser Reise das Zeitgefühl
verloren, weiß nicht mehr auf Anhieb, welcher Wochen-
tag gerade ist. Mein Handy zeigt viele unbeantwortete
Nachrichten auf verschiedenen Kanälen an. Die Welt da
draußen dreht sich weiter. Antonia schreibt, wir könnten
doch kommendes Jahr mit den Kindern eine Woche in
Rom Urlaub machen, auf den Spuren unserer römischen
Jahre. Bernadette schreibt, sie überlege, einen Italie-
nischkurs zu machen. Sie habe auf unserer Reise vom
Brenner bis Verona gemerkt, wie lebendig diese Sprache
in ihr sei. Nicolas teilt mir mit, seine Freundin Beatrice –
ja, Dante! – wolle mit ihm ein Erasmus-Semester in
Italien verbringen. Bilde ich mir das nur ein? Nein! Die
Posts sind echt, auf meinem Handy jederzeit nachprüf-
bar.

Müde von der langen Reise und der feuchten Hitze
nicke ich auf der Stadtmauer ein, in Gedanken um die
Frage kreisend: Worin liegt der Zauber Italiens? Weil der
harte Stein unter mir zu unbequem wird, wache ich bald
wieder auf. Unwillig denke ich daran, dass ich morgen
früh das Flugzeug von Palermo nach München zurück-
nehmen muss. Dabei gäbe es hier in Italien noch so viel
zu entdecken. Wenigstens eine Woche hätte ich dafür
noch gerne. Unmittelbar vor der Küste Trapanis liegen
die Egadischen Inseln, auf denen ich noch nie war. In Gedanken schiffe ich mich auf der Fähre ein, höre das
Dröhnen der Dieselmotoren und spüre, wie das Schiff
ablegt, um ins Meer hinauszustechen, nach Favignana,
der Hauptinsel der Egaden. Dann kommen mir die anderen Winkel Italiens in den Sinn, die ich noch nicht kenne:

große Teile des Piemonts, der Süden Sardiniens und allerlei Inseln wie Ustica oder Pantelleria. Und Rom, bilde ich mir wirklich ein, Rom zu kennen? Erst irritiert es mich, dass ich nach einem halben Jahrhundert, das ich mehr oder weniger diesem Land gewidmet habe, immer noch so viele weiße Flecken auf meiner italienischen Landkarte habe. Dann merke ich, was für ein Geschenk das ist. Niemals werde ich Italien ganz erfassen. Daher werde ich seiner nie überdrüssig werden.

Ich nicke wieder ein und schrecke erneut hoch. Schaue hinaus ins Blaue und werde wieder schläfrig. Ich bin am Ende meiner italienischen Reise angekommen. Habe ich eine Antwort auf die Frage gefunden, was Italien so faszinierend macht? Mein Gefühl sagt: ja. Mein Verstand fragt: Wie lautet sie?

Die Antwort setzt sich aus vielen Elementen zusammen, von denen jedes für sich stark ist: Licht und Farben, darunter das Blau. Die Schönheit, in der Kunst, der Landschaft, den Städten, dem Alltag und besonders den Menschen, die mehr als anderswo die Gabe haben, eine innere Schönheit nach außen zu tragen. Das Archetypische, Modellhafte in Italien, das mein früherer Chefredakteur Kurt Kister angesprochen hat. Der Reichtum an Geschichte und Kulturen auf engstem Raum. Die magischen Realisten, die von etwas träumen, aber keine Träumer sind. Das Leben im Freien, Geselligkeit, Gastfreundschaft und Familiensinn, die einen in Italien selten allein lassen. Die Sinnenfreude in den Körpern, Gebärden und auch in der Küche. Das Leben im Augenblick statt in einer zu planenden Zukunft – für mich ein besonders starker Reiz Italiens. Eine geheimnisvolle Aura, die dieses Land überzieht, aufgrund des Lichts und der vielen Schichten der Geschichte. Die Sagen und Mythen, die in Italien lebendig bleiben und unser kollektives Unterbewusstsein prägen. Die Urkräfte der Natur, die Vulkane, das Meer. Das milde Klima und die mediterrane bis subtropische Vegetation mit so herrlichen Pflanzen wie Schirmpinie und Zypresse. Und natürlich die Italienerinnen und Italiener, die in ihrer Widersprüchlichkeit zwischen Individualismus und *campanilismo*, Reformeifer und Beharrungskraft, Leichtlebigkeit und Schwermut dafür sorgen, dass es einem in Italien nie langweilig wird.

Auf diesen Punkt hat mich mein Freund Bernhard Schwarz aufmerksam gemacht, ein Erlanger Fotograf, Literaturwissenschaftler und, leider nur für Familie und Freunde, Spitzenkoch, der in den USA und Kanada, Brasilien, Frankreich und Chile gelebt hat, auch weil seine Frau Claudia Astonomieprofessorin ist und daher in der Welt herumkommt. Seit etlichen Jahren leben die beiden mit ihren Kindern wieder in Claudias Heimat Brasilien, in São Paulo. Als ich Bernhard von diesem Buchprojekt erzähle, schreibt er mir zurück: »Unsere Faszination für den Süden hat wahrscheinlich auch mit dem dortigen Fehlen von Langweile zu tun.« Als ich das lese, geht mir auf, dass es mir in Italien tatsächlich nie langweilig ist. Das liegt wohl daran, dass ich in Italien, anders als zu Hause, im Augenblick lebe. Der Augenblick aber kann nicht langweilig sein, weil er keine Dauer in der Zeit hat und schon vorbei ist, wenn man ihn bemerkt.

Ich schlummere wieder ein und träume von einem Lehrer, der mir das Kochen beibringt. »Weglassen, das ist die Kunst«, sagt er, und ich erkenne Ivan Garlassi, *Lo chef in black*. »Wenn du eine Italien-Minestrone mit nur sieben Zutaten kochen müsstest, welche würdest du wählen?«

Ich überlege nicht lange: »Sinnlichkeit, Geselligkeit, Schönheit, Licht, Farben, Vielfalt und Klima.«

»Sind das statische oder dynamische Elemente?«

»Dynamische natürlich.«

»Warum willst du dir dann ein *rustico* kaufen?«

Ja, warum eigentlich? Mein Wunsch nach einem Ferienhaus in Italien rührt daher, dass ich den schönen Augenblick festhalten möchte. Aber würde das nicht bedeuten, ihn zu zerstören? Liegt der Reiz Italiens nicht gerade im Unterwegssein, schon allein, weil es nicht ein, sondern drei Italien gibt: das *paese reale*, das *paese ideale* und das *paese individuale*? Hat nicht Jack Kerouac recht, wenn er sagt: »Die Straße ist das Leben«[1]? Glaubt man Goethe und vielen anderen nordischen Autoren, dann ist die Reise nach Italien eine Reise zu sich selbst. Darf die jemals enden?

Noch einmal meldet sich die Stimme: »Und wenn du aus den sieben Ingredienzen, die Italien ausmachen, nur noch eine auswählen darfst, welche ist das dann?«

»Schönheit«, antworte ich, ohne überlegen zu müssen.

Nun meldet sich, in meinen Halbschlaf hinein, Antonia. »Aber wenn Italien die Schönheit ist, was ist dann die Schönheit?« Ich sehe ihrem Lächeln an, dass sie meine Antwort bereits kennt:

Italien ist das Versprechen von Glück.

Anmerkungen

1 Eine Sehnsucht und ein Deal

1 Im Blau gemalt in Blau
2 Der poetische Ausdruck »Bel Paese« bedeutet wörtlich übersetzt »Schönes Land«. Die spätmittelalterlichen Dichter Dante und Petrarca benutzten ihn als Synonym für Italien und unterstrichen so, dass die Schönheit das zentrale Element dieses Landes sei.
3 zu verkaufen
4 Reale Land
5 Ideale Land
6 Interessante, wissenschaftlich fundierte Einblicke zu dieser Thematik gibt das Buch von Irmgard Egger, Italienische Reisen, Wahrnehmung und Literarisierung von Goethe bis Brinkmann, München 2006
7 Manfred und Petra Christine Hardt im Vorwort zu dem leider nur noch antiquarisch erhältlichen Band Ciao, Bellezza, Deutsche Dichter über Italien, München 1988
8 Persönliche Land
9 Paul Theroux, Das Tao des Reisens, Hamburg 2015
10 Bauernhaus, Landhaus
11 Hörnchen, Croissants

2 Ins Blaue

1 Dan Kieran, Slow Travel, Die Kunst des Reisens, Berlin 2014
2 Viktor Sklovskij, Theorie der Prosa, Frankfurt am Main 1966
3 Hörnchen, Croissants
4 Francesca Melandri, Eva schläft, München 2012
5 Johann Wolfgang Goethe, Italienische Reise, Frankfurt am Main 1976
6 Richard Lassels, An Italian Voyage, Norderstedt 2016
7 Attilio Brilli, Als Reisen eine Kunst war, Berlin 2012
8 Goethe, Italienische Reise, s. o.
9 Goethe, Italienische Reise, s. o.
10 John Ruskin, zitiert nach Atillio Brilli, s. o.

3 Krieg und Frieden

1 Klettersteig
2 Friedrich Schiller, Vom Erhabenen, Neue Thalia, Dritter Band, Leipzig 1793
3 Das Fassatal und Canazei liegen in der Südtiroler Nachbarprovinz Trentino

4 Verweile doch, Du bist so schön

1 Christian Much, Der andere Ast, Norderstedt 2021; Christian Much, Michls letzte Reise, Norderstedt 2021
2 2007 gegründete Partei, die sich für eine Volksabstimmung über die Loslösung Südtirols von Italien stark macht
3 Christian Much, s. o.
4 Christian Much, s. o.
5 Die italienische Schriftstellerin Elena Ferrante, der Name ist ein Pseudonym, wurde mit ihrem vierbändigen Romanzyklus Neapolitanische Saga (Meine geniale Freundin) berühmt.
6 »Hier zeichnete J. W. Goethe im September 1786 die Burg«
7 Stadtgouverneur

5 Magische Realisten

1 Sonntagsdorf
2 Steffen Maus, Italiens Weinwelten, Höllstein 2017
3 Eine gute Figur; einen guten Eindruck
4 »Warum um alles in der Welt Apfelsaft. Wir sind im Valpolicella. Hier trinkt man Traubensaft, und zwar vergorenen.«
5 Auswahl aufgeschnittener lokaler Wurst- und Käsespeziali-
 täten
6 Rinderbäckchen
7 Hörnchen
8 Espresso
9 »Der Dichter!«
10 Johann Wolfgang Goethe, Italienische Reise, Frankfurt am
 Main 1976

6 Beim König des Valpolicella

1 Landgut
2 »sexueller Verwirrung«
3 Wunder des Amarone
4 Peterichs poetischer, kluger und überaus kenntnisreicher
 dreibändiger Italienführer ist heute leider nur noch antiquarisch zu haben: Eckart Peterich, Italien, Ein Führer,
 München, Band I, 1958; Band II, 1961; Band III, 1965. Für Italienliebhaber lohnend ist auch sein aus dem Nachlass heraus-
 gegebener Band Fragmente aus Italien, München 1969

7 Wasserwelten

1 Eckart Peterich, s. o.
2 Lendensteak mit Pommes
3 Kirchturmpolitik, Lokalpatriotismus
4 Agriturismo bedeutet Ferien auf dem Bauernhof
5 Venusmuscheln
6 Seebarsch
7 Seeleute
8 »dieses großen blauen Bruders«

8 Am Anfang war das Wort

1 Strand, Krake, Himmel oder Sonne
2 »Auf geht's, Stefan!« »Vorwärts!« »Nur Mut!«
3 »Es freut mich, dich kennenzulernen!«
4 »Wir erreichen den Bahnhof Roma Termini.«
5 »Flieg, Gedanke, auf goldenen Schwingen.«
6 »Schön, schön und unmöglich, mit den schwarzen Augen und deiner morgenländischen Art.«
7 Bereich der Stille
8 Größte Dichter
9 Göttliche Komödie; Dante Alighieri, Commedia, In Deutscher Prosa von Kurt Flasch, Frankfurt am Main 2015
10 Vulgärlatein = gesprochenes Latein, aus dem Lateinischen hervorgegangene Volkssprache
11 »Dantes Knochen wurden von mir, dem Mönch Antonio Santi, hier beigesetzt. 18. Oktober 1677.«

9 Lo chef in black

1 »Das fehlte gerade noch!«
2 Dieter Richter, Con gusto. Die kulinarische Geschichte der Italiensehnsucht, Berlin, 2021
3 Der Historiker, Schriftsteller und Journalist Ferdinand Gregorovius, 1821–1891, lebte von 1852 bis 1875 als Privatgelehrter in Rom. Sein Hauptwerk ist die in acht Bänden erschienene »Geschichte der Stadt Rom im Mittelalter«.
4 Faulenzer, Tagedieb, Bettler, Gauner. Abwertende Bezeichnung für arbeits- und wohnungslose Menschen in Neapel
5 Reichhaltige Fischsuppe
6 Röhrennudeln mit einem Sugo aus Speck, Tomaten, Olivenöl, Peperoncini und Pecorino
7 Frittierte Artischocken nach jüdischer Art
8 Der Prächtige
9 Wörtlich übersetzt: Es lebe die Tomatenpampe.
10 Der babà ist eine ernste Sache
11 Chanson, Lied, Song
12 Die Tagliatelle von Oma Pina
13 Stockfisch
14 Zitroneneis

15 Nudeln mit Kichererbsen
16 Nudeln mit Bohnen
17 Magenbitter
18 In Barolo geschmorter Ochsenbraten
19 Mit Marsala zubereitetes Thunfischfilet
20 Reinhardt Hess, Sabine Sälzer, Die echte italienische Küche, München 1991
21 Großmutter
22 Kleine quadratische Eierteig-Taschen in Rinderbrühe
23 Bei Erscheinen dieses Buches ist Ivan Garlassi schon wieder weitergezogen. Er führt nun ein Restaurant in Reggio Emilia und arbeitet am Aufbau von Champagner-Bars in Ingolstadt und Metzingen.
24 Toskanische Bauernsuppe

10 Wie alles begann

1 Johann Wolfgang Goethe, Italienische Reise, Frankfurt am Main 1976

11 Schwein gehabt

1 Italienischer Frischkäse
2 Braten aus entbeintem, mit Salz und Fenchel gewürztem und im Backofen gebratenem Jungschwein, der aufgeschnitten und kalt serviert wird
3 Papa
4 Der Name der Eisdiele ist eine Hommage an Francesco Procopio dei Coltelli, einen sizilianischen Koch, der 1686 in Paris das erste Eiscaffé der Welt eröffnet haben soll.
5 Die Göttliche Komödie des (guten) Geschmacks
6 Theodor W. Adorno, Ästhetische Theorie, Berlin 2003

12 Diese Politiker!

1 »Diese Politiker!«
2 Tommaso di Lampedusa, Der Leopard, München 2019

13 Il blu dipinto di blu

1 »Porto Azzurro, wir sind in Porto Azzurro angekommen«
2 Ilaria De Bernardis, Marco Santarelli, La Casa dei Pesci. Storia di Paolo il Pescatore, Modena 2021
3 Barbesitzerin, Barkeeperin
4 Michel Pastoureau, Blau. Die Geschichte einer Farbe, Berlin, 2013
5 »Im Blau gemalt in Blau«

14 Maremma mia

1 Sich arrangieren, sich zu behelfen wissen
2 Kleine Kugeln aus gebratenem Brotteig mit einem salzigen Stück Käse
3 Quadratisch gezogene Nudeln, an denen der Sugo perfekt haftet
4 Gegrilltes T-Bone-Steak aus Jungochsen der Chianina-Rasse
5 Wörtlich übersetzt: Biene; dreirädriger Kleintransporter der Firma Piaggio
6 Fernand Braudel, Das Mittelmeer und die mediterrane Welt in der Epoche Philipps II., Berlin 1998
7 Die Königin der Bienen und ihr Hof

15 Vom Reiz des Reisens

1 »Gute Reise, ob es eine Hin- oder eine Rückfahrt ist, ob sie ein Leben oder nur einen Tag lang dauert.«
2 Cees Noteboom, Die Kunst des Reisens, München 2004
3 André Heller, Das Buch vom Süden, München 2018
4 Paul Theroux, Das Tao des Reisens, Hamburg 2015
5 Günter Metken, Reisen als schöne Kunst betrachtet, Frankfurt am Main 1983

16 Mario und das Zauberland

1 Mario Fortunato, L'Italia degli altri (Das Italien der Anderen), Vicenza 2013

17 Und wieder Rom!

1 Die Movida war ursprünglich eine Kulturbewegung der Jugend in Madrid. In Italien wird der Ausdruck heute allgemeine für Nachtleben gebraucht.
2 Vorstadt, Trabantenstadt
3 Fleischklöße
4 Rom ist ekelhaft
5 Johann Wolfgang Goethe, Italienische Reise, Frankfurt am Main 1976
6 Günter Eich, Zu den Akten. Gedichte, Frankfurt am Main 1964
7 Rolf Dieter Brinkmann, Rom, Blicke, Berlin 1979
8 Zitiert nach Jörg-Dieter Kogel, Im Land der Träume. Mit Sigmund Freud in Italien, Berlin 2019
9 Jörg-Dieter Kogel, s. o.
10 Roberto Zapperi, Das Inkognito. Goethes ganz andere Existenz in Rom, München 2010

18 Unter Freunden

1 Stefan Ulrich, Quattro Stagioni. Ein Jahr in Rom, Berlin 2008
2 Stefan Ulrich, Arrivederci, Roma! Ein Jahr in Italien, Berlin 2010
3 »Das ist ja ekelhaft!«
4 »Kommt!«
5 Biergärten
6 Trachten
7 Hausmeister

19 Nach Süden

1 Ferdinand Gregorovius, Wanderjahre in Italien, München 1986
2 Mozzetta = Bis zu den Ellbogen reichender, über dem Chorhemd getragener Schulterkragen
3 Kurze Schulterumhänge, die über dem Mantel getragen werden
4 Wurst aus dem Nacken des Schweines
5 Rosa gebratenes, aufgeschnittenes Rinderfilet, gern mit Balsamico-Essig gewürzt
6 Ferdinand Gregorovius, s. o.
7 Einen guten Eindruck machen
8 »Wie schön Ihr seid!«

20 Die bayerische Adlerin

1 Hierzu und zum Folgenden: Homer, Odyssee, Berlin 2008
2 Arrigo Petacco, Die Heldin von Gaeta, Graz/Wien/Köln 1994
3 Frisch gepresster Saft
4 Zitiert nach dem opulent ausgestatteten, sehr lesenswerten Buch von Bernhard Graf, Sisis Geschwister, München 2017

21 Den Molise gibt es doch

1 »Willkommen in der Provinz Isernia«
2 »Der Molise existiert nicht«
3 Ach komm!
4 Hauptfigur des Romans von Jules Vernes, Die Reise zum Mittelpunkt der Erde
5 Figuren aus dem Märchen Peterchens Mondfahrt von Gerdt von Bassewitz
6 Wandgemälde im öffentlichen Raum
7 Stattliche, oft befestigte Farm in Süditalien, insbesondere in Apulien
8 Südländer
9 Spiralnudeln

22 Una notte a Napoli

1 Unsichtbaren
2 Niemandshäuser
3 Badeanstalten
4 Eckart Peterich, Fragmente aus Italien, München 1969
5 Spanische Viertel
6 Tabakhändler; Tabakladen
7 Mofas, Mopeds
8 Stadtbezirk, Stadtviertel
9 Totó, 1898–1967, war ein legendärer neapolitanischer Schauspieler und Liedermacher
10 »Hallo, Schatz«, »Hallo Süßer«
11 Mitglieder der Camorra
12 Edward Gibbon, zitiert nach Attilio Brilli, Als Reisen eine Kunst war, Berlin 2012; Gibbon, 1737–1794, war ein britischer Historiker, der durch sein Hauptwerk »Verfall und Untergang des römischen Imperiums« berühmt wurde
13 Johann Wolfgang Goethe, Italienische Reise, Frankfurt am Main 1976
14 Faulenzer, Taugenichtse
15 Für Neapel typische, sehr einfache Wohnungen auf oder etwas unter dem Straßenniveau. Sie bestehen oft nur aus einem Raum, der direkt von der Straße aus zugänglich ist, und in dem die ganze Familie lebt.
16 Einfaches Volk, »kleine Leute«

23 Ein Haus für einen Euro

1 Lebensmittelgeschäfte
2 Seligen Egidio

24 Im Reich des Kraken

1 Carlo Levi, Christus kam nur bis Eboli, München 2003
2 Palazzo wird hier im Sinne von (ordentliches) Wohnhaus benutzt
3 Kirchturmpolitik, Lokalpatriotismus

4 Italienische Einigungsbewegung im 19. Jahrhundert, die 1861 zur Ausrufung des Königreichs Italien und 1870 zur gewaltsamen Eingliederung des Kirchenstaats mit Rom führte
5 Siehe Fußnote 99
6 Verlobte, feste Freundin
7 »France, komm her!«
8 Wurst aus dem Nacken des Schweins
9 Gratteris Bücher sind nur auf Italienisch erhältlich, zum Beispiel: Nicola Gratteri/Antonio Nicaso, Fratelli di sangue. Storie, boss e affari della 'Ndrangheta, la mafia più potente del mondo, Mailand 2009

25 Ein Gott in jedem Fremden

1 Wer Griechisch kann und sich am Grecanischen versuchen möchte: Salvino Nucera, Agapào na graspo, Gedichte, Reggio Calabria, 1987; Salvino Nucera, I anèvasi, Roman, Vibo Valentia, 2009. Beide Bände enthalten auch eine Übersetzung ins Italienische.
2 Gioacchino Criaco, Schwarze Seelen, Wien/Bozen 2016
3 »Das Schwein ...«

26 Intermezzo in Blau

1 Homer, Odyssee, Berlin 2008

27 Tanz auf dem Vulkan

1 Der Berg
2 »Auf geht's, Jungs!«
3 Johann Wolfgang Goethe, Italienische Reise, Frankfurt am Main 1976

28 Unter Elefanten

1 Seit Juni 2022 ist Leoluca Orlando nicht mehr Bürgermeister von Palermo. Er durfte nach insgesamt 22 Jahren als Stadtoberhaupt und zuletzt zwei Amtszeiten in Folge nicht mehr bei der Wahl antreten. Zu seinem Nachfolger bestimmten die Bürger den Kandidaten der rechten Parteien Roberto Lagalla. Er wurde im Wahlkampf von Politikern unterstützt, die wegen Mafia-Delikten verurteilt worden waren.
2 Hilf mir, Christus

29 Und wieder Azzurro

1 Der US-amerikanische Schriftsteller Jack Kerouac, 1922–1969, war ein Protagonist der sogenannten Beat Generation. Als sein wichtigstes Buch gilt der Roman Unterwegs.

Literaturverzeichnis

Neben den in diesem Buch zitierten Werken habe ich einige zusätzliche Werke aufgenommen, die mir viel beim Verständnis Italiens geholfen haben, ohne dass sie direkt in das Buch eingegangen sind.

Adorno, Theodor W., Ästhetische Theorie, Gesammelte Schriften, Band 7, Suhrkamp Verlag, Frankfurt am Main, 2003

Barzini, Luigi, Gli Italiani, Virtù e vizi di un popolo, Bur Verlag, Mailand, 1997

Braudel, Fernand, Das Mittelmeer und die mediterrane Welt in der Epoche Philipps II., 3 Bände, Suhrkamp Verlag, Frankfurt am Main, 1998

Brilli, Attilio, Als Reisen eine Kunst war. Vom Beginn des modernen Tourismus: Die »Grand Tour«, Wagenbach Verlag, Berlin, 2012

Brinkmann, Rolf Dieter, Rom, Blicke, Rowohlt Verlag, Berlin, 1979

Chriaco, Gioacchino, Schwarze Seelen, Folio Verlag, Wien/Bozen, 2016

Cùnsolo, Felice, Italien. Eine kulinarische Reise, Prestel Verlag, München, 2. Neuauflage 1997

Dante Alighieri, Commedia, In Deutscher Prosa von Kurt Flasch, Fischer Verlag, Frankfurt am Main, 2015

De Bernardis, Ilaria/Santarelli, Marco, La Casa dei Pesci. Storia di Paolo il Pescatore, Diano Libri Verlag, Modena, 2021

De Botton, Alain, Kunst des Reisens, Fischer Verlag, Frankfurt am Main, 2003

Di Lampedusa, Tommaso, Der Leopard, Piper Verlag, München, 2019

Egger, Irmgard, Italienische Reisen. Wahrnehmung und Literarisierung von Goethe bis Brinkmann, Wilhelm Fink Verlag, München, 2006

Flasch, Kurt, Einladung, Dante zu lesen, Fischer Verlag, Frankfurt am Main, 4. Auflage 2021

Fortunato, Mario, L'Italia degli altri, Neri Pozza Verlag, Vicenza, 2013

Gilmour, David, Auf der Suche nach Italien. Eine Geschichte der Menschen, Städte und Regionen von der Antike bis zur Gegenwart, Klett-Cotta Verlag, Stuttgart, 2013

Goethe, Johann Wolfgang, Italienische Reise, 2 Bände, Insel Verlag, Frankfurt am Main, 1976

Graf, Bernhard, Sisis Geschwister, Allitera Verlag, München, 2017

Gratteri, Nicola/Nicaso, Antonio, Fratelli di sanuge. Storie, boss e affari della 'Ndrangheta, la mafia più potente del mondo, Mondadori Verlag, Mailand, 2009

Gregorovius, Ferdinand, Geschichte der Stadt Rom im Mittelalter, Taschenbuchkassette mit 7 Bänden, dtv Verlag, München, 2. Auflage 1988

Gregorovius, Ferdinand, Wanderjahre in Italien, Beck Verlag, München, 4. Auflage 1986

Hardt, Petra und Manfred (Hrsg.), Ciao, Bellezza. Deutsche Dichter über Italien, Piper Verlag, München 1988

Heller, André, Das Buch vom Süden, dtv Verlag, München, 2018

Hess, Reinhardt/Sälzer, Sabine, Die echte Italienische Küche, Gräfe und Unzer Verlag, München, 1991

Homer, Die Odyssee, Übersetzt von Wolfgang Schadewaldt, Rowohlt Verlag, Berlin, 2008

Kieran, Dan, Slow Travel. Die Kunst des Reisens, Heyne Verlag, Berlin, 2014

Kogel, Jörg-Dieter, Im Land der Träume. Mit Sigmund Freud in Italien, Aufbau Verlag, Berlin, 2019

La Palombara, Joseph, Die Italiener. Oder Demokratie als Lebenskunst, Paul Zsolnay Verlag, Wien, 1988

Lassels, Richard, An Italian Voyage, Hansebooks Verlag, Norderstedt, 2016

Levi, Carlo, Christus kam nur bis Eboli, dtv Verlag, München, 2003

Maus, Steffen, Italiens Weinwelten, PiBoox Verlag, 3. Auflage, Höllstein, 2017

Melandri, Francesca, Eva schläft, Heyne Verlag, München, 2012

Metken, Günter, Reisen als schöne Kunst betrachtet, Insel Verlag, Frankfurt am Main, 1983

Miller, Norbert, Der Wanderer, Goethe in Italien, Hanser Verlag, München/Wien 2002

Much, Christian, Der andere Ast, Books on Demand, Norderstedt, 2021

Much, Christian, Michls letzte Reise, Books on Demand, Norderstedt, 2021

Noteboom, Cees, Die Kunst des Reisens, Schirmer/Mosel Verlag, München, 2004

Nucera, Salvino, Agapào na graspo, Gedichte, zweisprachig Grecanisch/Italienisch, Città del Sole Verlag, Reggio Calabria, 1987

Nucera, Salvino, I anèvasi, Roman, zweisprachig Grecanisch/Italienisch, Qualecultura Verlag, Vibo Valentia, 2009

Pastoureau, Michel, Blau. Die Geschichte einer Farbe, Wagenbach Verlag, Berlin, 2013

Petacco, Arrigo, Die Heldin von Gaeta, Styria Verlag, Graz/Wien/Köln, 1994

Peterich, Eckart, Italien, Ein Führer, Prestel Verlag, München, Band I 1958, Band II 1961, Band III 1965

Peterich, Eckart, Fragmente aus Italien, Prestel Verlag, München, 1969

Piovene, Guido, Viaggio in Italia, Bompiani Verlag, Florenz/Mailand, 2017

Richter, Dieter, Con gusto. Die kulinarische Geschichte der Italiensehnsucht, Wagenbach Verlag, Berlin, 2021

Seidlmayer, Michael, Geschichte Italiens, Alfred Kröner Verlag, Stuttgart, 2. Auflage 1989

Sklovskij, Viktor, Theorie der Prosa, Fischer Verlag, Frankfurt am Main, 1966

Steinfeld, Thomas, Italien. Porträt eines fremden Landes, Rowohlt Verlag, 4. Auflage 2020

Theroux, Paul, Das Tao des Reisens, Hoffmann und Campe Verlag, Hamburg, 2015

Ulrich, Stefan, Quattro Stagioni. Ein Jahr in Rom, Ullstein Verlag, Berlin 2008

Ulrich, Stefan, Arrivederci, Roma! Ein Jahr in Italien, Ullstein Verlag, Berlin, 2010

Van Os, Henk, Der Traum von Italien, Belser Verlag, Stuttgart, 2006

Woller, Hans, Geschichte Italiens im 20. Jahrhundert, Beck Verlag, München, 2010

Zapperi, Roberto, Das Inkognito. Goethes ganz andere Existenz in Rom, Beck Verlag, München, 2010

Tomaten, Olivenöl
+ die Mafia